인간과 술

SUUL

우리술문화원총서02 과학기술 편

인간과 술

유산 · 혁신 · 진화

박선욱

박영신

김호

진성수

박창범

이화선

도서출판 실반트리

우리술문화원총서 제2권

차 례

들어가며
• 축복 8
• 우리에게 술은 무엇인가 10

제1부 유산 ǀ 농경
　제1장 한국의 도작문화와 술… 이화선 17

제2부 혁신 ǀ 천문·사상·의약
　제2장 술에 담긴 천문… 박창범 117
　제3장 유교경전에서 술의 상징체계… 진성수 135
　제4장 조선의 술과 의약, 떼려야 뗄 수 없는 사이… 김 호 185

제3부 진화 ǀ 기술·디자인예술
　제5장 인공지능 시대의 기술과 술… 박영신 211
　제6장 술과 디자인예술, 그 진화의 힘과 사회책임… 박선욱 251

부록
'술'을 키워드로 하는 국내 논문 목록 277

이 책은 우리술문화원의 학술연구사업을 통해 발간되었습니다. 우리술문화원은 정대영·김사인·이철성·김순배·황인근·이화선 등 경제·문화계 인사들을 주축으로 한국경제에 이바지하고 국격 증진에 힘쓰기 위해 2014년에 설립된 농축산식품부 소관 비영리 법인입니다. 현재 한국의 전통 술 등 우리 유산의 과학화와 산업화, 관련 문화 창달을 위해 학술과 교육, 출판, 지역개발과 기술이전, 우리 술의 해외 진출 지원 등 공익사업을 펼치고 있습니다.

들어가며

들어가며 1.

축 복

 우리 민족은 스스로 하늘의 자손이라 생각하는 천손 사상을 지닌 듯하다. 단군조선의 왕검뿐 아니라 고구려나 부여의 건국 신화를 보면 등장하는 왕들은 모두 천제의 아들로 나온다. 우리는 혈연을 바탕으로 하늘과 하나라는 생각을 가졌던 셈이다. 이에 따라 우리는 종교가 어떠하건 대부분 하느님이라는 자신만의 절대자를 마음속에 갖고 있다. 그 하느님은 서양의 God나 혹은 옥황상제, 부처님 등의 신들과는 우리에게 주는 느낌이 다르다. 우리의 하느님은 언제든 쉽게 부를 수 있고 부르면 다가올 것 같은 대상이다.
 여기에 술은 아주 오래전부터 우리 곁에 있어왔고, 우리 민족이 하느님과 소통하는 도구였다. 술은 '물', '불', '얼', '길', '쌀' 등처럼 순우리말이다. 먼 옛날부터 일상의 하나였다는 뜻이다. 물의 어원, 불의 어원을 찾기 어렵듯 술의 어원도 찾기 어려울 것이다. 먼 옛날부터 그냥 있어왔고 마셔왔기 때문이다. 또한 우리는 대개 다른 지역과 달리 제사를 지낼 때 산짐승을 제물을 쓰지 않는다. 대신 술로써 하늘과 소통했다. 술은 세상의 정기가 모인 것으로 생각하고 하느님에게 가까이 가는 통로가 되었다. 술은 생명의 희생을 막아주고 평화에 도움이 되었다. 사람도 하늘도 술이 있어 편했을 듯하다.

이번에 우리술문화원 연구총서 두 번째가 나온다. 필진께 감사한 마음이고 우리 모두 축복받을 일이다. 앞으로 우리나라에서 우리 민족의 뿌리와 연결되고 하늘과 통할 수 있는 술이 만들어지기를 기대한다.

2024년 10월
도고산 기슭 서재에서

사단법인 우리술문화원 향음
이사장 정대영

들어가며 2.

우리에게 술은 무엇인가

우리술문화원(Korea Suul Institute, KSI) 연구총서 1권, *한국의 술, 100년의 과제와 전망*(2017)을 낸 지 7년 만에 두 번째 총서를 낸다. 1권의 출간으로부터 이번에 내는 2권의 출간까지 다소 시간이 길어진 까닭에는 그사이 세 번에 걸친 국제 학술대회 개최와 학술원 설립 및 외국어 학술지, *술과 문화(The Journal of Suul Studies and Culture)*의 창간이 있었다.

  KSI 연구총서 제1권은 1916년에 단행된 주세령 공포 100년을 맞는 해인 2016년에 국회의원회관에서 두 차례 세미나를 열고 그 내용을 책으로 엮은 것이다. 책의 전반부 내용은 일제강점기 주세령 공포의 경제사적, 문화사적 의미를 조명한 것으로 정태헌 고려대학교 한국사학과 교수와 구사회 선문대학교 국어국문학과 교수의 노고가 있었다. 이어진 후반부 기술에는 우리술 산업의 현주소와 문제점을 짚고 향후 개선되어야 할 사안에 대해 학계뿐 아니라 국회와 공공기관 및 산업현장의 목소리를 담았다. 이를 위해 정철 서울벤처대학원대학교 교수와 정석태 농촌진흥청 농업연구관, 권성안 한국환경산업기술원 전문위원, 이석준 농업회사법인㈜좋은술 회장의 발제가 있었다. 또한 국회 보건복지위원회 양승조 위원장과 농림축산식품위원회 김현권 의원이 함께 했다.

1권이 우리술의 지나온 과거와 현재를 진단한 것에 대해 이번 제2권에는 우리술의 미래 조망이 담겨 있다. 책을 크게 '유산', '혁신', '진화'라는 세 부분으로 나눈 것은 우리술 역사의 흐름에 대한 기획위원들의 숙고에서 비롯했다. 우리술의 역사는 이를테면 '우리술 백년사', '우리술 천년사'처럼 어느 한 기간을 분절시켜 다루기에는 맞닥뜨리는 지점이 있다.

아주 먼 옛날 지구가 생겨난 이래 비가 내리고 땅이 다져지고 아름다운 꽃과 꿀벌들이 인류의 출현을 기다리던 때 이미 술은 생겨났다. 어느 영특한 주장에 따라 양주법이 생긴 것이 아니라 하늘이 술빚기를 가르친 셈이다. 이후 이 땅에 볍씨가 떨어지고 논밭을 일구며 마을을 이루어 살아오면서 우리술의 역사는 지금까지 장기간에 걸쳐 지속적인 변화와 혁신 속에서 나름대로 표준화를 거치며 발전해왔다. 이와 더불어 사건의 발생과 충격 또한 일어났다. 우리술 역사에서 그 흐름을 바꿀만한 충돌지점을 이 책에서는 일제강점기의 소위 우리술 수난사에서 찾지 않는다. 주세 징수를 통한 수탈과 착취, 문화유산 왜곡 등의 변주는 세대와 세대를 거쳐 전승되어온 견고한 발효기술 인자를 통해 그리고 도도한 문화사상사 속에서 어느덧 세류가 되어 거대한 물결 속으로 침잠하고 있노라고 감히 진단한다. 오히려 우리술의 사건사는 어느결에 일상이 되어버린 AI 등 질적으로 달라진 새로운 기술의 등장이라고 판단한다. 다시 말해 우리술을 빚는 세대가 달라진 것이 아니라 우리가 사는 시대가 달라진 것이다. 그러나 기후가 급격하게 바뀌고 시대가 아주 달라진 것은 인류가 처음 맞는 일은 아니다. 이에 이 책의 호흡은 최소 1만 년 전으로 거슬러 올라간다.

제1부 '유산'에서 **이화선**은 쌀과 술이라는 논제 아래 때로는 유장하게 때로는 급진적으로 발전해온 농경과 농정의 관계를 기술하고 있다. 이 과정에서 산업화 시대 이후 농촌과 도시의 불평등 구조가 어디에서 비롯했는지, 우리나라에 특별한 협업체계를 심어온 벼농사와 가양주 유산의 가치가 여전히 유효한지를 논증한다. 특히 지금은 사라져가는 붉은쌀, 붉은술 유제 속에서 옛것 그다음 시대를 상상하는 지금 우리를 가장 가치 있게 만드는 것이 무엇인지를 묻는다.

제2부 '혁신'에서는 무심히 지나치지 않고 보이지 않던 것을 포착하여 정밀하게 분석해내는 일, 이를 통해 공동체 속 지속 가능한 전승과 재창조를 가능하게 한 일, 이들을 우리술의 혁신이라고 정의한다. 이에 대한 사례로 전통 과학기술로서 천문과 의약 그리고 동양 사상에 담긴 술의 태양을 거론한다. **박창범**은 '천문에 담긴 술'이라는 제목 아래 우리술에 담긴 천문 요소를 다룬다. 이 글은 2022년에 열린 <제6회 KSI 심포지움>에서 '천문과 술-한국인의 삶의 디자인'을 주제로 발표한 것을 이번 총서의 편제에 맞추어 정리한 것이다. **진성수**는 '유교경전에서 술의 상징체계'라는 주제를

다룬다. 이 글 역시 2019년에 고려대에서 열린 KSI 학회에서 발표한 것을 정리한 것이다. 이 학회를 위해 고려대학교 정경대 권혁용 교수의 협조가 있었다. **김호**는 '조선의 술과 의약, 떼려야 뗄 수 없는 사이'라는 제목 아래 우리 고유의 전통 의료문화에 나타난 술을 조명하고 있다. 천문과 의약, 유교 이 셋은 우리 역사의 한복판을 관통하며 우리술이 오늘날까지 일정한 패턴을 유지하며 계량화되고 표준화되어 전승되어온 데 지대한 영향을 미친다.

제3부 '진화'를 다룬 두 편의 글은 경이로운 하이-테크놀로지 그리고 자유로운 이동을 통해 이다음 시대와 조우를 상상하게 한다. **박영신**은 '인공지능 시대의 기술과 술'이라는 제목 아래 이 시대가 만나고 있는 고도의 기술을 정리한다. 술을 빚는 때로는 술을 마시는 일이 화려한 기술과 만났을 때를 상상하게 하는 글이다. 이 책의 대미로 **박선욱**은 '디자인예술과 술'이라는 주제 아래 우리술의 미래와 나아갈 방향을 담고 있다. 그 방향은 바로 술에 담긴 진화의 힘과 사회책임으로 귀결된다. 이에 대한 중심은 '인간과 술', '술과 인간'을 그리기 위해 직선과 곡선, 원, 채색 등 그림이 가진 요소를 다루면서도 앞으로 100년, 300년 후 "이렇게 될 것이다"가 아니라 "이렇게 되기를 꿈꾸노라"는 상상과 낙관에 있다.

인류 기원 이후 유구한 시간을 거치며 변화와 혁신 속에서 오늘에 이른 우리술은 기후변화 속 골든-타임을 염려하는 이때 새로운 동력이 될 것이다. 이 얼마나 장쾌한 일인가! 우리술이 빛나는 유산과 새로운 기술 그리고 따뜻한 색깔과 어우러져 또 다른 진화의 회오리를 일으키고 있는 것이다.

· · ·

세상이 돌아가는 데는 누군가는 보이지 않는 곳에서 죽을 만큼 힘을 쓴다. 우리술문화원 설립 이후 '우리에게 술이란 무엇인가?'라는 물음을 앞에 두고 손에서 책을 놓을 수 없었다.

  우리는 맛있는 술 한잔을 빚는 일이 우주에 빛나는 별 하나의 발견보다 더, 경이로운 기술의 발전보다 더 인류를 행복하게 하노라고 자부한다. 언젠가는 우리가 수많은 밤을 지새워 가며 고민했던 그 작은 술잔이 온 세상 울리는 평화의 술잔이 될 것임을 믿는다.

  우리술문화원 창립 10주년을 맞이하여 변치 않는 마음으로 동행해준 우정들을 하나하나 이 책에 새긴다. 진심이 모여 빚어진 우리 술에 축복 있으리라.

2024년 첫서리가 내리는 날에

우리술문화원장 박선욱
우리술학술원장 이화선

제1부 **유산**

농경과 술

유산 | 농경과 술

한국의 도작문화와 술

이화선

1. 머리말
2. 한국의 도작문화
    2.1. 한반도의 고기후와 고환경
    2.2. 한국 도작문화의 기원
    2.3. 한국의 재래 벼
    2.4. 한국의 근·현대 벼농사와 농정의 변천
3. 한국의 술
    3.1. 한국 고대국가의 술
    3.2. 국가 이데올로기와 술, 술이론(Suul theory)
4. 맺음말 - 협업의 유산

1. 머리말

쌀은 아시아의 주요 식량자원이면서 그 자체가 문화의 문제이다. 또한 다양한 물질적 요소들의 결합체인 동시에 역사·문화 복합체이다. 그러나 지금은 그 다양한 가치가 상실되어 버린 채 논의의 중심이 경제적인 측면에 다수 쏠려있다. 더욱이 이 논고의 중요 논제인 붉은쌀[적미(赤米)]은 과거 아시아의 여러 의례에서 상당한 위치를 차지했던 쌀이다. 그러나 현재는 일본과 베트남의 극히 일부 지역에서만 그 유제(遺制)를 이어오고 있고, 재래 품종은 대부분 사라져 버린 채 '잡초성 벼(weedy rice)'의 형태로 드물게 발견되고 있다. 이 논고는 인류의 도작(稻作) 기원에 대해 세계 학계에서 다수설을 이루는 '양쯔강 기원설'을 재검토해야 할 필요성에서 출발한다. 이를 위해 한반도의 고환경과 고기후 변화를 우선 살피고자 한다. 그러나 이 논고의 기본 목표는 인류가 남긴 협업의 유산으로서 한국의 술과 벼농사를 조명하고 나아가 기후변화 속 술의 미래가치를 조명하는 데 있다.

첫 번째 논제인 쌀에 대하여 붉은쌀을 중요 대상으로 다루려 한다. 붉은쌀은 일제강점기에 한반도 내 재래종 벼 가운데 차지하던 비중이 1/3을 넘는 쌀이다. 일제가 파악한 당시 조선의 토종 벼 수가 3천 300여 종을 헤아렸던 것을 보면 붉은쌀은 1천여 종이 넘었던 것으로 추산된다. 그러나 수천 년의 역사가 담긴 붉은쌀은 앵미[악미(惡米)]라고 불리며 반 세기도 되지 않아 모두 사려져 버린다. 그 주요 원인은 일제강점기에 단행된 붉은쌀 박멸에 있다. 붉은쌀은 만주사변 전·후에 일본의 산미증식계획과 맞물려 고유하고 특수했던 잠재적 가치를 유보하지도 못한 채 영원히 퇴출 당한다. 현재 우리나라를 비롯하여 아시아권 국가에서 최고의 이상으로 꼽고 있는 '흰 쌀밥과 황금빛 논'이라는 공식은 다분히 식민지배에서 비롯된 산물이라는 데에 이 논고는 문제의식을 두고 있다. 우리는 한반도의 재래 벼가 인위적으로 그것도 단기간에 박멸된 일에 대해 어떠한 경우라도 해명해야 한다. 즉 1세기 전에 박멸되다시피 한 각양각색의 재래종 토종 벼가 우리 앞에 닥친 기후변화 속에서 어떠한 역할을 할 수 있을지 붉은쌀, 붉은술 유제를 통해 옛것 그 다음 시대를 상상하는 지금 우리를 가장 가치 있게 만드는 것이 무엇인지를 제시하는데 이 논고의 주된 목적이 있다.

두 번째 논제인 술은 신화와 고대국가로부터 출발하며, 바닷길이 중요하다. 이는 서양에서 와인문화를 말할 때 지중해의 에게해 문명이 중요하듯이 동아시아의 술 또한 해양문명이 중요하다고 여겨지기 때문이다. 더하여 조선시대의 궁중연향과 19-20세기 교방문화를 통해 국가의 집정과 술의 민간 전승 관계를 논증하면서, 끝으로 북한의 술을 개관한 후 사회주의헌법 아래 나타난 술의 태양을 분석하고자 한다. 북한은 '우리식 사회주의'를 주창하는 집단으로 상징 정치가 매우 상당한 곳이다. 정리하면 조선시대와 일제강점기 그리고 북한이 주창하는 사회주의 국가 이데올로기 아래에서 술이 형성해온 규범체계와 문화 전반의 산출과정을 담은 **술이론**(Suul theory)를 제시하며 이 논고를 마무리하고자 한다.

2. 한국의 도작문화

2.1. 한반도의 고기후와 고환경

고기후와 고환경을 말할 때 대개 지구의 역사와 지질시대에 대한 이해가 먼저 요청된다. 지구의 나이를 학계에서는 보통 46~48억 년을 기준으로 잡고 있다[1]. 이때 인류의 탄생 시기를 쉽게 가늠하기 위하여 지구의 역사를 하루라고 가정하여 비유를 들기도 한다. 즉 지구의 탄생 시각을 영(零)시에 맞춘다면 인류는 거의 자정 가까운 때에 태어난 셈이다.

맨 처음 지구의 모습은 지금처럼 아름다운 초록이 아니었고 매우 뜨거웠으며 가스와 먼지구름에 휩싸였던 것으로 보인다. 이윽고 뜨겁던 지구가 점차 식어가며 지각이 형성되고 지질시대의 80% 이상으로 경계 짓는 이른바 선캄브리아 시대(Precambrian 약 38억 년 전)를 거쳐 현생누대(顯生累代 Phanerozoic Eon)의 도래를 맞는다. 바야흐로 어류와 삼엽충 등 화석을 통해 파악되는 고생대(약 5억 7000만 년 전)가 시작된 것이다.

중생대(약 2억 4500만 년 전)는 기후가 따뜻했을 것으로 추정되며 쥐라기와 백악기 등 현생누대의 중간에 위치한 이 중생대에 공룡과 곤충이 번성한다. 현재의 생물들은 대체로 현생누대의 끝자

---

[1] 국제층서위원회(Int'l Commission on Stratigraphy) 2017, 자연지리학사 전편찬위원회(1996)

락인 신생대(新生代 Cenozoic Era)에 생겨난 것으로 보고 있다[2]. 약 6600만 년 전의 일이다.

고생대, 중생대, 신생대 셋으로 구분하는 현생누대에서 신생대가 차지하는 기간은 지질시대 중 가장 짧다. 그러나 이 시대에 이르러 공룡들은 절멸되고 포유류가 번성한다. 인류 또한 이때 출현한다. 많은 학자들은 신생대 최후의 지질시대인 제4기(Quaternary)를 특별히 인류기 또는 인류세(Anthropogene)라는 말로 명명하여 인류의 출현을 특징 짓기도 한다.

제4기는 약 200만 년 전부터 지금까지 이어지는 시대이다[3]. 이 제4기는 다시 둘로 나뉘며, 플라이스토세(홍적세洪積世 또는 갱신세更新世, Pleistocene Epoch, 약 200만 년~1만 년 전)와 홀로세(Holocene Epoch, 충적세沖積世 또는 현세顯世, 약 1만 년 전)로 구분한다.

홀로세는 특히 빙하기(Glacial Epoch)라는 용어를 사용하는데 최종 간빙기와 최종 빙기를 포함하는 시대이다. 이른바 빙하시대로 불리는 이 홀로세는 4번에 걸친 빙하기를 겪은 것으로 파악되

---

2) Hedtke Shannon M., Patiny Sebastien, Danforth Bryan M.(2013). The bee tree of life: A super-matrix approach to apoid phylogeny and biogeograph. *BMC Evolutionary Biology*, 13(138). doi:10.1186/1471 2148 13 138.

3) 박지훈(2011). 한국의 제4기 환경연구-최종간빙기~홀로세 환경연구를 중심으로. *한국지형학회지*, 18(4). 한국지형학회. 98.; Federal Geographic Data Committee. Geologic Data Subcommittee(2006). FGDC digital cartographic standard for geologic map symbolization: Document No. FGDC-STD-013-2006. p.290.

고 있다. 그러나 빙기만 계속되지는 않았고 기온이 올라가는 간빙기가 반복되며 기후는 춥고 더운 기복을 되풀이 한다. 해수면과 지각변동 등 자연환경과 격심한 기후변천을 나타내던 제4기에 빙기는 10만여 년을 기록했고 간빙기는 대개 1만여 년 정도 주기로 조사되고 있다.

인류의 작물 재배는 오늘날로부터 약 1만 2000년 전으로 보는 홀로세 초기로 거슬러 올라간다. 이때 전 지구적으로 나타난 자연환경은 더워진 기후로 빙하가 녹게 되면서 해수면이 상승하는 변화를 보인다. 해수면의 상승과 더워진 기후는 지형학적 특징뿐 아니라 강우량과 건조도, 연평균 기온 등 농업경작의 요건 변화를 가져오게 된다.

한반도의 제4기 환경과 해수면 변화를 고찰하면 대빙하시대에 유럽과 북아메리카 대륙이 넓은 빙상으로 덮였던 것에 비해 한반도는 백두산을 중심으로 북부 고산지역 등지에 산악빙하 정도만 산재했던 것으로 보고 있다. 빙상의 발달이 다른 대륙에 비해 덜했던 것은 비단 한반도뿐만 아니라 동아시아 전반에 걸친 현상으로 보고 있다[4]. 이는 빙하시대에 인류의 이동 경로를 짐작할 수 있는 중요한 단서이다.

우리나라 동해안의 해수면과 기후변화 과정을 보면 전 지구적 변화와 동일한 과정을 거쳤던 것으로 보고 있다[5]. 현재와 같은 온난 습윤한 기후는 12만 5000년 전(최종간빙기 전성기)과 7만

---

4) 김연옥(2003). 제4기 기후변동. *한국의 제4기 환경*. 서울대출판부. 564.

5) 박지훈(2011). 앞의 논문. 103.

7000년 전(최종간빙기 후기)의 기후와 같았을 것으로 학계는 보고 있다[6].

또한 서해안의 굴곡이 심한 것은 후빙기의 급격한 해수면 상승에 따른 해안지역의 침수가 주요 원인이다[7]. 그러나 기후가 늘 같았던 것은 아니고 변화를 거듭하며 산지에 풍화와 침식 작용을 수반하며 해수면의 승강운동을 불러오게 했다. 이는 다양한 지형 형성과 함께 동물과 식물의 분포에 크게 영향을 미치게 된다[8].

일례로 경북 영양군 반변천에 활동이 중지된 유로(流路)의 유기물층을 대상으로 조사한 자료가 있다. 이에 따르면 약 6만 년 전으로부터 만빙기에 해당하는 1만 5000년 전 최종 빙기의 전기에 나타난 식생형으로 쑥속, 오이풀속, 벼과 및 사초과 등 초본류 비율이 목본류를 능가하는 것으로 나타난다. 전형적인 초지 경관을 형성한 것이다[9]. 이는 화분(花粉, Pollen)분석을 통해 벼과의 초본류가 한반도에 나타나는 것으로 조사되는 것 중 가장 이른 시기이

---

6) 장호, 박희두(2003). 한국의 하안단구. *한국의 제4기 환경*. 서울대출판부. 193-235.; 최성길(2007). 단구지형으로부터 본 한국 동해안의 후기 갱신세 환경변화와 지구적 규모의 환경변화 비교. *한국지형학회지*, 14(1). 한국지형학회. 29-39.

7) 조화룡 외 2(1994). 후빙기 후기의 가와지 곡의 환경변화. *한국지형학회지*, 1(1). 한국지형학회. 3-16.

8) 황상일, 윤순옥(2009). 한반도와 주변지역의 최종빙기 최성기 자연환경. *한국지형학회지*, 16(3), 한국지형학회. 101-112.

9) 윤순옥, 조화룡(1996). 제4기 후기 영양분지의 자연환경 변화. *지리학*, 31(3). 지리학회. 47-48.

다. 이 시기 우리나라의 서해와 남해, 제주 앞바다는 물론 중국 남동부에 이르는 대부분 바다는 바닥을 드러내고 육지를 형성한다.

지질시대 최후 시대로서 1만여 년 전에서 현재까지를 일컫는 홀로세에 들어 나타난 전 지구적인 기후현상은 기온의 상승이다. 자연히 해수면 또한 상승하게 되는데 최종 빙기 약 1만 8000년 전에 해수면은 최저 (마이너스)100M에 이르렀다가 급상승하기 시작하여 홀로세 약 6000년 전에 최고조에 도달한다. 즉 우리나라의 경우 최종빙기 최성기인 약 1만 8000년 전의 해수면은 현재보다 약 120~140M 정도 낮아 바닥을 드러내었으며 후빙기인 1만 년 전부터 후빙기 기후최적기인 약 6000년 전 사이에 해수면이 급상승하여 현재의 모습에 도달한 것으로 보고 있다[10].

기후최적기는 약 6000년 전을 기준으로 대개 앞뒤 약 3000년간을 의미하며 홀로세 중에서도 가장 따뜻했던 고온기를 의미한다. 2000~1800년 전 해수면은 홀로세 동안 가장 높은 것으로 조사되고 있으며 이 시기가 6000년 전보다 더 온난하였는가에 대해서는 검토할 여지가 많으나 고고학 분야의 연구결과로 볼 때 이 시기는 현재보다 더 온난하였으며 이 온난한 시기는 AD 5세기까지 지속되었을 것으로 보인다[11].

---

10) 조화룡 외 2(1987). 가조분지의 지형발달. *한국제4기학회지*, 1(1). 한국제4기학회. 35-45.; 황상일(1998). 일산충적평야의 홀로세 퇴적환경변화와 해면변동. *대한지리학회지*, 33(2). 대한지리학회. 143-163.

11) 황상일, 윤순옥(2011). 해수면 변동으로 본 한반도 홀로세 기후변화. *한국지형학회지*, 18(4). 한국지형학회. 235-244.

2.2. 한국 도작문화의 기원

벼는 벼속[Oryza]의 재배종으로 전 세계에 걸쳐 아시아 등지에서 재배되고 있는 오리자 사티바(Oryza Sativa)와 서아프리카 일부 지역에서 재배되는 오리자 그라베리마(Oryza Glaberrima)로 크게 나뉜다. 자연히 벼를 말할 때는 일반적으로 오리자 사티바를 일컫는다. 나아가 단립형(短粒形 Japonica)과 장립형(長粒形 Indica)을 구분하는데 그 기준으로 입형이나 장폭 비율, 종피 색, 아밀로즈 함량, 알카리(Alkali) 붕괴도 및 에스테라제(Esterase) 패턴 등 여러 형질을 통해 구별한다. 또한 지역의 생태조건에 따라 더 분화된 종들이 있으나 이 논고에서는 식물의 계통분류학적 소견보다는 농업생태학적 구분에 더 초점을 맞추어 재배벼를 중점으로 기술하고자 한다.

벼의 형태에 관해 주목할 것은 소수경(小穗莖)과 부호영(副護穎)이다. 이 둘의 이층(離層) 부위에서 나타나는 탈립(脫粒) 정도가 재배벼 여부를 판단하는 주요 기준이 된다. 이는 낱알(또는 이삭)이 영글고 난 뒤에 잘 떨어지지 않도록 단단히 붙들어 주는 소수경의 기능이 벼 재배 때 중요한 까닭이다[12]. 벼가 작물화 되어 가는 과정을 살펴보면 일반적으로 크게 세 단계로 나뉜다. 그것은 자연 또는 인간에 의해 도태되거나 선발되어 가는 순화(馴化, Domestication) 과정을 지나 경작(耕作, Cultivation)되어 가는

---

[12] 이경아(2006). 중국 출토 신자료의 검토를 통한 벼의 작물화에 대한 고찰. 한국고고학보, 61. 한국고고학회. 42-69.

시기를 거치게 되고 바야흐로 본격적인 농경(農耕, Agriculture)에 접어드는 단계를 말한다. 그러나 이 셋을 명확하게 선을 그어 구분하기는 어렵다. 벼 식물유체에 관한 분석은 지금까지 고고인류학적 측면과 식물화학적 측면의 분석이 주류를 이루어 왔다. 최근에는 환경과 사회학적 관점이 더해져 생태학적 조명이 진행되고 있다. 이 절에서는 재배벼를 구별하는 가장 일반적인 기준으로 미립(米粒)의 입형에 따른 장폭 비율을 주요 기준으로 제시하고자 한다[13]. 이는 고고유적 속 탄화벼의 변형 정도가 원래 형태에 비해 우려할 만큼 크게 변하지 않은 때문이다.

[표1] 태국 반 치앙 출토곡물 탄화실험

실험조건: 225℃ /단위: mm

구분	수	탄화실험 전			탄화실험 후		
		장(L)	폭(W)	장폭비 (L/W)	장(L)	폭(W)	장폭비 (L/W)
순화벼	110	6.753	2.573	2.638	6.509	2.492	2.623
야생벼	40	5.939	1.995	2.977	5.681	1.916	2.967
합 계	150	6.536	2.419	2.728	6.288	2.338	2.714
축소율					-3.79%	-3.35%	-0.014%

벼 탄화실험 전.후 장폭 비율의 감소 폭이 그리 크지 않은 것을 논증한 자료로 2019년에 진행되었던 고고식물학적 실험 결과가 있다[14]. 태국 반 치앙(Ban Chiang) 지역에서 모집한 벼를 시료로

---

13) 이경아(2006). 앞의 논문. 44.

14) Chantel White, Fabian Toro, Joyce White(2019). Rice carbonization and the archaeobotarical record: experimental results from the

한 이 실험에서 탄화벼의 입형에 따른 장폭 비율이 재배벼의 품종을 구분하는 일반적인 기준으로 여전히 유효함을 볼 수 있다. 그러나 이 장에서는 탄화벼의 장폭비 외에도 에스타라제 분석과 페놀반응, 아밀로스 함량분석 자료 등도 주요 기준이 되었다[15]. 선사유적 가운데 한국 전역에 걸쳐 벼 식물유체가 발견된 곳은 청동기시대만 헤아려도 해도 100여 곳을 넘는다. 다음 ▲는 도작문화의 기원 면에서 유의미한 대상 유적들로 신석기시대를 포함한다.

▲충북 청원군 소로리(약 13,920~15,000BP) : 소로리 볍씨는 충북 청원군 옥산면 소로리에서 출토된 벼 식물유체이다. 소로리는 금강의 지류인 미호천 인근에 자리한 곳이다. 1990년대 초반부터 2004년까지 진행된 발굴 조사에 따르면 소로리 볍씨는 길이가 6.2-8.8㎜로 평균 7.19㎜이고, 폭은 2.3-3.6㎜으로 평균3.08㎜이다. 이에 따른 장폭 비율은 평균 2.36이다. 경기도 일산 가와지 볍씨보다 약간 더 크며 단립형 벼에 가까운 것으로 보고되고 있다. 그러나 소로리 볍씨 가운데 1립은 장립형에 가까운 것으로 또 다른 1립은 열대 자포니카(Japonica) 즉 자바니카(Javanica)로 추정되고 있다. 이들은 모두 자연 또는 인간에 의해 도태, 선발이 진행되고 있던 고대형 벼로 보고 있다. 발굴자인 이융조 교수는 "소로리 볍씨는 신생대 제4기, 한반도에 야생벼가 존재하지 않은 점, 식물의 조직학적인 면, 토양의 물리적인 면을 고려할 때 한국 재배벼의 조상이며 순화(馴化, Domestication) 초기 단계 벼"

Ban Chiang ethnobotanical collection, Thailand. *Archaeological and anthropological sciences*, 11(2). pp.6501-6513.

15) 안승모.(2009). 작물유체분석의 문제점. *선사 농경 연구의 새로운 동향*. 사회평론. 274.

하고 해석한다. 또한 "이 볍씨들 중에는 소수경이 잘 떨어지지 않는 것과 부호영의 이층 부위가 거친 것 등으로 미루어 난탈립성(難脫粒性) 재배벼의 특성이 관찰된다"라고 말한다[16]. 양쯔강 하류 하모도 유적에서 출토된 탄화벼의 측정 연대는 기원전 7000-8000이고 소로리 볍씨는 기원전 1만 2000-1만 3000년으로 격차가 크다.

▲**경기도 여주 흔암리(3000±150BCE)** : 여주 흠암리의 탄화미(3000±150BCE)는 대부분 단립형 벼이지만 그 가운데 "장폭비가 3.0이 넘는 장립형으로 보이는 벼가 섞여 있다"라는 보고가 있다[17]. 이 밖에 경기도 지역에서는 김포시 고촌읍 태리 일원에서 삼국시대로 비정되는 20여 립의 벼껍질(1570±30BP)이 발견되기도 한다[18].

▲**경기도 고양 가와지(5310-4660BP)** : 경기도 고양군 송포면 일대 발굴 조사를 통해 가와지 마을 Ⅰ, Ⅱ지구에서 찾은 볍씨는 연대상 1500여 년 차이가 나는 것으로 학계에서 보고되고 있다. 이곳의 출토 볍씨는 장폭비 등을 비교해보았을 때 Ⅰ지구 출토 볍씨가 Ⅱ지구보다 장립형 벼로서 특성을 더 나타내며 또 두 지구 모두 탈립성이 낮아 재배벼로 보고 있다[19].

---

16) 박태식, 이융조(2004). 소로리 볍씨 발굴로 살펴본 한국 벼의 기원. 농업사연구, 3(2). 한국농업사학회. 119-132.

17) 허문회, 고희종, 서학수, 박선직(1991). 우리나라에 재배된 Indica벼. *한국작물학회지*, 36(3). 한국작물학회. 241-248.

18) 김민구, 김영준, 김우락(2017). 김포지역 벼농사 개시에 관한 식물고고학적 검토. *야외고고학*, 35. 한국문황산협회. 5-27.

19) 박태식, 이융조(2004). 앞의 논문. 120.

▲**전남 광주 신창동(초기 철기, 100BCE)** : 신창동 유적에서 출토된 탄화미는 400여 립이고 평균 크기와 표준편차는 길이 4.60±0.27㎜, 폭 2.47±0.14㎜, 장폭비는 평균 1.87±0.11㎜이고, 낟알의 길이는 3.9-5.45㎜이다. 선사시대 한반도 지역 탄화미의 평균 길이가 4.3㎜ 미만 단립형인 것에 비해 신창동 출토 탄화미는 4.6㎜의 중장립 벼이다. 이에 대해 육도(陸稻) 재배가 수도(水稻) 재배에 비해 크기와 장폭비가 큰 점을 감안하여 신창동 유적은 육도 재배의 가능성을 추정하기도 하나 재배조건에 수반된 낟알의 형태 변화일 가능성 또한 배제하지 않고 있다. 요약하면 신창동 유적에서는 수도와 육도 재배가 동시에 이루어진 것으로 본다. 신창동 유적은 2008년 현재 우리나라에서 최초로 확인된 밭벼재배 유적이다[20].

현재 전 세계에 걸쳐 가장 많이 생산되고 소비되는 벼는 장립형이다. 전체 무역량의 90%를 차지하는 대표 품종이며 연중 온도가 높고 강수량이 많은 동남아시아에서 주로 재배된다. 형태적으로는 장폭의 비율이 큰 장립(長粒)이다. 일반적으로 길고 두께는 가늘며 탈립이 잘 되는 특성을 갖는다. 또한 녹말 중에 아밀로오스 함량이 높고 아밀로펙틴 함량이 낮아서 밥을 지었을 때 윤기가 없다. 단립형은 한국과 일본, 대만 등 온대지역에서 주로 재배되고 있다. 낟알이 둥글고 굵은 단립(短粒) 벼로서 장폭의 비율이 대개 2.0 이하로 낮다. 아밀로오스 함량이 낮아 밥맛이 찰지고 윤기가 있다. 이 둘을 분석하는 데에는 에스테라제(Esterase) 패턴과 아밀로스(Amylose) 함량, 종피 색, 장폭 비율 등에 따라 분류기준을 설정

---

20) 조현종(2008). 광주 신창동 출토 탄화미의 계측. 호남고고학보, 30. 호남고고학회. 139-154.

한다. 알카리(Alkali) 붕괴는 수산화칼륨(KOH) 1.35% 용액에 쌀알 6알을 넣고 30℃에서 23시간 두었다가 그 퍼지는 정도를 1에서 7까지의 등급으로 표시하는 실험기준이다. 이때 알칼리 붕괴도가 높은 것이 호화온도가 낮아 밥 짓기가 쉽다. 아밀로즈 함량에서 장립형의 아밀로스 함량은 대개 20~25%로 단립형의 17~20%보다 높다. 이러한 분석기준에 따라 한국에서도 장립형 벼가 재배된 사실이 다수 확인되었다. 1984년에 발간한 한국수륙도유전자원의특성에서 입장(粒長)이 7.0㎜ 이상이 되는 재래종 36종을 임의로 골라 조사한 기록이 있다. 이때 11개 품종이 장립형의 패턴을 보였는데 이들의 입장은 7.4㎜ 이상이었고 장폭 비율은 2.4 이상을 나타냈고 아밀로스 함량은 24.5% 이상이었다. 외관상으로도 장립형으로서 입형이 뚜렷하였다. 이에 대해 "장립형 모본과 단립형 재배종 간에 자연잡종이 가능한 혼식이 있었을 것"이라는 추측이 가능하다. 그러나 "1930년대부터 일본인들이 검토한 바에 따르면 앵미는 지금처럼 희귀한 것이 아니라 백미 시장에 영향을 줄 정도 많았던 것으로 보인다"는 지적 또한 주목할 필요가 있다. 여기에서 '앵미'는 붉은쌀[赤米]이다[21]. 남한 전역에서 조사한 앵미 분포를 조사한 자료를 보면 단립형 벼는 한강을 중심으로 강원도 고성과 강화, 전남 지역까지 고르게 퍼져 있고 장립형은 낙동강과 섬진강, 영산강 유역 및 남해안에 인접한 지역에 집중되어 있으며 한강 유역에서는 발견되지 않았다[22]. 특이한 것은 강화도 지역에 장

---

21) 허문회, 고희종, 서학수, 박선직(1991). 앞의 논문. 242.

22) Junghoon Kang(1994). Varietal classification of Korean native rice

립형 잡초벼가 조사된 점이다. 강화 지역민들은 이러한 잡초성 벼를 "샤례벼"라고 칭한다. 1985년 400개체를 채취하여 이후 계통으로 유지해 오는 것을 에스테라제 분석과 페놀 반응 등을 통한 결과 장립형 범주에 들어온 품종이 9개였다. 이를 두고 그 기원은 아직 밝혀지지는 않았으나 "원래 야생벼가 아니라 재배벼가 잡교된 후대일 가능성이 높은 것"으로 학계는 보고 있다[23].

현재 전 세계에 걸쳐 재배되고 있는 장립형 벼와 단립형 벼의 분포를 보면 단립형은 한국과 일본, 대만, 중국의 동북 지역에 분포되어 있고 장립형은 인도와 동남아시아가 중심이다. 이외에 인도네시아의 소순다열도 이남과 오세아니아 서북부, 지중해 연안에 걸쳐 열대 자포니카 즉 자바니카 벼가 넓게 분포하고 있다. 이러한 재배벼의 작물화 기원에 대한 선행연구는 장립형은 인도를 중심으로 미얀마와 방글라데시 등 인도차이나반도 지역과 중국 남부 해남도에 재배 기원을 두고 있을 가능성이 있다[24]. 특히 인도차이나반도의 캄보디아와 태국은 장립형과 단립형이 교차하고 있다. 이 논고에서 인도차이나반도는 아시아권 도작(稻作)문화가 합류하는 지점으로 보고 있다. 한국은 현재 단립형 벼가 주력 재배 품종이나, 잡초성 벼 형태로 자라고 있는 장립형 벼도 다수 확인되고 있

---

gemplasm by using canonical discriminant analysis. National institute of agricultural science and technology.

23) 허문회, 고희종, 서학수, 박선직(1991). 앞의 논문. 243.

24) Yang Yuan & 8(2017). Selective sweep with significant positive selection serves as the driving force for the differentiation of Japonica and Indica rice cultivars. *BMC Genomics,* 18. pp.307-320.

다. 이 장립형 잡초벼는 낙동강 유역에 집중적으로 분포하고 있으며[25] 섬진강과 영산강, 금강 일부 유역에서도 발견되고 있다. 장립형 벼가 내냉성(耐冷性)이 약한 점을 감안하면 비교적 온난한 기후를 가진 한반도 남부지역에 분포되어야 자연스러우나 오히려 한반도의 내륙 중위도 지역에 속하는 낙동강 상류까지 거슬러 올라가는 양상을 보인다[26]. 더욱이 일제강점기에 한반도 전역에 걸쳐 벼의 종자 개량이 대대적으로 단행되었던 것을 감안하면 특정 유역에 집중적으로 분포된 점은 특기할 만하다[27]. 이에 대해 선행연구에서 논증한 것으로 지면을 대신한다[28].

한편 지금으로부터 1만여 년 전에 이 땅에 남겨진 탄화벼는 어떻게 해석할 수 있는가. 단순한 벼가 아니라 재배벼의 고대형으로 보고되는 선사시대 남한 지역의 장립형 벼는 누구에 의한 것이며 어떠한 의미를 지니는가. 소위 거석문화시대로 일컬어지는 이때 볍씨와 함께 이들이 남겨놓은 발자국은 없는 것인가.

---

25) 서학수(2003). *유전자원으로의 잡초벼 특성조사*. 한국과학재단 야생작물유전자원은행 작물유전체기능연구사업단(영남대학교). 33.

26) Bon-Hyuk Koo & 8(2013). Natural variation in OsPRR37 Regulates heading date and contributes to rice cultivation at a wide range of latitudes. *Molecular Plant*, 6(6). pp.1877-1888.

27) 전경수(2009). 아시아의 신들은 빨간 쌀을 좋아한다-의례용 적미와 적미박멸의 식민정책. *한국문화인류학*, 42(1). 한국문화인류학회. 3-38.

28) 이화선(2021). 가야문화권역 인디카(Indica)형 잡초성 벼 분포 양상과 고고유적 속 벼 식물유체 분석을 통한 삼국유사 속 '허황옥 설화' 재조명. *문화와 융합*, 43(11). 한국문화융합학회. 65-80.

중국 양쯔강 이남의 절강성 하모도(河姆渡) 유적이나 호남성 팽두산(彭頭山) 유적 등에서 발굴된 탄화벼는 홀로세 초기의 것으로 동정되고 있으며 유적 주변에 도작문화를 뒷받침해주는 논 유구 등이 다수 발굴되고 있다. 현재 국제 학계의 주류는 재배벼의 기원을 중국 양쯔강 유역으로 보고 있다[29]. 그러나 충북 청원군 소로리에서 발굴된 탄화벼는 이보다 2000-3000년 앞선 것이다. 더욱이 고대벼의 원형으로 보고된 것이다. 소로리 볍씨가 발굴 이후 여러 여건으로 진척되지 못한 것이 아쉽기는 하나 탄소연대측정 결과는 신생대 제4기 최후기에 속하는 결과를 내놓고 있다. 이때는 한국과 중국 사이에 놓인 지금의 바다가 육지를 형성하고 있을 때이다. 빙하시대에 인류는 동굴 생활을 하며 해가 뜨는 따뜻한 동쪽을 향하여 동진했을 것이다[30]. 실제 동아시아는 이 시기에 고산 지대를 중심으로 산악빙하가 나타날 뿐 유럽 대륙처럼 빙하가 모든 지역을 덮고 있지 않았다. 이때 지구상 식물은 빙하기를 통해 절멸기를 겪은 후 한반도 권역에서 살아난 볍씨가 거꾸로 황해를 건너 유라시아 대륙을 향해 서진했을지도 모른다.

충북 청원군은 지금까지 것 중 가장 오래된 탄화벼가 발굴된 지역이다. 연대는 신생대 후기인 플라이스토세(洪積世, Pleistocene Epoch)에서 홀로세(沖積世, Holocene Epoch)로 진입하는 때이다. 홍적세와 충적세의 경계는 오늘날로부터 1만여 년 전이다. 이에 더하여 기후변화 대리요소(Proxy elements) 등을 대

---

29) 안승모(1999). *아시아 재배벼의 기원과 분화*. 학연문화사. 275.

30) 신용하(2017). *한국민족의 기원과 형성 연구*. 서울대학교출판문화원. 123.

입해보면 이 시기의 황해는 육지였다. 이 황해를 사단할 수 있는 육로를 통해 빙하시대에 절멸되었던 벼과(科) 초본이 거꾸로 서진(西進)할 수도 있다. 환경상으로 볼 때 이 볍씨들이 건너가 현재 중국의 하모도와 팽두산 등 유적에서 발견되는 재배벼의 시원이 되었으리라는 가설도 가능하다.

  이어 해수면이 상승하고 기후가 온후해지는 홀로세에 접어들면서 인류는 각 지역에서 자체 발생적으로 본격적인 농경이 시작되었을 것이다[31]. 한국은 충청남도 부여군의 송국리 유적을 근거로 기원전 3200년경에 최초 벼농사가 있었던 것으로 보는 것이 다수설이다. 송국리 유적은 '어느 날 갑자기'라고 말할 정도로 기원전 2800년경 사라진다. 그러나 송국리의 고대인들은 일본으로 건너가 야요이문화[弥生時代]를 이룬다[32]. 이에는 기후이변이 있었다.

  볍씨의 최초 출현지와 도작 기원지를 특정하는 것은 현재로서는 무리한 일이지만, 도작문화는 한국의 경우 그 기원이 1만 1700년경(BCE) 금강 상류지역이라고 생각한다. 이윽고 홀로세 초반 마지막 빙하기를 끝내고 온난해진 기후와 해수면 상승으로 대륙과 바다가 지금의 형태를 갖추던 때 움츠렸던 볍씨들이 하나둘씩 살아나며 도작문화는 유라시아 대륙 각 지역의 선사인들의 손끝에서 '자체발생'하였을 것으로 이 논고는 결론 짓고자 한다. 그리고 그 중심에 한반도가 있었다.

---

31) 김민구(2014). *야생 식용식물: 청동기시대의 고고학1*. 서경문화사. 103-112.

32) 박정재(2021). 한반도의 홀로세 기후변화와 선사시대 사회 변동. *대한지리학회지*, 56(2). 대한지리학회. 215-226.

2.3. 한국의 재래 벼

한국은 1만여 년 전으로 거슬러 올라가는 유구한 농경 역사를 지니고 있다. 이 땅에 고대인들이 무수한 발자취를 남기며 오늘에 이르기까지 한국인들은 수많은 농지 개량과 개간, 농법의 발전을 거듭하며 도작문화(稻作文化)를 전승해왔다.

한(韓), 부여(夫餘), 동옥저(東沃沮), 루(婁)는 땅이 비옥하여 오곡이 잘 되노라 하면서, 특히 "변진(弁辰)의 경우 토지가 비옥하여 오곡과 벼가 잘 되었다"라는 기록이 *삼국지(三國志)* 동이전(東夷傳)과 *후한서(後漢書)* 동이전(東夷傳)에 남아 있다. 변진은 김해를 중심으로 한 낙동강 하류 지역이다. 한국 고대사에서 금관가야와 관련이 깊은 곳으로 *삼국유사(三國遺事)* 가락국기에서 김수로왕과 허왕후의 혼인에 쌀[粳米]이 등장한다.

동아시아에서 오곡(五穀)을 말할 때 벼가 언급된 기원전 자료로 <초사(楚辭):대초(大招)>가 있다. 굴원(屈原, 343~285? BCE)의 것으로 알려진 초사에서는 오곡을 '쌀[稻], 메기장[稷], 보리[麥], 콩[豆], 마(麻)'로 나눈다. 맹자(孟子, 372?~289? BCE)가 "후직이 백성들에게 농사를 가르쳐 오곡을 심어서 기르게 하니(后稷教民稼穡, 樹藝五穀)"라고 한 것에 대해 조기(趙岐, 108?~201)는 맹자 등문공(滕文公) 상편에서 "오곡은 쌀[稻], 찰기장[黍], 메기장[稷], 보리[麥], 콩[菽]을 말한다"라고 주석을 달고 있다.

벼를 분류하는 한자에는 '粳', '秔', '穤', '籼', '糯', '稴'이 있다. 후한(後漢) 때 허신(許愼, 58?-147?)이 찬술한 *설문해자(說文解*

字)에 따른 것이다. 여기에서 '갱(粳)', '갱(秔)', '렴(穛)', '선(秈)'은 메벼이고, '나(糯)', '나(稬)'는 찰벼이다. 설문에 따르면 같은 메벼인데 '粳'에 대하여 점성이 있는 벼이고, '穛'에 대해서는 점성이 없는 벼이다. 후자는 찰기가 떨어질뿐더러 대개 붉은 빛을 띠는 적미(赤米)이다. '秔' 또한 설문에서는 찰기가 없는 벼라고 정의한다. 더하여 *강희자전(康熙字典)*에서도 '穛'에 대하여 점성이 없는 벼로서 즉, 선도(秈稻)를 말하는 것이라고 정의한다. 현대 중국에서는 벼를 분류할 때 갱도(粳稻)와 선도(秈稻)로 나눈다. 전자는 단원형의 단립형(Japonica type) 벼로서 장폭(帳幅) 비율이 대개 평균 2.0 내외이며, 후자는 장립형(Indica type) 벼이다. 대만의 최고(最古) 벼 자료 가운데 토기의 압흔에 남아 있는 벼는 장폭비가 3.0을 넘는 세립형(細粒型)이다. 역시 장립형 선도(秈稻)이다[33]. 일본에서는 선(秈)에 관하여 붉은색을 띤 메벼로 분류한다.

  조선시대 허균(許筠 1569-1618)은 그의 시문집 *성소부부고(惺所覆瓿藁)*에서 남방(南方)의 수도(水稻)는 그 이름이 일정하지 않은데 대강 세 종류가 있노라 하면서, 일찍 익되 쌀알이 단단하고 자잘한 것은 '선(秈)'이라 하고, 늦게 익되 향기가 나고 윤기(潤氣)가 흐르는 것은 '갱(粳)'이라 하며, 조만(早晩)이 아주 알맞고 쌀알이 희면서 차진 것은 '나(稬)'로 구분하고 있다. 조선시대 농업서 가운데 하나인 *산림경제(山林經濟)*의 치농(治農) 편에서는 [표1]과 같이 벼를 시기와 특질에 따라 세분하고 있다. 이 가운데 산도(山稻)가 있다. 산도는 전통적으로 밭재배 벼를 의미하며 적미

---

33) 안승모(1999). 앞의 책. 262-269.

가 대부분이다. *산림경제*에서 말하는 '보리산도'와 '우득산도(일명, 두이라)'는 전형적인 적미 재배 때 나타나는 특색을 지닌다. 보리산도는 까끄라기가 없고, 처음 이삭이 팰 때는 푸른 빛이었다가 익으면서 약간 희어진다. 또한 쌀이 붉고 강하여 밥을 짓기에 적당치 못하노라고 하나, 성질이 강해 바람에 잘 견디는 까닭에 척박한 땅에 심으면 좋다고 한다. 늦벼로 분류하고 있지만 일찍 심어야 하는 품종이다. 보리산도의 출전은 조선 전기 때 문신이었던 강희맹(姜希孟, 1424-1483)이 찬술한 농서인 *금양잡록(衿陽雜綠)*에서도 확인할 수 있다. 또한 박지원(朴趾源, 1737-1805)은 벼 가운데 선도(秈稻)에 대하여 이른 벼이며, 가늘고 길다는 특질을 *연암집(燕巖集)* 卷之十七 별집(別集):과농소초(課農小抄)에서 남기고 있다. 이러한 구분은 조선 후기에도 이어지는데 황현(黃玹, 1855-1910)은 *매천집(梅泉集)* 4권 詩:丙午稿에서 "남쪽에 가까우면 물난리, 반대면 가뭄이라. (중략) 일찍 뜨면 올벼에, 늦게 뜨면 늦벼에 좋으니"라고 한다. <달맞이[候月]>라는 제목의 이 시에서 달이 일찍 뜨면 이른 벼인 선도(秈稻)에 좋고, 늦게 뜨면 늦벼인 갱도(粳稻)에 좋다는 농사 기상이 등장한다.

우리나라는 고려시대 후기에 들어와 산전개발에서 연해안 저습지개발로 농경지개발이 진행되며 도종(稻種)으로 점성도(占城稻 참파벼)와 같은 신품종이 도입되었을 것으로 학계는 보고 있다[34]. 또한 학계는 고려뿐 아니라 11세기를 전후해서 중국의 화중지방

---

34) 위은숙(1990). 고려시대 농업기술과 생산력 연구. *국사관논총*, 17. 한국국사편찬위원회. 16.

과 일본의 중남부지역, 태국남부의 메남강 유역의 연해안 저습지가 거의 같은 시기에 개발되기 시작하며 이때 공통적으로 환경 적응력이 강한 인디카형(장립형) 적미(赤米種)가 출현했을 것으로 추정하고 있으며, 이 품종은 11세기 초반 남송(南宋) 시기에 남방에서 도입된 것으로 보고 있다[35)36)]. 현재 낙동강 유역을 중심으로 발견되는 장립형 잡초성 벼가 이와 관련인지는 후속 연구과제로 남겨둔다.

특기할 것은 당미(唐米)라고 하는 곡물이다. 곡물명 가운데 고대 중국과 관련 있는 곡물로 옥수수와 당미가 있다. 옥수수는 그 한자 어원이 옥촉서(玉蜀黍)이다. 옥수수의 전래에 대해 여러 이설이 있으나 한자에 나타난 의미로만 보면 촉나라의 기장이라는 뜻이다[37)]. 당미는 쌀로 간주하기는 하나, 좁은 의미에서 수수쌀을 의

---

35) 위은숙(1990). 앞의 논문. 20.

36) 박희진(2015). 南宋代 南方地域 稻麥 二毛作의 發展 情況 - 江南의 麥作 擴散을 中心으로. 중국사연구, 99. 101-134.

37) 김종덕(2011). 옥수수의 어원과 효능에 대한 문헌연구. 농업사연구, 10(2). 한국농업사학회. 49-83.: 김종덕은 "서(黍)를 파자(破字)하면 곡식[禾]에 물[水]을 넣는다는[入] 뜻이 되어 술을 만들 수 있다는 뜻이다. 또한 서(黍 찰기장)는 여름을 뜻하는 서(暑)와 음상사(音相似)하고, 초여름에 자라 늦여름에 수확하므로 여름의 기운이 있다. 촉서(蜀黍)는 촉(蜀)지역에서 처음 비롯된 찰기장[黍]이라는 뜻으로 붙여진 것이며, 우리나라에서는 중국[唐]에서 온 찰기장[黍]이라는 뜻으로 당서(唐黍)라 하였고, 이삭[穗]이 아래로 늘어져 있다[垂]는 뜻으로 수수(垂穗), 또는 머리[首]를 숙였다는[垂] 뜻으로 수수(垂首)라고 하였다. 곡물 중에 겉껍질을 벗기면 바로 옥(玉)과 같은 알곡 형태가 되는 것이 옥수수이고, 옥수수를 수수[蜀黍]의 일종으로 인식하였기 때문에 옥수수[玉蜀黍]라 하였다. 따라서 기장과 수수 그리고 옥수수가 서로 다른

미한다. 붉은색이며 찰기가 전혀 없다. 그러나 여러 용례를 보건대 넓은 의미로 보아 품질이 낮은 쌀로서 거칠고 조악하며 붉은색을 띠는 쌀을 말한다. 장립형과 단립형을 포괄하나 주로 장립형인 경우가 대부분이다. 일본에서는 에도시대에 당미의 출현이 상당했던 것으로 보이며, 메이지유신 전까지만 해도 매우 많이 통용되었다. 일본에서는 당미에 대해 16세기 전후 홍모인(紅毛人, 네덜란드 상인)을 통해 전래한 것으로 보는 설과 시기를 특정할 수는 없지만 중국을 통해 들여온 쌀이라는 견해로 나뉘고 있다[38]. 이 논고는 20세기 초까지 한국과 중국, 일본에서 통용되던 당미에 관하여 '붉은색 쌀[赤米]로서 찰기가 없으며 수수쌀을 포함하는 품질 낮은 쌀의 통칭'이라고 정리한다.

한반도는 마지막 빙하기가 끝나고 기후가 온화해지며 농경이 시작되었으나 주기적으로 때로는 간헐적으로 크고 작은 이벤트를 겪게 된다[39]. 학계에 따르면 홀로세 기후 최적기 이후 대략 500년 간격으로 단기 한랭기가 도래하는 등 이 땅의 재래벼는 최소 1만 년의 함의를 간직한 중요 유전자원이다. 이에 대하여 다음 "2.4.2. 흰쌀밥과 황금물결 변증고"에서 정리하기로 한다.

식물임에도 불구하고 초기에는 옥수수를 기장의 한 품종 내지 수수의 한 품종으로 인식하기도 하였지만 시간이 흐르면서 옥수수를 별도의 식물"이라고 설명한다.

38) 오가와 마사미, 이노타니 도미오(2008). *적미박물지*. 대학교육출판. 13-23, 104.

39) 박정재(2021). 한반도의 홀로세 기후변화와 선사시대 사회 변동. *대한지리학회지*, 56(2). 대한지리학회. 215-227.

[표2] 조선시대 벼 분류*

	이름	망(芒)	추수 때	특질	기타
올벼 早稻	구황되오리救荒狄所里	없음	황색	희고 연함	
	자채벼自蔡	있음	황색		
	옥자강이著光	짧음	황적색	희고 연함	
	닭올벼鷄鳴稻	없다	연황색	-	한식직후
	버들올벼柳稻 버들오려	있다	연황색		한식지나
次早稻	에우지於伊仇智 에우디	짧음	진황색	윤기	
	왜자倭子	짧음	황색	쌀에 윤기	
	쇠노되오리所老狄所里	없음	황색	윤기	
	황금자黃金子	길다	진황색		경상도
中稻	파랑되오리靑狄所里	없음	황색	술,밥	한식10여일
	중실벼中實稻 듕실여	있음	연황색		
	잣다리柏達伊 잣달이	없다	황적색	-	비옥한 논
늦벼 晩稻	사노리沙老里	길다	연붉음	희고 연함	
	쇠되오리牛狄所里	없다	흰색	희고 연함	
	검은사노리黑沙老里	짧다	검붉음	희고 연함	
	사노리沙老里	짧다	황색	-	
	우득산도牛得山稻	길다	붉은색	거칠고잘다	환경적응强
	흰껌부기白黔夫只	길다	약간 흰색	희고 연함	바람 잘견딤
	흑껌부기黑黔夫只	길다	흰색	희고 연함	바람 잘견딤
	동솟가리東鼎艮里	길다	흰색	희고 연함	바람 잘견딤
	영산되오리靈山狄所里	없다	흰색	희고 연함	기름진 땅
	고새눈검高沙伊眼檢伊	길다	황색	희고 쩟쩟	환경적응强
	다다기多多只 어반미	길다	흰색	희고 연함	기름진 습지
	구렁찰仇郞粘	없다	붉은색	희고 거침	기름진 습지
	쇠노찰所伊老粘	짧다	황색	희다	환경적응强
	다다기찰多多只粘	길다	흰색	희고 연함	기름진 습지
	찰산도粘山稻	없다	흰색	희고 거침	척박한 땅
	보리산도麰山稻	없다	약간 흰색	붉고 강함	척박한 땅
	왜수리倭水里 예수리	있다	붉은색	-	한식이후
	대쵸벼大棗稻	없다	짙붉음		이앙에 적당
	밀다리密多里	없다	짙붉음	죽, 밥, 떡	비옥한 논
	되오리狄所里	없다	연붉음	-	-

*출전: 산림경제

2.4. 한국의 근·현대 벼농사와 농정의 변천

2.4.1. 일제강점기 쌀과 생산성

일제강점기 조선의 쌀 생산량은 크게 증가하며 대일(對日) 반출량 또한 해마다 높은 곡선을 기록한다. 이에 대해 조선 쌀의 대일반출은 일제의 정책이었지만 그 인과구조 형성의 경제적 동인은 조선보다 높은 일본의 쌀값이었고 결과적으로 조선 쌀의 대일반출로 인해 조선인들의 소득이 증진했노라는 주장이 있다[40].

이 주장은 1911-1920년대 조선 쌀의 대일이출이 1인당 소득에 큰 영향을 주어 그로 인해 농업잉여의 자본전화가 일어났으며 이로 인하여 1920년대 조선 내 소규모 기업은 그 설립이 크게 늘어났을 뿐만 아니라 쌀의 대일이출량 증가와 함께 조선인들의 소득 증가를 견인하였다는 주장을 주요 골자로 한다[41]. 그러나 이 견해는 통계 및 기본 전제에 오류가 있다.

높아진 일본 쌀값으로 조선 쌀의 대일 이출이 늘어난 것은 사실이다. 관련 사례를 들면 1918년 7월 22일 일본 도야마현의 작은 어촌에서 쌀가게를 습격하고 불태우는 사건이 발생한다. 당시 일본은 제1차 세계대전의 특수를 누리며 전례 없는 호황을 누리게 된다. 그러나 그 대가는 물가 폭등으로 나타났다. 3배 이상 뛴 물

---

40) 정용석(2019). 식민지기 1인당 쌀 소비량과 연관변수들과의 관계구조와 그 변화의 의미. *경제사학*, 43(3). 361-397.

41) 정용석(2019). 앞의 논문. 123.

가로 민심은 이반되었고 폭동을 불러왔다. 데라우치 내각은 언론 통제를 통해 대응했다. 그러나 일본 내 쌀값 인하 요구는 더욱 거세질 따름이었다. 다급해진 일본은 체코 독립군을 구출한다는 명분을 내세워 시베리아 출병을 선언한다. 국내의 불만을 외부로 돌리려 했으나 역부족이었다. 결국 데라우치 내각은 폭동이 일어난 지 두 달만인 9월 29일에 무너진다. 군인 출신이었던 데라우치 마사다케의 사임 후 등장한 하라 다카시 내각은 출범 일성으로 산미증식계획(1920-1934)을 발표한다. 이 계획은 폭동의 근본 원인이 되었던 일본 내 식량부족 문제를 해결하기 위하여 조선에서 대량으로 곡물을 들여온다는 것을 주요 골자로 한다.

그러나 같은 기간 조선은 기근이 들어 매우 심각한 상황이었다. 이때 조선인들은 만주에서 들여오는 잡곡으로 허기를 채울 때였다. 일본 내각의 산미증식계획은 자국의 산미증식을 위해 식민지에 대한 수탈이 전제된 계획이었다. 결론부터 말하면 "조선 쌀의 대일이출로 인해 군산항 등 조선의 수출항이 활기를 띠었고 소규모 기업이 늘어났으며 조선인들은 환금을 통한 소득증대를 위해 쌀을 수출하였다"라는 내용을 골자로 한 이와 같은 주장은 가설의 합목적성을 위한 전개이며 경제 전반을 고려하지 않은 미시적 접근이다. 또한 그 변동구간과 여타 추이 곡선에 대한 대조구가 없고 등식에 부합한 계산 결과가 나온다 하더라도 전제의 오류가 해명되지 않은 상황에서 신뢰하기 어렵다.

1911-1920년대 쌀의 대일이출이 1인당 소득이나 후생 수준에 큰 영향을 주었는지는 단순 통계자료로 분석될 수 있는 성질의 것

이 아니다. 쌀 등 주요 곡물은 생산량과 소비량 및 소득곡선 외에도 자국민의 기호와 정서가 수반되어야 실질적이고 합리적인 경제성 분석을 가져온다. 더욱이 가축의 사료가 아닌 사람이 먹는 식량작물에 대한 최근의 분석 경향은 곡물의 절대량보다 열량과 영양가 섭취 정도를 매우 중요한 요소로 보고 있다.

무엇보다 조선 쌀의 대일이출이 소득에 미친 영향을 분석하기 위해서는 조선인과 조선 내 일본인 간의 소득 비교 그리고 친일 자본 내지 대자본가들의 소득이 어떻게 나타났는가에 대한 통계자료와 이에 대한 비교분석 또한 중요한 논점이다. 특히 해방 이후 GATT(General Agreement on Tariffs & Trade)와 WTO(World Trade Organization) 양 무역체제 아래 수반된 쌀시장 개방 압력에 대해 한국뿐 아니라 일본 또한 얼마나 필사적으로 저항했는지를 주목해야 한다.

그동안 세계시장에서 쌀의 수출입 개방에 대한 저항은 상업 논리를 넘어 도작문화에 기반해온 아시아권 국가의 견고한 국민 정서가 매번 중요한 변수로 등장해왔다. 쌀 수급 조정을 위해 손쉽게 논을 없애지 못하는 이유도 해방 전후사나 여러 나라의 농업정책 속에서 쌀은 그 자체만으로도 그 나라의 문화이며 그 나라 국민의 생활사로서 자리해왔기 때문이다.

주권과 자본, 국가를 특징으로 하는 근대국가의 개념은 식민지 아래 놓인 조선에는 적용할 수 없는 전제로 일제강점기 농업정책은 지배와 수탈을 극대화하기 위해 작동하였을 뿐이다. 물론 일제강점기 역시 자본주의 체제가 작동되었으나 그 운영주체는 다분히 일본 정부와 조선총독부, 일본과 조선의 일본인 자본가였다. 즉 조선인·조선기업에게는 국가 없는 식민지 자본주의에 불과하였다. 이들을 배제하고 쌀 생산량의 증가와 이와 관련한 소득곡선 상승만을 두고 조선인의 소득과 후생이 증가한 것으로 분석하는 것은 통계와 전제가 박약하다.

이는 주조업의 전개 양상에서도 두드러지게 나타난다. 조선은 대일이출량 증가와 함께 주조업에 있어서도 영세업자는 시장에서 퇴출되었고 대자본을 가진 주조업이 약진하였다. 물론 주조업에 진출한 조선인 자본가들이 있었으나 영세업자들에 대한 조선총독부의 강제정리 정책을 배경으로 성장할 수 있었다[42]. 결과적으로 이들 자본가층을 통해 비조선주 중심의 주조업 집중과 주류 소비의 구조변화가 진행되었고, 마침내 대자본의 생산 장악을 통해 주류시장 전반이 일본주로 유도되어 오늘에 이른다.

2.4.2. 흰 쌀밥과 황금물결 변증고

대개 쌀이라고 하면 모두 흰 쌀밥과 황금빛 일렁이는 추수기의 논을 떠올린다. 그러나 산림경제 등 조선시대 농서(農書)에는 특별한 점이 나타난다. 그것은 수확기의 벼 색깔이 황색, 백색, 붉은색, 때로는 흑자색 등 매우 다양하게 나타나는 점이다.

---

[42] 정태헌(2017). 일제강점기 주조업과 주세정책. 한국의 술 *100년의 과제와 전망*. 도서출판향음. 78.

밥은 제물(祭物)이다.
우리 몸은 신이 머무는 성전이다. 성전에 드리는 제사가 바로 밥이다.
내가 먹는 것이 아니라 신에게 드리는 것이다.

― 다석(多夕) 류영모(柳永模, 1890-1981)

조선시대만 해도 논이라 하면 우리가 흔히 떠올리는 황금빛 논만 볼 수 있던 게 아니었다. 쌀알도 백미만 있던 것이 아니라 붉은 적미(赤米)도 보인다. 이는 앞서 조선시대 강희맹 등의 문집에서 확인했다. 이 논거에서 적미(赤米)란 현미 상태에서 외층부 종피층에 적색계 색소가 축적된 쌀 또는 벼를 말한다. 색소가 탄닌계인지 안토시아닌계인지 따라 전자는 적갈색을 후자는 흑자색을 띠게 된다. 유색미 가운데 엽록소계 색소를 띤 것으로 녹미가 있다. 이 녹미는 네팔과 라오스 등지에서 많이 재배된다. 현미의 내부구조는 과피/종피/호분층+배아(쌀눈)/배유(전분층)으로 구성되어 있다. 이때 호분층과 쌀눈을 완전히 제거하면 유색미도 백미가 된다. 도정 정도는 현미 상태가 1분도일 때 백미는 10~12분도이다.

조선 선조(宣祖) 대의 시인이자 양명학자인 소재(穌齋) 노수신(盧守愼 1515-1590)이 쓴 소재집((穌齋集) 제3권에는 "수재의 풍미는 쌍원이 예스럽고, 운자와 홍선은 백 움큼이 향기롭구려 秀才風味雙圓古 雲子紅鮮百掬酴"라는 싯구가 나온다. 여기에서 '운자(雲子)'는 백미를 가리키며, '홍선(紅鮮)'은 '홍미(紅米)', 또는 '홍도(紅稻)'라 칭하는 붉은쌀로 빚은 술을 말한다. '수재(秀才)'는 국수재(麴秀才)의 약칭으로 고전의 유래가 길어 술을 빚는 재료인 누룩을 의미하는 정도로 마무리한다. 더하여 붉은쌀로 빚은 술인 '홍료(紅醪)'는 조선시대 여러 문집에도 다양한 모습으로 등장한다.[43] 붉은쌀로 지은 밥은 '홍미반(紅米飯)'이라 하여 평안도에서 재배된 적미로 지은 밥으로서 20세기 초까지도 문헌에 남아 있다[44]. 문헌에는 홍미반에 대하여 영변군(寧邊郡)의 음식으로 옛 서면(西面)에 있는 비옥한 땅에서 생산되는 쌀로 밥을 지으면 담자색이 되어 마치 수수나 팥과 같노라고 전한다. 이를 보면 수수쌀은 아니고 붉은색을 띤 유색미이다.

일본은 나가사키현의 쓰시마시와 소지시, 가고시마현의 미나미타네정의 각 신사에서 아직도 적미를 재배하며 이를 의례에 쓰고 있는 적미문화가 전승되고 있다. 붉은 밥은 액운을 물리치는 의미를 두고 있으나 붉은쌀이 사라진 한국은 현재 팥밥이나 팥떡, 팥죽으로 그 유제(遺制)를 이어오고 있다.

그렇다면 현재 이 땅의 붉은쌀은 다 어디로 가버렸나. 이 논고는 물론이고 학계는 '흰 쌀밥과 황금빛 논'의 공식을 일제 식민지배에서 비롯된 산물로 보고 있다. 전경수에 따르면 "1895년 일본이 대만을 점령했을 때 1천 300여 종의 재래종 쌀이 있었는데 거의 장립형(Indica) 품종이었다"라고 하며 "단립형 벼가 존재하지 않았

---

43) 몽오집(夢梧集) 제 1권 시, <동유〔東遊〕>: 조선시대 문신 김종수(金鍾秀, 1728~1799)의 문집; 경오유연일록(鏡浯遊燕日錄) 卷乾 丙申: 조선시대 문신 임백연(任百淵, 1802~1866)의 문집; 양곡집(陽谷集) 卷之三 詩: 조선시대 문신 오두인(吳斗寅:1624-1689)의 시문집

44) 이인영, 정희선(2019). 해동죽지(海東竹枝)에 나타난 한국 음식문화와 사료적 가치. 민속학연구, 44. 국립민속박물관. 181.

던 대만에 일본 침략 이후 대량으로 재배된 점은 일본 식민통치의 일환"이라고 정리한다[45]. 조선의 사정 또한 예외가 아니어서 일본은 만주사변을 기점으로 조선의 모든 재래종 벼는 박멸된다. 현재 '삼광'이나 '추청' 등 한국에서 재배되고 있는 벼는 모두 일본에서 들여온 품종에 조상을 두고 있다. 이는 모두 일제가 선언한 '산미증산계획'에 따른 것으로 소출량이 적은 재래종 벼, 그 가운데에서도 적미 계열을 완전히 없앤 데 원인을 둘 수 있다. 이는 일제가 조선 쌀의 품질을 관리하는 데에 적미 제거를 제1순위로 둔 것에서도 잘 나타난다.

과거 조선총독부에서 나온 쌀 전문가들의 증언에 따르면 "1913년 가을, 수원의 권업모범장에 도착하였는데, 전포(田圃) 위는 황색, 적색, 백색, 금색이라고 말할 수 있는 잡다한 색채로서 그야말로 한폭의 그림을 보는 것 같았다"라고 하며, "당시 조선에서 확인된 재래종 쌀 품종은 3천 331종이었고, 그중에서 적미 품종이 약 1천여 종을 헤아렸으며, 낙동강 유역 특히 약목 지방에는 향이 진한 적미가 많았다"라는 증언이 기록되어 있다[46]. 약목은 지금 대구시와 인접한 경상북도 칠곡군 내 한 지역이다. 그러나 1978년 강화도 삼산면 상리(석모도)에서 발견된 종피색이 붉은 '사례벼'나 1980년대 김포의 한 농가에서 종피가 붉은 '밀다리쌀'이 제사에 쓰였노라는 증언[47], 낙동강 유역 등지에 남아 있는 잡초벼의 양상

---

45) 전경수(2009). 앞의 논문. 24.

46) 전경수(2009). 앞의 논문. 27, 31.

47) 서학수(2005). 앞의 책. 50.

을 보면 이 땅의 적미 유전자는 완전히 사라지진 것은 아니다. 한편 '밀다리(密多里) 쌀'은 산림경제에서 "까끄라기[망(芒)]가 없고, 추수 때 짙붉은 색을 나타낸다"라고 기록된 품종이다. 현재 대한민국 국립농업과학원에는 1400여 종이 넘는 재래종 볍씨가 보관되어 있고, 이 가운데 450여 종이 복원되어 의미 있는 수확을 보고 있다[48].

정리하면 재래의 붉은쌀은 이 땅에서 극심한 환경과 기후변화, 일제치하의 박멸작업에도 불구하고 줄기차게 이어져 왔다. 묻혀버린 사료의 발굴과 DNA 분석, 향후 육종할만한 유전자원인지 등 우리는 이들을 해명해야 한다.

2.4.3. 해방 이후 쌀에 대한 정책변화

한국은 해방 이후 미군정기(美軍政期)를 거치며 농업 부문에서 중요한 정책변화를 맞이한다. 이른바 1948년부터 1995년까지 발효되었던 GATT 체제와 1995년에서 2004년까지를 지배했던 WTO 협정이 그것이다. 전자는 반세기에 가까운 기간 동안 쌀을 비롯한 농산물에 대한 시장개방을 예외로 인정한 반면에 후자는 소위 '관세화 유예조치'를 골자로 하고 있다. WTO 협정은 쌀 개방에 대해 대한민국을 예외국으로 인정하는 대신 일정량을 의무적으로 수입하게 했다.

동 협정에 따라 2004년에 20만 5000 톤 물량의 쌀을 수입하게

---

48) 전국토종벼농부들(대표: 우보농장 이근이)

된다. 이는 전체 생산량의 약 4%에 해당하는 양이다. WTO 협정에서 쌀에 대한 관세화 유예 조치를 받은 나라는 한국과 일본, 대만, 필리핀이었다. 양곡가격을 결정짓는 것은 2004년까지 국회의 동의가 필요한 사안이었으나 2005년부터 비로소 국무회의 심의와 대통령의 승인에 따르게 된다.

  2005년에 들어서 쌀에 대한 관세화를 10년간 연장하여 2014년까지 이어진다. 그러나 최소시장접근(MMA, Minimum Market Access) 물량에 따라 의무 수입량은 40만 8700 톤에 이르게 된다. 거기에다 매년 균등 증량이라는 부담을 떠안고 만다. 최소시장접근이란 비관세로 인해 수입을 제한하는 품목에 대해 관세를 유예하는 기간 동안 해당 국가에서는 국내 소비량의 일정 비율 이상을 의무적으로 수입하게 만든 제도이다. 이러는 가운데 공공비축제 및 쌀 소득보전직불제가 도입되었다. 또한 이의 연장에서 60만원/ha의 고정직불금과 함께 17만원/80kg을 기준으로 변동직불금을 보전받게 되는데 목표가격과 산지가격 차의 85%에서 결정했다.

  2015년은 쌀 수입이 전면 개방되었던 해로 513%라는 높은 관세율과 특별긴급관세가 부과되었으나 의무 할당량(40.8만톤)은 여전히 유지되었다. 쌀수입 전면 개방 직전 해를 돌아보면 당시 농민들의 저항은 어느 때보다 거세었다. 2014년은 이 연구총서를 출간하는 우리술문화원의 출범 배경이 되던 해였다.

  2020년에는 쌀에 대한 변동직불제를 폐지하고 다음 해 공익직불제를 도입한다. 안정적 식량공급, 국토환경·자연경관 및 생태계 보전, 토양유실 및 홍수 방지, 농촌 고유전통과 문화 보전 등과 같은 농업 및 농촌의 공익기능을 증진하고 농업인의 소득안정을 꾀하기 위한다는 목적의 개편이었다. 그러나 여의롭지 않게 되자 정부는 쌀이 수요량의 3% 이상 초과 생산 시 또는 수확기 가격이 전년보다 5% 이상 하락 시 의무적으로 매입하는 방안에 나선다. 그러나 농촌의 소득 격차를 보전하기에는 역부족이었다. 더하여 타작물재배지원에 대한 법적 근거를 마련하였다. 그러나 이 또한 이미 고령화될 대로 고령화된 농촌사회와 인구절벽이 코앞에 닥친 상황에서 기존 벼농사에서 타작물로 전환은 농민들의 호응을 얻지 못하는 실정이다.

가장 최근인 2022년 쌀에 대한 시장격리 의무화를 입법화하여 상임위원회를 통과했으나 찬.반이 극명한 상황이다. '쌀 시장격리'란 쌀 생산 과잉으로 가격이 급락하는 경우 정부가 시장에서 적시에 쌀을 매입하는 것을 말한다. 이러한 대응에 대해 찬성 측에서는 쌀 생산기반을 유지하고 농가소득을 안정화할 수 있으며 명시적인 기준을 제공할 수 있어 예측가능한 농정과 쌀생산 및 소비생태계 안정화를 꾀할 수 있다는 점을 주장한다.

특히 타작물재배지원사업 등을 통해 벼 재배면적을 조절하면 공급량이 갑자기 늘어나지는 않을 것이라는 점을 근거로 들고 있다. 그러나 반대하는 측은 과잉생산 고착화로 막대한 재정지출이 발생할 수 있고 풍년이 연속될 경우 재고누적 위험이 크며 WTO 규정을 위반하여 허용보조금 한도를 초과할 수 있다는 점을 들고 있다. 더욱이 장기적으로는 쌀시장 선진화(품질, 다양성 등)를 저해할 것이 우려되는 데다가 쌀 생산비 감소와 기후변화 대응 노력에 부정적인 영향이 갈 수도 있다는 점을 주장한다.

과거 가족 중심 소농이 농업을 견인해온 우리 사회는 지난 10년 사이 20%가 넘는 농업인구가 감소했다. 농촌은 어느 분야보다 더 인구절벽에 대한 위협이 가장 강한 곳이다. 이의 대안으로 다양한 경험과 기술을 가진 귀농·귀촌인들이 어느 정도 신선한 자극을 줄 수 있으나 성공 사례로 꼽을 수 있는 건은 소수 몇몇에 불과한 실정이다.

2000년 이후 농촌정책은 기존 중앙주도에서 지역주민이 주도하는 마을기업 추진으로 그 변화가 일어났다[49]. 이에 따라 소위 '스타 마을'도 탄생했다. 그러나 농촌 실정 대부분은 이러한 변화를 수용할만한 여력이 없을뿐더러 고령화와 인구감소는 어느 때보다 빠르게 진행되고 있어 변화를 이끌어갈 주체 또한 찾아보기 힘들다. 이러한 때 쌀과 술을 결합시킨 식품가공업 육성은 주목해야 할 산업이다.

고급화된 농산품은 수요처가 한정되어 있다. 이를 타개하기 위하여 안정적인 물량을 유지할 수 있는 가공원료로서 쌀을 바라보는 시각이 필요하다. 계절성이라는 농업의 특수성은 벼 농사도 예외는 아니다. 정부는 현재 (특수)타작물로 전환을 지원하고 장기적으로 이를 농업의 미래 대안으로 보고 있는 듯하다. 그러나 이미 벼 농사에 모든 인프라가 집중되어 있고, 고령화의 직격탄을 맞은 농촌에 현실적인 해결은 타작물로 전환하는 대신 술가공업과 결합

---

49) 유정규(경상북도 의성군 행복의성지원센터장). 농촌정책, 왜 '밑 빠진 독에 물 붓기'가 되었을까. 한국농정신문 2023.10.15일자 기사.

한 형태의 다양한 품종의 고부가 쌀에 주목하는 것도 대안이다. 논은 수요와 공급의 원리에 따라 함부로 없애거나 늘릴 수 있는 성질이 아니다. 한번 없애버린 논은 다시 복구하기에는 최소한 5-6년의 시간이 걸릴뿐더러 논이 주는 가치는 경관과 주변 기온을 떨어뜨리는 등의 환경적 효과도 무시하기 힘들다. 그러나 무엇보다 식량자급률이 높지 않은 우리나라로서는 쌀이 지고 있는 이중 삼중의 과제를 직시할 필요가 크다.

이러한 때 2015년 말에 정부가 발표한 주류시장에 대한 현황보고서에 따르면 한국은 지난 5년간 일본으로부터 매년 평균 180여억 원 어치, 물량으로는 4000톤에 이르는 사케를 수입했다. 이는 보수적으로 계산해도 우리 국민이 매년 평균 8000톤에 이르는 일본 쌀을 소비해주는 것과 같다. 사케를 제조하는 데 들어가는 쌀과 물의 비율을 1:1이라고 계산했을 때 4000톤의 술이 나오려면 4000톤의 쌀이 사용된다.

그렇지만 일본은 우리와는 달리 술 만드는 쌀은 밥 짓는 쌀보다 약 30%에서 많게는 70%까지 깎아 쓰고 있다. 이를 감안할 때 4000톤의 일본식 청주를 만드는 데는 약 8000톤의 일본쌀이 들어가는 것으로 추정할 수 있다. 게다가 일본 본격소주(本格燒酎)를 증류할 때 들어가는 발효주의 양을 감안하면 이보다 3~4배 많은 쌀이 사용된다.

정부는 2016년도 초에 묵은쌀(2012년산) 약 9만 9000톤(현미 기준)을 사료용으로 공급하는 방안을 발표했다. 아울러 3만 헥타르에 이르는 벼 재배면적을 감축해 쌀 수급 안정을 꾀하겠다고 밝했다. 3만 헥타르는 서울시 면적(605.5㎢)의 절반에 해당하는 어마어마한 넓이다. 작황이 좋을 경우 우리 논 1마지기(200평)에서는 1년 평균 약 500 킬로의 쌀이 생산된다. 즉 우리가 일본 청주를 마시기 위해 들어간 8000 톤의 일본 쌀은 우리 논 320만 평에서 생산할 수 있는 양에 해당한다.

누대에 걸쳐 공들여 지켜온 논을 없애버리는 것도 우려스러운 일이지만 쌀을 사료로 쓰는 것에 대한 국민들의 정서적 저항도 무시하기 어렵다. 더구나 식량자급률에 대한 깊은 우려를 해소할 만한 특별한 방안도 찾기는 힘들다.

일본에서는 1931년 무렵 식민지 조선으로부터 들여온 쌀의 공급이 넘치게 되자 고민이 생긴다. 남는 쌀로 '숯을 만들자' 또는 '바다에 버리자'는 등 기상천외한 방안이 쏟아졌다. 그렇지만 일본 정부는 논을 없애지 않고 농림성에 <미곡이용연구소>를 신설해 쌀을 식량 이외에 다른 용도로 이용하는 방안을 연구했다. 이때 일본은 이런저런 첨가물로 맛을 낸 술이 아니라 정말 국주(國酒)로 대접받을 만한 제대로 된 술이 나오도록 했다. 이 연구소는 후에 농림성 산하 <식량연구소>로 간판을 바꾸었고 시대에 따라 또 다른 역할을 맡고 있다.

현재 일본은 전체 논의 15%에 가까운 면적에서 사케용 벼를 재배하고 있다. 단순히 '술' 생산을 넘어 유사시 식량자급률의 상당 부분을 대신할 수 있는 시스템이 준비된 셈이다. 일본에서는 자국의 고유한 술이 전통문화 전승을 넘어 경제 활성화의 마중물이 된 것이다.

3. 한국의 술

3.1. 한국 고대국가의 술

3.1.1. 고구려의 술

고려 때 이규보(李奎報, 1168-1241)가 쓴 동국이상국집(東國李相國集) 동명왕편(東明王篇)은 다음으로 시작한다.

> 한(漢)나라 신작(神雀) 3년
> 초여름 남두육성 사방(巳方)을 향하던 때
> 해동(海東)의 해모수(解慕漱)이시여
> (중략)
> 성북(城北)에 청하(靑河) 있어 하백(河伯) 삼녀(三女) 예쁘더라.
> (중략)
> 비단자리 눈부시게 깔아놓고 맛 좋은 술[淳旨] 차려 두니

이 시에서 한나라 신작(神雀) 3년은 기원전 37년으로 고구려의 건국년도를 가리킨다. 동명왕편은 1천 400여 자에 달하는 대서사시이다. 기원전 37년 음력 4월 무렵 남두육성이 남남동 방향을 향해 빛나던 때[孟夏斗立巳] 해모수가 출현한 것이다. 하백의 세 딸, 유화(柳花), 훤화(萱化), 위화(葦花) 세 자매는 해모수가 꾸며 놓은 화려한 궁궐과 맛 좋은 술[淳旨]에 유혹되어 그만 크게 취해버

린다. 그다음은 잘 알려진 대로 유화가 아들을 잉태하는데 이 이가 훗날 고구려를 세운 주몽이다.

 평안남도 남포시 대동강 하구에서 발굴된 유적 가운데 약수리고분이 있다. 이 고분의 전실(前室) 동쪽 벽에는 부엌과 방아가 그려져 있다. 고구려인들은 이 방아를 이용해서 곡식을 찧었을 것이다. 이렇게 찧은 곡식은 죽으로도 밥으로도 또는 떡으로도 빚어져 음식문화의 토대를 이루었을 것이다. 약수리고분과 비슷한 시기인 4세기경의 것으로 중국 길림성 집안현에서 발굴된 무용총(舞踊塚)이 있다. 여기에는 연회 장면이 그려져 있다. 부엌에서는 시종들이 음식을 나르고 있고 그릇들은 진귀해 보인다. 굽이 달린 아담한 그릇에 뚜껑을 덮은 합에는 따뜻한 음식을 담았을 것이다. 고구려의 부엌 구조와 커다란 시루와 솥 등 주방 기물을 더 상세히 엿볼 수 있는 것으로 황해남도 안악군 오국리에서 발굴된 안악3호분이 있다. 시루와 솥 그리고 항아리, 고분벽화 속 등장하는 이 정도 집물이면 지금도 술을 빚는 데에 충분하다.

 고구려인들은 술을 빚는 재료로 어떠한 것을 이용했을까? 중국의 사료 가운데 고구려의 주요 세금 가운데 하나가 조(粟)와 견포(絹布)라는 대목이 나온다. 이를 보면 고구려에서 생산되었던 주요 곡물이 조(粟)였음을 알 수 있다. 또한 고구려인에 대해 '선장양(善藏釀)'이라고 언급한 기록을 보건대 고구려인들은 발효식품 제조에 능했던 것으로 보인다. 또한 대두의 발상지에 자리했던 고구려는 누룩제조 기술 또한 뛰어났을 것이다. 누룩과 메주는 제조법이 크게 다르지 않다. 고구려인들은 그들의 누룩제조기술을 이용하여 주식이었던 조나 고량 등 곡물로 술을 빚었을 것이다. 그리고 이렇게 빚어진 술들은 연회나 축제, 제례 등 일상생활에서 널리 쓰이며 풍요로운 문화를 이루게 된다. 고구려 술과 함께 신라와 백제의 술은 선행연구로 대신한다[50].

  기원전 1세기 무렵 동아시아에 등장한 고구려는 3세기를 지나면서 농업경제의 발전을 맞는다[51]. 집집마다 농업생산 잉여물을 저장하는 '부경(桴京)'이라는 창고를 둔 게 그 상징이다. 농경제의 발달과 함께 고구려의 술문화는 과연 주변국에 얼마나 영향을 끼쳤을까. 동아시아의 술은 일반적으로 중국에서 발생하여 주변에 전파된 것으로 알려져 있다. 한국의 술 또한 고려말·조선초에 대거 유입되었던 것으로 보는 견해가 많다. 그러나 술이 발효되고 만들어지는 자연발생적인 특성상 술 제조기술이 어느 한 곳에서 기원하여 일방적으로 다른 곳으로 전래되고 수용되었다는 주장은 무리한 가정이다. 특히 한국의 소주는 고려 충렬왕 대에 이르러 원나라로부터 증류법이 전래되었노라는 주장은 이전 고대국가들의 양주기술과 대외교섭을 간과한 해석이다. 고구려, 신라, 백제의 대외교섭 관계나 고조선 강역에서 출토된 청동제 증류 유물이 이를 뒷받침한다. 한국 소주의 몽골기원설에 대한 비판은 다루기에 양이 많아 선행연구로 대신한다[52].

---

50) 이화선(2018). 동아시아 술문화사. 도서출판향음. 118-157.

51) 최무장(1995). 대우학술총서 인문사회과학 86, 고구려 고고학 Ⅱ. 민음사. 522.

52) 이화선, 구사회(2016). 동아시아 증류주의 발생과 문화교류. 열상고전, 53.

3.1.2. 가야의 술

한국의 고대국가인 가야의 수로(首露)왕과 아유타국((阿踰陀國)의 공주 허황옥의 만남은 다음 기사로 시작한다.

> 건무 24년 무신 7월 27일에 구간(九干) 등이 조회할 때
> "대왕이 강령하신 이래로 아직 좋은 배필을 얻지 못하셨으니 청컨대 신들 집의 처녀 가운데 예쁜 사람을 뽑아서 궁중에 들여보내어 항려가 되게 하겠습니다."라고 아뢰었다.
> 왕이 말하기를 "짐이 이곳에 온 것은 하늘의 명이니 짐에게 배필을 지어 왕후(王后)를 삼게 하는 것도 또한 하늘의 명일 것이다. 그러하니 경들은 염려 말라"

이는 *삼국유사(三國遺事)* 권 제1 왕력(王曆)의 48년 기사로 구간(九干)[53]들이 수로왕에게 그들의 집안에서 좋은 배필을 간택하여 왕후로 들일 것을 청하는 장면이다. 수로왕은 이에 답하기를 "왕과 마찬가지로 왕후를 삼는 것 역시 하늘의 명령"이라며 이들의 청을 물리친다. 과연 허왕후 일행은 왕의 예견대로 가야국 연안

열상고전연구회. 131-166.; 이화선(2020). 앞의 논문. 108-112.

53) '구간(九干)'은 금관가야 형성 이전에 가야문화를 형성했던 정치세력의 우두머리로 보인다. 가락국기에 구간의 명칭은 아도간(我刀干)·여도간(汝刀干)·피도간(彼刀干)·오도간(五刀干)·유수간(留水干)·유천간(留天干)·신천간(神天干)·오천간(五天干)·신귀간(神鬼干) 아홉이다.; 백승충(2008). 가야문화권의 성립과 그 의미. *영남학*, 13. 영남문화연구원. 73-74.; 이동희(2019). 고김해만 정치체의 형성과정과 수장층의 출현. *영남고고학*, 85. 영남고고학회. 147-148.

에 그 모습을 드러낸다. 갑자기 바다의 서남쪽에서 붉은색 돛을 단 배가 붉은 기를 매달고 북쪽을 향해 온다. 허왕후의 도래 시 행처에 대해 구체적으로 그 위치를 지금의 어디로 비정할지는 다수의 논설이 있다[54]. 그러나 한반도 남동쪽 김해 지역에 도착한 것에는 이설이 없다[55]. 김해는 내륙에서 남류(南流)하는 낙동강과 만나며 비옥한 삼각주 평야를 이루는 지역으로 고대부터 전형적인 해양도시의 성격을 갖추어왔다. 자연히 왕의 배필이 바다에서 붉은 돛을 달고 등장하는 장면은 극적인 요소가 있기는 하나 한편으로는 매우 자연스러운 인과이다. 게다가 공주의 홀연한 출현이라는 신화적 장치를 제거한다면 마치 서로 약속이나 한 듯 때에 맞추어 나타나고, 또 이를 차질 없이 맞이했다는 상황을 유추해 볼 때 이미 허왕후의 도래 이전부터 두 세력 간 해상을 통한 교섭이 이루어졌음을 짐작하게 한다.

공주는 가야에 도착하자 자신이 입고 있던 비단바지를 벗어 산신령께 바치는 예를 올린다. 또한 금수능라(錦繡綾羅)·의상필단(衣裳疋緞)·금은주옥(金銀珠玉) 등 아주 많은 혼인예물을 가져온다. 혼인의례에서 재물을 증여하는 것은 한 집단에서 다른 집단으로 신부를 넘겨주는 공식적인 인도의 절차이다. 또한 재물뿐만 아니라 잉신(媵臣)들의 존재는 신부에 대한 보증이자 신부에 대한

---

[54] 이정룡(2018). 허왕후의 가락국 도래 행처와 행로 파악 지명 중심으로. *지명학*, 29. 한국지명학회. 214-265.

[55] *고려사(高麗史)* 卷五十七 志 卷第十一 地理 二 慶尙道 金州 沿革: 金州(지금의 김해)는 본래 가락국이다(金州本駕洛國).

부당한 대우를 구제하는 보호 장치이기도 하다[56]. 더하여 막대한 재물과 인신의 공여는 한 집단에서 신부에 대한 상속이 일어난 관습법상 행위로 볼 수 있다. 이러한 일련의 의례는 수로왕의 권위가 구간들 앞에서 한층 높아지는 일로 작용했을 것이다.

> "사람마다 방 하나씩을 주어 편안히 머무르게 하고 그 이하 노비들은 한 방에 다섯, 여섯 명씩 두어 편안히 있게 하라."
> (중략)
> 왕의 명대로 난초로 만든 음료(蘭液)와 혜초(蕙草)로 만든 술을 주고, 무늬와 채색이 있는 자리에서 자게하고, 옷과 비단과 보화도 주었고, 군인들을 많이 모아서 그들을 보호하게 하였다[57].

위 기사에서 공주를 맞이한 수로왕은 일행들에게 예우를 다한다. 신부 측 결혼예물에 상응하는 신랑 측 답례는 혼인으로 결속된 동맹을 인정하는 것이기도 하며 그러한 혼인관계를 통해 태어나는 자녀에 대한 지위를 인정하고 단단히 하는 일이 된다. 수로왕은 이윽고 공주를 수행해온 잉신들과 노비들에게 편안한 잠자리와 '난초로 만든 음료[난액(蘭液)]'와 '향기로운 풀로 빚은 술[혜서(蕙醑)]'로 위로를 베푼다. 혼인 후 수로왕은 배와 뱃사공을 후한 삯을 주어 돌려보낸다. 그리고 수로왕과 왕후가 된 허황옥은 음력 8월 1

---

56) 조승연 외 6인(2013). *베트남 혼례문화*. 국립민속박물관. 34-36, 226-227.; 국립민속박물관 기획전시실(2012). *2012 아시아문화 기획전-혼례*. 국립민속박물관. 136-146.

57) *삼국유사(三國遺事)* 卷第二 紀異(기이) 第二 가락국기(駕洛國記)

일에 궁으로 돌아온다.

허왕후 일행이 도착한 날은 음력 7월 27일이다. 여름철에 부는 남서 계절풍을 타고 북동쪽으로 항해하기에 알맞은 시기이다. 허왕후의 고향인 아유타국인들은 고대 동아시아의 항로를 잘 파악하고 이를 잘 이용했던 해상세력이던 것으로 생각된다. 가야인 또한 바다를 터전으로 삼아 먼바다로 진출하며 이들과 오랜 기간 활발한 교류를 해오면서 마침내 국가 간에 혼인으로 동맹 관계를 결속시킨 것으로 생각된다.

술은 한자로 대개 '주(酒)'로 적는다. 또는 맛 좋은 술은 '미주(美酒)'나 '지주(旨酒)'로 적거나, 고구려 주몽 신화에서처럼 '순지(淳旨)'로 기술한다. 특별히 '순지'는 맛 좋고 진한 술을 의미한다[58]. 그리고 대개 '난액(蘭液)'은 '난초로 만든 음료'로, '혜서(蕙醑)'는 '향기로운 혜초로 만든 술' 정도로 번역하고 있다. 그러나 고대로부터 한반도에 소개된 술이나 초(醋), 기타 음료 가운데 난초를 재료로 한 것은 현재까지 문헌 가운데 찾을 수 없다. 또 향기로운 풀로 술을 빚는 것 또한 마찬가지 형편이다.

한국은 고대로부터 두견, 이화, 국화 등, 다양한 꽃으로 술을 빚기도 하고, 식물의 줄기나, 인삼 등 식물의 뿌리로 술을 빚기도 한다. 간혹 누룩을 띄울 때 다양한 식물을 쓰기는 하나[59], 이들을 통해 '난액(蘭液)'이라고 할 만한 근거는 보이지 않는다. 술 또한 주

---

58) 이화선(2018). 앞의 책. 123.: 한자 '순(淳)'은 물을 타지 않은 진한 전국술을 의미하며, '지(旨)'는 '미주(美酒)'와 같은 뜻으로 맛좋은 술을 의미한다.

59) 이화선(2019). 조선시대 古農書에 나타난 造醋法의 전승과 현대적 활용가치. 온지논총, 58. 온지학회. 367-400.

요 재료를 보면 쌀과 보리, 밀, 수수, 조, 기장 등 곡물이 주를 이루고 있다. 가야사에 등장하는 '난액(蘭液)'과 '혜서(蕙醑)'는 인도 신들의 음료인 '암리타(Amritha)[60]'를 떠올리게 한다.

암리타는 신화에 기원을 두고 있지만 인도에서는 인간이 마시는 음료에도 그 이름을 붙여 계속 음용하고 있다. 그 맛은 달콤할뿐더러 약용과 함께 갈증을 가시게 하는 데 쓰이고 있다[61]. '난액혜서(蘭液蕙醑)'는 최고의 예물을 상징하는 '향기로운 음료와 맛좋은 술'로 해석하는 것이 타당할지 모른다. 그러나 좋은 술을 의미하는 '지주(旨酒)'나 '미주(美酒)' 또는 '난영지주(蘭英之酒)[62]'와 같은 말 대신 굳이 '난액혜서(蘭液蕙醑)'로 표현했다면 신화 속 특별한 문화코드가 숨겨져 있을 것으로 생각된다.

한자의 용례를 볼 때, '혜서(蕙醑)'에서 '서(醑)'는 그냥 술이 아니라 맑게 거른 청주를 의미하며 '술 중의 술'을 뜻한다[63]. 간혹 증류한 고도의 알코올을 의미하는 용례도 있다[64]. 일연(一然, 1206-

---

60) 이화선, 구사회(2016). 앞의 논문. 131.

61) Gopal, Madan(1990). *India through the Ages*. Publication Division, Ministry of Information and Broadcasting, Government of India. p.66.

62) 枚乘 <七发>: 蘭英之酒, 酌以涤口.谓同兰花一样香美之酒.后因以借指美酒.

63) *강희자전康熙字典*): 《集韵》醽酒也《增韵》酒之泲者 又《玉篇》美酒也 《庾信·灯赋》中山醑清.

64) 醑剂的简称.醑剂可用溶解法和蒸馏法制备. 由于醑剂是高浓度醇溶液, 故所用容器应干燥, 以防遇水而使药物析出, 成品浑浊. 醑剂含乙醇浓度一般为60%~90%. 配制时必须按处方规定使用一定浓度的乙醇.

1289) 선사께서 *삼국유사*를 찬술한 13세기는 고려가 원(元)의 극심한 간섭을 받을 때였고 일반 백성들의 삶은 피폐해졌을 때이다. 송나라 때 서긍(徐兢, ?-?)이 "고려인은 탁한 술을 마시며 질이 좋지 않았다[65]"라고 적은 것을 보면 백성들은 뿌옇고 탁한 앙료류(醠醪類)를 마셨을 것으로 생각된다. 그러나 궁중에는 이미 회회주(回回酒)와 같은 이국의 증류주가 유입되어 귀족과 왕족을 중심으로 음용되고 있었다[66]. 이들을 볼 때 '혜서'에서 '서(醑)'는 어떠한 특징을 나타낸 어휘로 보인다.

한편 일반적으로 난(蘭)은 관상용이 대부분이다. 문인화의 주요 소재로 등장하는 난초는 '군자지태(君子之態)'라는 성어처럼 고품격을 상징하는 말이 되어왔다. 이러한 난(蘭)은 오랜 재배 역사에도 불구하고 여전히 기르기 어렵다는 것이 중론이다[67]. 난(蘭)을 식용목적으로 쓴 예를 찾기 어려우며[68], 더욱이 난(蘭)은 제주나 남해 일원을 제외하고는 대부분 원산지가 인도와 인도네시아, 라틴아메리카 등지에 걸쳐 있다[69].

이 논고에서는 난액(蘭液)과 혜서(蕙醑)를 두 가지로 가정하고

---

65) *선화봉사고려도경(宣和奉使高麗圖經)* 권32. 생활용기[器皿] 3. 질그릇 술독 [瓦尊].

66) 이화선, 구사회(2016). 앞의 논문. 120.

67) 양종국(2016). *역사학자가 본 꽃과 나무*. 새문사. 91-93.

68) 이우철(1996). *원색한국기준식물도감*. 아카데미서적. 4.

69) 김기현(2010). *원색세계약용식물도감*. 한미허브연구소. 28-37.; 황금택 역 (2010). *세계의 식용식물*. 신일북스.

있다. 하나는 가야와 인도 간 교섭을 통해 인도나 남양 제도에서나 볼 수 있는 난혜류(蘭蕙類)의 술이 기원전·후 시기에 해상루트를 타고 한반도에 유입되었을 것으로 보는 것이고, 다른 하나는 전한 시대에 매승(枚乘, ?-BC 140)이 그의 시에서 좋은 술을 의미하는 뜻으로 쓴 '난영지주(蘭英之酒)'라고 말한 것이나 *점필재집(佔畢齋集)* 속 '구원난형(九畹蘭馨)'[70]의 용례와 같이 '최고의 술', '최상의 향기'의 다른 표현일 수 있다.

한편 *삼국유사*를 쓴 일연이 승려임을 감안할 때 '난액혜서'라는 어휘에는 종교적 코드가 스며든 것으로 이 논고는 생각한다. 한역(漢譯)된 불전 언어의 특징은 '네글자투'의 '사자격(四字格)'이 두드러진다[71].

20세기 초까지 나타났던 향찰의 예에 따르면 맥주를 '비주(啤酒)'라고 적는다. 즉 '비(啤)'는 'beer'에서 음을 가져온 것이고 '주(酒)'는 어떠한 물질을 분류한 개념을 표시한 일종의 주석이다[72]. 그렇다고 해서 한역 불전에서 보이는 음의합역의 예에 따라 '난(蘭)'이나 '혜(蕙)'는 소리를 나타내며 '액(液)'과 '서(醑)'는 뜻을 표시하는 합역어로 풀이하기에는 무리가 있다. 네글자투는 글자 수가 정연하고 박자가 분명해서 낭독과 암송에 편리하여 자연스럽

---

70) *점필재집(佔畢齋集)* <충보에게 화답하다>: 一天星象纏名斗 九畹蘭馨或間猶 黃卷聖賢君且對 蒼洲烟月我將浮 北辰賴有堯垂拱 嘉與烝黎罷噢咻.

71) 임병권(2010). 한역(漢譯) 불전(佛典) 언어의 특징 초고. *불교학연구*, 30. 불교학연구회. 287-300.

72) *대한민국임시정부자료집*, 1936년6월15일, 별책3, 93권. 독립공론.

게 불전의 한역 과정에 정착되었다. 일연 역시 자연스레 이러한 네 글자투를 문체에 반영하였을 것이다. 9세기 무렵 '난(蘭)·혜(蕙)'의 기록이 다음과 같다.

부인은 덕이 난혜(蘭蕙)처럼 향기롭고, 예(禮)가 정결하였다[73].

이는 신라의 고운(孤雲) 최치원(崔致遠, 857-?)이 화엄 불국사의 석가여래상을 수놓은 당번(幢幡)[74]에 대해 찬(讚)한 글로 먼저 보낸 남편을 그리는 부인을 위로하며 쓴 내용이다. 여기에서 부인의 부덕을 '난혜(蘭蕙)의 향'에 비유하고 있다. 조선시대 강희안(姜希顔, 1418-1465)은 양화소록(養花小錄)에서 "우리나라에는 '난혜(蘭蕙)'의 종류가 많지 않으나 호남 연해의 여러 산에서 나는 것은 그 품종이 아름답다"라는 내용을 적고 있다[75]. 다음 문장은 '난(蘭)'과 '혜(蕙)'를 서로 구분한 예이다.

난초의 사랑스러움은 향기로운 덕이 있기 때문이요,
매화는 맑기 때문이요, 혜초는 빼어나기 때문이다[76].

---

73) 고운집(孤雲集) 卷三 贊: 夫人德芳蘭蕙, 禮潔蘋蘩. 遽失所天, 如沒于地.

74) 당번: 불전이나 불당 앞에 세우는 장엄구(莊嚴具)의 일종.

75) 강희안 저, 이종목 역해(2012). 양화소록(養花小錄): 선비, 꽃과 나무를 벗하다-규장각 새로 읽는 우리 고전. 아카넷. 179-196.

76) 동문선(東文選) 卷之九十八 說: ... 愛其爲蘭竹梅蕙也 蘭之愛也 以馨德 竹之愛也以勁節 梅也以淸 蕙也以秀.

이는 동문선(東文選)의 내용 가운데 하나로 '난(蘭)'과 '혜(蕙)'를 각기 서로 다른 용례로 쓰고 있다. 춘추전국시대 굴원(屈原, B.C.343-B.C.278)은 시에서 "내 이미 난초를 구원(九畹)에 심고, 또 혜초를 백묘(百畝)에 심었네[77]"라고 한다. 굴원의 시는 '난(蘭)'과 '혜(蕙)'를 각각 많은 동산과 이랑에 심는다는 내용으로 조선 숙종 때 옥오재(玉吾齋) 송상기(宋相琦, 1657-1723)는 은자를 비유하는데 이를 차용[78]하고 있다. 이를 보면 '난혜(蘭蕙)'는 난초를 통칭하기도 하였으나 기본적으로 '난(蘭)', '혜(蕙)'를 서로 구분하여 인식했음을 알 수 있다.

정리하면 '난액혜서(蘭液蕙醑)'는 범어를 한역하는 과정에서 정착되었던 네글자투인 불전어 형식이 반영된 어휘로서 '난(蘭)'과 '혜(蕙)'는 주재료를 적은 것이고, '액(液)'과 '서(醑)'는 이들을 분류한 개념 즉, 범주화(Categorizing)를 한 것으로 생각된다. 그러나 이 술은 정작 한반도에는 정착되지 못한다.

향초류의 술이 한반도에 정착하지 못한 까닭은 한국의 견고한 곡주문화에 기인한다. 허왕후의 도래와 혼인예물 속 등장하는 술은 바다에 주요 터전을 두었던 가야와 고대 인도의 해상세력 간 혼인동맹의 의례 가운데 나타난 술문화의 한 양상이다. 이의 전승 사례나 아시아의 여러 술문화 관련은 선행연구에 남겨둔다[79].

---

77) 이소(離騷) 余旣滋蘭之九畹, 又樹蕙之百畝.

78) 옥오재집(玉吾齋集): 月夜有懷李養叔 … 蘭蕙爲君佩 茇荷爲我衣.

79) 이화선(2020). 앞의 논문. 55-85.

3.2. 국가 이데올로기와 술, 술이론(Suul theory)

이데올로기라는 용어를 사용할 때, 어떠한 맥락에서 무슨 의미를 두고 말하려는 것인지 자칫 모호해지는 경우가 있다. 이 논고에서 전제하는 이데올로기란 어떠한 의미가 형성되어온 규범체계와 문화 전반의 산출과정에서 나타난 형체와 일관성으로 좁힌다.

'술과 이데올로기', 그리고 '술이론'을 다루기 위해 조선시대 궁중 연향에 나타난 술과 교방을 통한 민간 전승 사례, 일제강점기 주조법의 변천, 그리고 북한 사회주의 헌법 아래 나타난 북한의 술을 대상으로 했다.

3.2.1. 조선시대 궁중연향의 술과 교방의 술

조선시대 궁중연향에 나타난 상차림과 요리 제법에 대해서는 다수의 선행연구물이 있으나 당시 연향에 쓰인 술에 대한 연구물은 눈에 띄는 바가 없다. 이 논고에서는 혜경궁홍씨의 회갑연을 기록한 *원행을묘정리의궤(園幸乙卯整理儀軌)* 속 술을 대상으로 했다.

연향(宴享)은 왕이 신하에게 술을 내리는 행위-연(宴)-와 신하가 왕에게 헌주(獻酒)의 예를 올리는 행위-향(享)-를 말한다. 연향 의례는 형식상 적게는 세 순배에서 아홉 순배까지 술잔이 오르고 그 때마다 곡이 연주되고 가무가 따른다. 이러한 궁중의 정재는 각 지방에 영향을 끼쳤다. 그 예로 1872년 2월(고종 9년) 진주목사를 지낸 박원(璞園) 정현석(鄭顯奭, 1817-1899)이 펴낸 *교방가요*가 있다. 이 책은 *악학궤범*을 모본으로 하여 진주의 교방에서 연행되었던 가무를 그림과 함께 자세히 기록한 것이다. 이를 보면 영남지역 교방의 정재가 궁중의 영향을 크게 받은 것이 사실이다. 그러나 실제 연희 내용은 적절히 변용되어 새로운 양식을 낳는다[80]. 여기에서 정재(呈才)란 고려와 조선시대에 궁중이나 지방관아에서 공연했던 악가무를 의미한다.

　교방(敎坊)은 가무와 악기연주를 담당한 기관으로 그 연원이 고려시대까지 올라간다. 교방에서는 기생(妓生)들에게 체계적인 교육을 시키며 악가무(樂歌舞)를 발전시켜 왔고 마침내 예술적인 경지를 이룩했다[81]. 조선시대 교방은 대개 부(府)와 목(牧) 단위 이상에서 운영되었으며 기예가 뛰어난 기생들이 선상(選上)되어 궁중 정재에 참여하기도 하였다. 정재가 끝나면 기생들은 다시 소속되어 있던 관아로 돌아가 교방의 일을 수행하였다.

　궁중과 교방의 정재에는 연향(宴享) 의례가 수반되는 까닭으로 궁중의 음식 및 술문화가 교방의 연회에 전승되었고 민간에서 진상되었던 각종 특산물을 통해 궁중과 민간의 음식문화는 자연스러운 교섭이 일어났다. 궁중에서는 사온서(司醞署)와 같이 술을 관장하는 기관과 술 담당자[주색酒色]를 따로 두고 술에 관한 일을

---

[80] 손선숙(2011). 조선후기 진주교방의 정재 공연양상 -교방가요를 중심으로. *한국음악사학보*, 46. 한국음악사학회. 200.; 이화선(2018). 한국 대중가요에 나타난 술의 양태 - 일제강점기와 한국전쟁 전·후, 1960년대까지 주요 대중가요를 중심으로. *문화와융합*, 40(4). 한국문화와융합학회. 730-735.

[81] 신현규(2022). 진주교방문화의 역사와 가치: 앤솔로지 개념 적용을 중심으로. *교방문화연구*, 2(2). 한국교방문화학회. 10.

전적으로 관장했다. 또한 의례에 쓰이는 술은 계절에 따라 모임과 의례의 성격에 따라 담당하는 기관에서 주도적으로 결정하였다. 궁중술의 일상성을 알 수 있는 기사로 다음이 있다.

"오늘 내자시(內資寺)에서 진상한 일하주(日下酒) 맛이 좋지 않아 사람들이 도저히 입에 댈 수가 없어 다시 진배(進排)하도록 하였습니다. (중략)
해당 관원을 엄하게 추고 하소서."하니, 아뢴 대로 하라고 전교하였다.(승정원일기 인조 3년 8월 4일, 1625년)

기사에서 '일하주'는 술의 특별한 명칭이 아니라 궁중에서 매일 내리는 술을 의미하는 것으로 조익(趙翼, 1579-1655)이 관원들이 마시는 술의 맛이 시어져 버리고 좋지 않다며 해당 기관의 관원을 엄벌해 달라고 주청하는 것을 내용으로 한다. 조익은 김육의 대동법 시행을 적극 주장하였고 성리학의 대가로서 예학에 밝았던 인물이다.

궁중에서 왕이 내리는 술은 화합과 소통의 정치적인 메시지를 담고 있다. 그러나 이면에는 물을 마실 때는 그 근원을 생각하라는 '음수사원(飮水思源)'의 충성 서약의 장이기도 했다. 이러한 궁중의 음주문화가 민간에 전승된 경로로 앞서 기술한 궁중정재 외에도 반가에 하사하는 물품 단자가 있다. 그 사례로 고산(孤山) 윤선도(尹善道, 1587-1671)의 경우가 있다. 고산은 조선시대 효종(1619-1659, 재위1649- 1659)의 사부로서 고산의 집에 하사한 물품을 기록한 단자가 전라남도 해남군 해남읍 연동 해남(海南) 윤씨 종가에 보관되어 있다. 여기에 '향온주(香醞酒)'와 '홍소주(紅燒酒)'가 등장한다.

효종은 사부인 고산에게 과일, 생선, 육류 등과 함께 향온주와 홍소주를 각각 5병씩을 하사한다. 여기에서 향온주는 발효주이고, 홍소주는 지초를 사용해 내린 붉은빛이 도는 증류주이다. 향온주의 제조법을 기술하고 있는 고조리서에는 *산가요록*(15세기), *음식디미방*(16세기), *임원십육지*(18세기)가 있다. 궁중의 향온주는 민간 서책에 기술된 '향온주'와 용례가 다른 술이다. 민간의 고조리서 등에 보이는 향온주라는 술 이름은 궁중의 맛 좋고 향기로운 술을 일컫는 '향온'이라는 일반명사에서 유래된 것으로 보인다. 이를 알 수 있는 여러 기사 가운데 다음이 있다.

"한재(旱災)가 이와 같으니 약방의 향온(香醞)과 일하주(日下酒)는 대비전(大妃殿) 외 각 전(殿)에는 진배(進排)하지 말도록 각 해사에 말하라." (*승정원일기* 인조 9년(1631) 6월 1일 기사)

위와 같이 '향온(香醞)'이란 왕이 선정을 위해 궁정에서 쓰이는 향기롭고 맛 좋은 술의 일반적인 명칭이다. 조선시대 의궤가 기록하고 있는 술은 그 쓰임새만 나오지 이름이라든가 어떠한 재료로 어떻게 빚었는지에 대해서는 기록이 없다. 청주 또는 소주를 썼다는 기록 정도가 남아 있을 뿐이다.

18세기 혜경궁홍씨의 회갑연을 기록한 *원행을묘정리의궤*에는 각종 떡을 비롯하여 약밥, 국수, 약과, 만두, 다식, 강정, 과일, 찜, 탕, 편육, 전, 회의 재료 그리고 술이 기록되어 있다. 이때 정조가

"취하지 않고는 돌아갈 수 없다"라고 하며 신하들과 함께 나누었던 술은 소주이다. 그러나 "의궤 중의 의궤"라고 불리는 이 의궤 역시 소주를 내릴 때 들어간 재료나 용량에 대해 기록한 것은 없다. 다만 고문헌을 전거로 일반적인 소주제법을 살필 수 있을 뿐이다. 향온주와 향온주국, 여타 소주 제법에 대한 자세한 기술은 선행연구에 남겨두었다[82].

한편 조선시대 각 지역 교방에 소속되어 악가무를 담당하던 관기는 갑오경장 당시에도 궁중행사에 여전히 동원되었으나 일제 병탄 이후 뿔뿔이 흩어지게 된다. 이에 기생들은 자신들이 가지고 있던 기능인 예와 악으로 생활해야만 했다. 그 주요 무대가 명월관 등 고급 요릿집이었다. 기생들에게 또 다른 관리체계가 필요하게 된 것이다. 이에 기생조합이 결성되었고 이후 기생조합은 일제강점기 권번으로 변천된다. 일제강점 아래 주세법 공포를 거치며 조선의 술문화는 빠르게 재편된다. 가장 눈에 띄는 변화가 합성청주와 맥주의 등장이다. 이 둘은 사회에서 각광을 받는다.

> 술말이 낫스니 말이어니와 삼남지방에 맥주와 일본주 유행은 참 놀납다. 촌사람들이라도 술이라 하면 의례히 '삐루'나 '마사무네'를 찾는다. (중략)
> 더위에 시드른 들풀들이 머리를 흔들어 바람을 부러 보낼 때 그때에 신청주가 새로 나온다는 것은 졸업장과 취직과 혼처가 한꺼번에 오는 것보다도 더 깃븐 일이라고 주당들은 말한다.

---

[82] 이화선(2023a). 조선시대 궁중연향과 교방문화의 술. *교방문화연구*, 3(1). 한국교방문화학회. 3-7.

이는 1930년 5월 1일자 삼천리 제 6호에 실린 춘원 이광수의 '문명의 향미'라는 제하의 기행문 일부이다. 여기에서 삐루는 Beer 즉 맥주를, 마사무네는 한자로 '정종(正宗)'이라고 쓰는 일본 사케이다. 춘원이 말한 대로 일본주의 유행은 같은 해인 1930년 9월 1일자 별건곤 제32호에 실린 위에 기사를 보면 여실하다.

일본 사케와 맥주와 함께 브랜디와 위스키 등 양주류 또한 고급 요리집을 중심으로 퍼져나간다. 이 요리집은 조선시대 관기와 관련이 있다. 조선시대 국가에서 관리하였던 관기는 천민 신분이었다. 갑오경장 당시 노비 해방 등 신분제도 철폐가 있었으나 관기는 궁중 행사에 동원되었던 예가 있어 여전히 존재하였다. 그러나 일제 병탄 이후 기생들은 뿔뿔이 흩어지게 되고 민간에서 자신들이 가지고 있던 예와 악으로 생활해야만 했다. 그 주요 무대가 명월관 등 고급 요릿집이었다.

명월관은 '청풍명월'을 약자로 1903년 안순환(安淳煥, 1871-1942)에 의해 설립된 최초의 한식 음식점이었다. 당시 명월관의 지점과 상호 하나가 큰 금액으로 거래된 것을 두고 한국 최초의 프랜차이즈라고 학계는 보고 있다. 명월관에서는 전통음식을 판매하면서 관기 출신의 예악인들이 나와 공연을 선보였다.

기생들은 온습회 등을 통해 '자선 연주회'를 열고 공연 수익금을 사회에 기부하는 활동도 펼친다. 그러나 인가증을 받아야 정식 직업으로 인정받았다. 아울러 직업과 수익 활동에 따르는 세금을 납부할 의무가 생겼다. 이러한 인력통제에 따라 인가증에는 기생과 창기로 나뉘게 되나 나중에 그 구분은 없어진다.

○○예배당에서 선남선녀의 결혼식이 끗나고 식도원에서 피로연까지 성대히 열니고 끗난 후 신랑의 친우만이 따로 남어서 딴 방에 신랑만을 붓잡아 안치고 제 2차 연회를 벌니여 기생을 부른다 위스키를 뽑는다 질탕한 노름이 어우러졌다.

이는 1929년 9월 27일자 별건곤 제23호에 '경성 모던-팔경'이라는 제하의 기사이다. 이처럼 일제강점기 경성에서 있었던 결혼식 풍경의 일단을 통해 위스키 등 양주류가 성행하였음을 알 수 있다. 또한 고급 요릿집의 주요 프로그램에 기생들의 연희가 자리게 된다. 식도원은 명일관, 국일관 등과 함께 지방에도 분원을 두고 있는 고급 요릿집의 대명사였다.

한편 일제강점기 맥주 광고를 보여주는 것으로 1915년 1월 7일부터 1944년 3월 14일까지 부산일보 및 경남계열 신문을 들 수 있다. 이에 등장하는 맥주 관련 기사와 광고 건수는 350여 건에 이른다. 특히 '진주교방'으로 유명한 진주지역에는 요리집을 중심으로 사쿠라맥주[櫻麥酒]의 소비 기사가 두드려졌다. 이는 사회주의 계열 지사들의 비판을 불러왔고, 또 다른 사회 갈등 양상을 낳기도 했다. 그러나 맥주의 소비는 빠른 속도로 사회에 광범위한 현상으로 나타난다. 1916년 주세령이 공포되고 7년도 안 되어 맥주 소비는 부의 상징으로 선망받는 일이 된다.

하물며 조선호텔이나 명월관, 국일관에서 선풍기 바람에 감기들 근심을 하면서 섬섬옥수가 따라주는 어름보다 더 찬 맥주를 마시는 그러한 풍류는 오직 소수의 부신의 선민에게만 태운 복이다.

이는 1923년 8월 11일자 개벽 제38호에 '서울의 여름'이라는 제하의 기사이다. 여기에 나오는 명월관은 우리 사회 최초의 요리집으로 교방에서 내려오던 수준 높은 전통 예술공연을 볼 수 있던 곳이다. 이처럼 1910년 전·후 일제강점기 주세령 공포를 배경으로 주조법의 변천이 일어나고 교방의 문화가 기생조합, 권번으로 이어지는 과정 속에서 음주문화 또한 상당수 변질된다.

정리하면 교방은 예술문화의 중심을 자처했으나, 일제강점기 교방문화 속 상차림에 등장한 술은 합성청주와 맥주, 수입 양주류가 다수를 차지하고 만다.

3.2.2. 일제강점기 주조법의 변천과 술

한국에서 주조법과 술문화의 변천을 가져온 일대 변곡점은 1909년 통감부시대에 공포된 '주세법'과 1916년 단행된 조선총독부제령 제2호, 소위 '주세령'에 있다. 1909년 주세법 시행을 통해 일제는 주조업과 주류시장에 대한 전체적인 실태를 파악한다. 또한 제조장별 제한석수 설정을 핵심으로 하는 1916년 주세령을 통해 조선인 등 영세업자들을 퇴출시키고, 일본인 또는 친일자본가를 중심으로 제조장을 집약시키면서 주조업을 통제해 나간다. 이는 세금수탈을 위한 시장재편 과정이었다.

이러한 과정 속에서 전통적으로 내려오던 자가용주(自家用酒) 제조가 통제되자 자연히 밀주는 급증하게 된다[83]. 또한 대자본의

---

83) 정태헌(2017). 앞의 논문. 72.

공장 규모 주조업 진출이 본격화되며 비조선주 중심으로 주조업이 집중되자 주조법 및 주류소비 또한 일대 변화를 맞이한다. 대자본의 생산 장악으로 주류시장 전반이 일본주로 재편된 것이다. 그 일본주의 중심에 합성청주가 있다. 1916년 7월 25일에 제정되고, 같은 해 9월 1일자로 공포된 주세령 제 1조는 다음과 같이 규정하고 있다.

> 주세령. 제 1조
> ① 이 영에서 주류라 함은 주정 및 주정을 함유하는 음료를 말한다.
> ② 이 영에서 조선주라 함은 조선의 재래 방법에 의하여 제조한 탁주.약주 및 소주를 말한다.
> /조선총독부제령 제 2호(시행 1916.9.1. 제정 1916.7.25.)

이 조에서 ①항에 등장하는 주정(酒精)은 에탄올 함유량 85% 이상의 고농도의 알코올을 의미한다. 20세기 초 일본에서 양조업의 근대화라는 개념은 공업화 즉 공장에서의 생산과 동일한 의미를 가지며 등장한다.

그 단초를 보면 일본 육군 포병 본영에 있는 화약 제조실에서 순도 높은 알코올을 증류하는 기술이 개발되자 이를 곧 알코올음료 개발에 응용한다. 이렇게 생산된 술은 1911년(메이지 44년)에 '신식 소주'로 불리며 출시된다. 특히 청주에 주정을 합성한 술이 '신청주', '과학의 술', '육해군 어용(御用)'으로 불리며 야마토양조(大和釀造)에서 '신진(新進)'이라는 이름으로 등장한다. 이것이 일본 최초의 합성청주이다.

이후 만주로 이주하는 사람들이 많아지고 특히 중일 전쟁을 겪으면서 식용할 수 있는 합성 알코올의 생산은 빠르게 증가한다. 이처럼 주정에 물을 탄 후 이것저것 감미료를 섞어 맛을 낸 합성주의 등장은 다분히 전시 물자 부족의 특수한 상황에서 비롯했다. 이를 알 수 있는 것이 1931년 11월 10일자 잡지 동광 제27호 '과학'란에 다음과 같은 기사가 올라온다.

> 近代工業의 스타. 近代工業 中에 가장 新進인 동시에 가장 찬란하게 明星的 行勢를 하는 것은 화학공업일 것이다. 그 중에도 합성화학공업의 현저한 발달은 사람을 조물주의 지위에 가깝게 하는 것이다. 오늘의 화학공업의 부문은 다음 같다.
> (중략)
> 인조향료공업 /제약공업 /인조청주(人造淸酒)...

그러나 합성청주[84] 또는 인조청주(人造淸酒)를 대대적으로 홍보하고 소비하는 동안 일본 정부의 한쪽에서는 1920년대 후반부터 고도의 정미율을 갖춘 도정기를 개발하고 미생물 연구에 매진하는

---

[84] 합성청주 제조에 관한 특허 취득자는 1917년 창설된 <이화학연구소(理化學研究所, RIKEN)>의 스즈키우 메타로우(鈴木梅太郎)이다. 이 연구소에서는 장래의 식량난과 쌀 수급에 대한 대책을 위해 알코올에 당류, 유기산, 아미노산 등을 더하고, 청주와 같은 풍미를 내는 '합성청주' 제조법으로 1921년 08월 09일에 특허를 취득한다.
특히 1928년, 1930년, 1932년 3회 연속 <전국청주품평회>에서 우등상을 탄 아키타현에서 출품한 '신정(新政)'이라는 상표의 아키타식(秋田流) 저온 장기 발효주가 주목을 받고, 여기에서 분리한 효모를 1935년에 제6호 효모로 지정한다. 제6호 효모는 일본에서 가장 오래된 청주 효모로 지금도 사용하고 있다.

등 오늘날 일본 고급주의 대명사와도 같은 '긴죠주(吟釀酒)' 체계를 정립해 나간다. 주세령은 갑작스럽게 단행되지는 않았고 이미 그 예비단계로 1909년에 통감부는 주세법을 공포하여 주조 면허제, 주세 부과, 주조장의 기업화 등 주조업 전반에 대한 통제와 세원을 면밀히 파악해 나갔다.

한 민족의 문화가 의도하지 않은 방향으로 형성되는 데는 새로운 체제를 갖춘 법률제정과 조세정책 시행이라는 메카니즘이 작동을 했고 이는 곧바로 산업과 문화에 급격한 영향을 미치게 된다. 이를 알 수 있는 것이 가양주 제조면허자수의 변화이다.

가양주(家釀酒)는 판매를 목적으로 하지 않고 가정에서 소비할 목적으로 빚어 마시던 술로 민족 고유의 전통문화에 기반을 둔 것이었다. 여기에서 가양주 제조면허란 일제가 1909년 주세법을 공포하면서 가양주 제조자를 바로 제재하지 않고 이에 대한 경과 조치로써 한시적으로 열어두었던 제도이다. 즉 가양주 제조를 처음부터 무조건 금지하지 않고 면허를 받은 경우에 한하여 제조를 허용해 주었다.

그렇지만 면허가 있다고 해서 세금 납부의무가 없다는 것을 의미하는 것은 아니었다. 오히려 상업적인 양조장의 과세액보다도 더 높은 세액을 적용받았다. 가양주제조면허자의 수를 보면 1918년 375,757에서 14년 만인 1932년에는 단 1곳으로 급감한다. 한국은 광복 후에도 주정을 섞어 술을 만드는 방법을 그대로 답습하여 오늘날까지도 이들 주종(酒種)이 주류(主流)를 형성하며 전체 주류시장을 주도하고 있다.

주세령에는 그때까지 듣기에도 생소한 '조선주'라는 말이 역사상 처음으로 등장한다. 주세령 제 1조 ②항에서 "조선주라 함은 탁주, 약주, 소주'를 일컫는다."라고 규정하면서 '비(非)조선주'에 대응하는 말로써 법조문뿐 아니라 이후 여러 분야에서 사용된다. '비조선주'를 열거해보면 "청주, 맥주, 고량주, 백주, 미림, 증류주의 일종과 다른 주류 기타 물질을 혼화하여 제조한 것" 등이다. ②항에서 규정하는 또 다른 것으로 '조선의 재래방법'이 있다. '조선의 재래방법'이란 기본적으로 자연접종 방식을 채택한 전통누룩을 사용한 양주방식이다.

1918년 통계연보에 따라 조사된 37만여 장이라는 가양주 제조 면허자수에서 보듯이 지역마다, 사람마다 백인백색의 다양한 술을 산출했던 가장 근본이 되는 요소였다. 그러나 이러한 방식은 '재래방법'이라는 모호한 말로 뭉뚱그려진다. 이윽고 '재래방법'은 '전근대적', '비위생적', '비과학적'이라는 말로 치환되어 '근대화', '시정개선', '과학화'의 적용 대상이 된다.

그러나 '조선의 재래방법'은 다름 아닌 상고시대로부터 제천의식을 비롯하여 관혼상제 등에서 축적되어온 문화와 습속, 발효기술이 집약된 총체이다. 이러한 총체는 오늘날 산업과 문화, 기타 제 분야에서 주목하는 전통문화자원의 사실상 실체였던 것으로 파악된다. 한 민족이 지닌 '재래방법'이란 통상 자연과 인문의 지역적 시간적 특이성을 부인하지 않고 문화적 다양성을 수용하면서 오랜 시간 축적시켜온 결과물이다.

다시 말해 주세령 1조 ②항에서 말하는 '조선의 재래방법'은 오늘날 산업계를 비롯하여 과학기술 등 제 분야에서 주목하는 전통 기술자원의 다른 이름으로 보아야 한다.

일제가 조선주 외에 비조선주에서도 그 정지 작업을 어떻게 진행해 나갔는지를 알 수 있는 것으로 1936년 8월 7일자 동아일보 기사가 있다. 여기에는 '맥주원료 홉프 함남(咸南) 산지대에 재배 - 생산은 전(全)일본 생산량의 반분(半分), 육백만 정보(町步) 재계획(再計劃)'이라는 제목의 기사가 나온다.

내용을 살펴보면 맥주의 원료가 되는 호프를 함남 지방까지 확대 생산한다는 것이다. 관련하여 일제는 1936년부터 1940년까지 맥주의 원료인 호프의 재배지역을 북으로는 함흥 남으로는 전라도 장수 그리고 강원도 춘천까지 확대한다. 이때 일본의 거대 독점자본들은 이미 조선에 진출해 있었다. 미쓰이(三井) 계열의 대일본맥주(大日本麥酒)는 1933년 8월에 미쓰비시(三菱) 계열의 기린맥주(麒麟麥酒)는 같은 해 12월에 설립되어 있었다. 일제는 일본의 실업가들을 통해 조선을 발판으로 자국의 산업 분야를 발전시킬 준비를 차근히 준비해 나간다. 이에 대한 자세한 기술은 선행연구에 남긴다[85].

한국은 광복 이후 70여 년이 지나도록 과거 풍부하고 다양했던 술과 그 전승의 맥락을 부활시키지 못한 채 오늘날 조선주가 전통주로 이름만 바뀌었을 뿐 광복 이후에도 잃어버린 것을 찾지 못하고 있다.

---

85) 이화선(2017). 일제강점기 주세령의 실체와 문화적 함의. *한민족문화연구*, 57. 한민족문화학회. 181-218.

3.2.3. 북한의 술

이 절은 1948년에서부터 2000년대 초까지 북한에서 발표된 문학작품 가운데 술이 소재로 등장하는 중·단편 소설과 시를 연구대상으로 한다. 사회 이데올로기와 술의 표상성을 분석하는 데 문학작품을 대상으로 한 것은 분단이 고착된 현실에서 남한 학자로서 북한 체제 속 사회현실에 접근하는 데에 한계가 있는 까닭이다.

연구방법상 연대를 구분하여 ①광복과 북한의 단독정부 수립기, ②한국전쟁 및 전후 복구기, ③천리마운동기, ④주체사상 및 주체시기 네 구간으로 분류하였다. 이는 북한의 문화예술이 정치체제의 변혁과 불가분의 관계에 있기 때문이다.

북한 문학 속에 나타난 술의 양태를 논하면서 그러면 남한의 것은 어떠하냐를 묻지 않을 수 없다. 인간의 원초적 본능이 가장 잘 나타나는 소재로 이 논고에서는 술을 분석하고 있지만 술 하나만을 가지고 문화예술 전반에 투영된 인간사를 모두 다 재단하기는 힘들다. 그러나 처해 있는 정치체제가 달라지면 정말 그 양태와 문화도 함께 달라지는가 다르다면 과연 얼마나 다른가를 규명하는 것은 유의미한 결과를 가져올 것이다.

이 논고는 문학의 서사가 인간에게 주는 순기능적 요소를 신뢰한다. 그것은 휴머니즘에 근간한 미학의 추구를 부정하지 않았을 때만 가능한 것이다. 다시 말하면 남한이 지금껏 고민해온 문학 본연의 자리는 북한의 것처럼 1인의 정치적 입지와 체제 유지를 위한 도구가 아니었다.

상고시대부터 누대에 걸쳐 전승되어온 문화예술사적 맥락에서 볼 때 남한은 최소한 문학이 좇아야 하는 '인간다움 추구'라는 정당성을 훼손시키지는 않았다. 물론 남한에서도 정치적 격변을 겪기도 했으나 문학과 예술이 정치의 시녀가 되는 것에 누구도 드러내고 찬동하는 사람은 없었다. 이것은 광복 후 해방된 공간에서도 전쟁 중에서도 독재의 강압 아래에서도 분연히 지켜온 남한 문학의 불문율이었다.

그러나 북한이 말하는 문예이론은 남한과는 전혀 다른 주장을 펴고 있다. 그것은 북한 사회에 팽배한 주체사상이라는 세계관의 변화가 문화예술 분야에 심대한 영향을 끼친 것을 말한다. 즉 주체사상은 북한에서 문화예술이 존재할 수 있는 근간이고 생명이라고 정의하고 있기 때문이다. 또한 음악에서조차도 오로지 혁명에 필요한 것만이 명곡이 될 수 있노라고 선언한다[86]. 분단이라는 물리적 상황이 가져온 문화예술사의 분절된 흐름 안에서 마치 돌연변이와도 같은 기이한 현상이 우리 역사 안에 벌어진 것이다[87].

①광복과 단독정부 수립기(1945-1950)

북한은 광복이 있고 그다음 해인 1946년 3월 5일 북조선임시인민위원회에서 '토지개혁에 관한 법령'을 공포한다. 이윽고 토지의

---

[86] 김정일(1992). *음악예술론*. 조선로동당출판사. 19-31.

[87] 이화선(2023b). 광복 이후 북한 문단의 소설과 시에 나타난 술의 양태. *역사와융합*, 7(3). 바른역사학술원. 281-318.

무상몰수와 무상분배에 들어간다. 가난한 소작농들로서는 믿을 수 없는 세상이 된 것이다. 이 시기에 발표된 소설로 이기영(李箕永, 1895-1984)의 「개벽」[88]이라는 소설은 다음과 같이 시작한다.

> 토지개혁법령(土地改革法令)이 발표되던 며칠 뒤 어느 날이었다. 그날 읍내에서는 예정한 대로 시위행렬의 기념행사를 거행하려고 이른 아침부터 수뇌부가 총출동하여 모든 절차를 서둘렀다.
> (중략)
> "우리 농민에게 토지를 주신 김일성 장군 만세!"
> (중략)
> 이놈들 어디 보자 … 이렇게 악을 쓰는 지주도 있었지만, 그것은 마치 이불을 쓰고 활갯짓하는 격이었다. 그들은 홧김에 술을 먹거나 머리를 싸고 누웠거나, 기껏해야 땅바닥을 치며 에고지고 할 뿐이었다. 그런데 황주사는 이럴수도 저럴수도 없어서 거리로 뛰어나왔다.
> (중략)
> "그럼 난 고만 가겠네. 어데 술이나 있으면 한잔 좋겠네마는 요새는 술을 해 파는 집도 없는가 부지."
> "왜 좀더 놀다 가시지… 글쎄요. 이 근처는 술이 없을 겁니다." 황주사를 문밖까지 배웅하고 들어온 원첨지는 다시 신짝을 차고 앉았다. 그는 아무리 생각해보아도 황주사의 태도가 수상쩍었다.
> "참, 별일두 많다… 황주사가 변리돈을 탕감해준다니… "

이기영은 조선프롤레타리아예술가동맹(Korea Artista Proleta Federatio, KAPF)에서 주도적인 역할을 하였고 월북 후에도 활

---

88) *문학예술*. 1946.3.

발한 문필 활동을 한 인물이다. 소설 속 황주사는 대표적인 지주계급으로서 그는 금쪽같은 땅을 빼앗기게 된 것에 미칠 듯이 울화가 쌓여 있다. 황주사의 심사를 술에 투영시켜 본 서사에서 그는 토지는 물론이고 집과 농기구까지 내놓게 된 마당에 홧술을 마셔보기도 하고 술집을 찾아 나서기도 하지만 진즉에 현금 뭉치를 쥐고 이남으로 내뛰지 못한 것이 후회스러울 뿐이다.

　이 작품에 등장하는 원첨지라는 인물은 모두가 토지개혁에 대한 소식으로 흥분하며 들떠 있어도 반신반의 한다. 세상이 또 뒤집힐까 두려웠던 것이다. 또 다른 인물인 김영감은 홀아비로 머슴살이를 삼십 년이나 산 사람이다. 이들은 땅 한 뼘 없이 지주에게 예속된 채 급전까지 빌리게 된다. 원금은 고사하고 이자까지 붙어나 족쇄 같은 운명에서 헤어날 길이 보이지 않은 지 오래다. 그러나 이들은 천지가 개벽한 듯한 세상에서 '일흔닷 냥 집'의 추억을 말하며 모처럼 웃는다.

　일흔닷 냥 집은 김영감이 과거 한창 시절에는 기운도 술도 장사여서 한 사발에 한 냥 하는 막걸리를 하루에 일흔다섯 사발이나 들이켰다는 데서 나온 말이다. 전자인 황주사의 술이 지주계급의 누너진 일상과 무력감에 대한 울분을 보여주는 데 대해 원첨지와 그의 가족들의 서사에 등장하는 술은 새 세상에 대한 기대감과 흥분을 나타나는 데 적절하게 배치되어 있다.

"그래라들, 큰아들은 술 받아오고, 작은아들은 나무해다가 불 많이 때구, 딸년은 술안주로 더덕을 캐오구… 그만했으면 아버지를 잘 위하겠구나."

"왜놈의 시대에는 가난뱅이가 천덕꾸러기였지만 해방된 지금에는 우리들도 버젓한 조선의 아들딸이라우. 그렇지 않우. 큰오빠! 호….."

주인공인 원첨지는 낫 놓고 기역 자도 모르는 위인인 데다 마을에서도 첫째가는 빈농이었다. 그러다 보니 농민위원장이 그를 농민위원으로 천거한다고 해도 펄쩍 뛰며 세상의 변화에 겁을 낸다. 그러나 변화된 세상에서 술을 받아오고 안주를 장만하며 진작부터 흥분에 들뜬 아내와 자식들과 함께 차츰 축제 같은 분위기에 동화되어 간다. 과거의 술은 '일흔닷 냥 집'으로 불리던 원첨지의 질곡 같았던 삶을 상징하는 것이었건만 작금의 술은 비로소 인간 원첨지의 본성이 따뜻하게 살아나게 된다. 「개벽」은 이기영이 토지개혁법령 공포 직후에 발표한 소설이다.

한편 같은 해였던 1946년 8월 10일에는 북한은 '주요 산업 국유화 법령'을 발포한다. 잇따라 단행한 사회주의화를 위한 법령으로 북한은 분단 직후부터 계획경제 추진의 기초를 구축해 나간다. 동 산업 국유화에 관한 법령은 북한 내 주요 공장, 기업, 광산과 발전소, 은행과 상업 및 문화기관을 국유화하는 조치로 그 결과 전체 산업의 90% 이상의 산업시설을 사회적 소유로 전환하였다[89]. 이러한 산업 가운데 일반적으로 먹거리와 관련한 음료와 식료품 제조업을 음·식료산업이라 칭한다. 남한에서는 한국표준산업분류 상 식품 및 첨가물의 제조, 가공업 등을 포괄하는 산업 분야이다[90].

---

89) 통일부 경제사회분석과 제공, 북한정보포털; 통일교육원(2017). *북한의 이해*. 통일부 통일교육원 연구개발과. 12, 112-114.

90) 한국표준산업분류(Korean Standard Industrial Classification) C제조업

또한 원료의 수집, 중개, 운수, 보관, 포장 및 도.소매업 등을 망라하는 식품공급체계 전반을 의미하기도 한다. 그러나 북한은 음·식료품공업을 경공업의 한 부문으로서 식료가공공업(또는 식료품공업)이라고 칭한다[91].

북한의 식료품공업은 "주민들의 식생활을 향상시키고 여성들을 가사의 무거운 짐에서 해방시키는 데 이바지 한다"는 의미를 부여하고 있다[92]. 이렇게 생산된 음·식료품은 각 가정에 공급(배급)되는 운영체계를 갖추고 있다. 이를 엿볼 수 있는 것이 1947년에 발표한 이북명(李北鳴, 1910-?)의 「노동일가」라는 소설이다[93].

> 그날 밤 달호는 기쁨과 만족에 이기지 못해서 공장에서 배급 준 술을 모아가지고 몇몇 동무들과 승리의 축배를 들었다.
> (중략)
> "그러기다 길구 짜른 건 대봐야 아는 거야."
> 술이 거나해지자 달호는 의기양양해서 이렇게 기세를 올렸다.
> "그렇구말구 실력이란 속일 수 없는 거네. 자 축배를 한잔 받게."
> 친구들은 번갈아가면서 달호에게 축하의 술잔을 권한다.

Manufacturing (10-34), 통계청 고시 제2017-13호.

91) 식료공업부문 공장과 기업소는 현재 내각의 식료일용공업성에서 관리한다. 2009년 7월 최고인민회의 결정에 따른 것이다. 이전에는 경공업성에서 관할하였다.

92) 통일부. 북한정보포털 (http://nkinfo.unikorea.go.kr) 경제분야 (경제사회 분석과 자료); 한국정책금융공사(2010). *북한의 산업*. 한국정책금융공사 조사연구실. 560-574.

93) *조선문학*. 조선작가동맹위원회기관지(1948.6)

"47년도 인민경제계획 예정 숫자 달성은 문제없네, 문제없어."
달호는 신이 나서 팔소매를 걷어 올리면서 큰소리를 탕탕 친다.

작품에 등장하는 달호는 선반공으로서 남들 앞에서 두드러진 성과를 올려 자신의 존재감을 드러내고 싶어 안간힘을 쓰는 인물이다. 소설 속 장면은 달호가 직장에서 경쟁상대로 여기고 있는 진구를 누르고 과업 목표 달성률을 앞지른 것에 대해 기뻐하는 모습이다. 이때 축배를 드는 자리에 공장에서 배급해준 술이 등장한다.

대화에 등장하는 1947년도는 북한이 실시했던 단기 경제계획의 첫 번째 시기로 생산의 급속한 증대와 생활개선을 최고의 과업으로 설정한 때였다. 결과적으로 전년 대비 약 두 배의 경제성장을 이루게 되었다. 이는 식민지의 압박에서 벗어나 비로소 노동자로서 성취감을 만끽하기에 충분한 배경을 제공하였던 시기임을 나타내준다. 자연히 작품 저변에는 이에 대한 고조된 단상과 노동자로서 걷는 삶에 대한 목표와 희망찬 포부가 깔려 있다.

다시 소설로 돌아가 작가가 드러내려는 바를 술에 투영시킨 서사를 확인해보자.

"오래간만에 술 한잔 잡수시오."
안해가 어느 때보다 유달리 명랑성을 발휘하면서 유리컵에다 술 한잔 따라서 내놓는다. 공장에서 배급 준 것을 마시지 않고 두었던 것이다. 그렇잖아도 한잔 마시고 싶은 차라 진구는 좋아서 싱글벙글한다.
(중략)
진구는 정신없이 밥을 퍼 넣는 아들의 머리를 어루만져주면서 소주 컵을 든다. 술이 거나해진 진구는 오늘 건국실에서 벌어진 감격된 장면을 안해에게 차근차근 이야기한다.

(중략)

"오늘도 자유조선 꽃다발 우에 역력히 비쳐주는 거룩한 자욱. 아-그 이름도 그리운 우리의 장군. 아-그 이름도 그리운 김일성 장군!"

(중략)

진구는 남은 술을 쭈욱 들이마시고 나서 무릎을 탁 치면서

"아- 참으로 좋은 세상이 왔다. 좋은 세상이 왔다."

  이 글을 쓴 이북명 또한 해방 직후 조선프롤레타리아예술가동맹(KAPF)에 가담했다가 월북한 작가이다. 그는 1908년 함흥에서 태어나 질소비료 공장에서 노동자로 생활하였다. 작가는 이때 경험을 바탕으로 여러 편의 중·단편과 장편소설을 발표한다. 이 작품 역시 작가의 노동자로서 경험이 잘 우러나 있다. 그는 이 작품에서 진구라는 인물을 등장시킨다.

  작가는 주인공인 진구를 통해 노동자가 직면한 규율이란 외적으로 강제되는 것이 아니라 그 이전에 자발적으로 체화되어야 할 것임을 강조한다. 다시 말해 개인의 욕구 등 사적 영역이 공적인 영역으로 승화되었을 때 비로소 가족의 행복이 담보될 수 있다는 점을 그리려 한 것으로 보인다. 즉 당에서 배급해준 소주를 아껴 마시면서도 진구가 가족과 행복할 수 있는 근간은 공공성을 지향한 사회적 규율의 내적 자기 형상화에서 마련한다.

  주인공인 진구는 인내의 시간을 견디며 결국은 노동자로서 성장하고 자기를 완성하는 장면을 맞는다. 이때 아내가 유리컵에 부어준 소주 한잔을 들이키면서 "참으로 좋은 세상이 왔다"라

고 벅차 한다. 이러한 장면들은 광복 직후의 해방감과 함께 당시 북한의 경제계획의 기치와 맞물려 돌아갔던 건국 대업의 고취라는 의식의 일단을 고려해야 풀릴 수 있는 지점이다. 소설과 함께 시 문학에서 1948년 박산운(朴山雲, 1921-?)의 <남의 나라>가 있다.

<남의 나라>[94]

　　　　박산운

읍내로 가는 고갯길에서
또 모진 총성이 들렸다.
해방 만세 소리 메아리치던 산으로
상여도 없는 주검들이 오르고 있다.
술집 간판이 또 하나 바뀌었다.
(중략)
럭키주점 옆에 시카고홀이 생겼다.
나라가 없었기에
부모들도 지켜줄 수 없었기에
일본군 위안부로 끌려가던 소녀들이
울며 발버둥치며 뒤돌아보던 동구 앞을
원색 양장차림을 한
허가받은 미군 위안부들이 가고 있다.
죽창을 벼리어 산속으로 들어간

---

[94] *내가 사는 나라*. 문학예술종합출판사(1993).

팔팔한 젊은이들은 상기 소식이 없는데
마을 앞 늙은 버드나무엔
다시금 몇 번이나 까치가 새 새끼를 친다.

시인 박산운은 경남에서 빈농의 아들로 태어나 해방 전까지 광산 회계원으로 일하다 해방 후에는 서울에서 출판계에 종사한 인물이다. 그는 이 시에서 해방된 공간에서 남한에 주둔한 미군들을 위해 생겨난 '럭키주점'과 '시카고 홀'을 등장시킨다. 또 '일본군 위안부'로 끌려가던 소녀들과 양장 차림을 한 '미군 위안부'를 대비시킨다. 이는 단순히 처참한 역사의 수레바퀴를 목도하며 시인으로서 뇌리에 박혔던 인상을 풀어내려 했던 의도에 머물지 않는다. 그보다는 일제 치하에서 마을 소녀들은 지켜줄 부모가 없었지만 지금 북의 소녀들에게는 날카롭게 다듬은 죽창을 품고 있는 팔팔한 청년들이 있고 고향마을은 이들의 귀향을 기다리고 있다는 것을 나타내려 한다. 이것이 수정할 수 없는 정의라고 본 것이다.

이 시가 발표된 1948년은 한반도 역사에서 매우 특별한 해이다. 즉 남한과 북한이 각각 단독 정권 수립을 선포하는데 북한은 9월 9일에 김일성 정권의 탄생을, 그보다 조금 앞서 남한은 8월 15일에 대한민국의 정권 수립을 알렸다. 북한은 당시 남한 사회를 일제에 이어 다시금 미제국주의 식민 치하에 처하게 된 매우 궁박한 처지로 규정한다. 즉 남한을 미국으로부터 해방시켜 주어 조국의 통일을 완성해야 한다는 명분을 만들어 나간다. 이러한 명분은 한국전쟁을 '조국통일전쟁'이라고 명명하는 데까지 이어지게 된다.

②한국전쟁(1950-1953)과 전후 복구기(1953-1956)

북한은 토지의 무상몰수와 분배 이후 자신들은 일제의 착취에서 해방된 지상낙원으로 남한은 여전히 미제의 압제에서 신음하는 지옥으로 선전한다. 이는 사회주의체제로 남한을 완전히 통일시켜야 한다는 '국토완정론(國土完整論)'을 낳는다. 다시 말해 남한은 해방시켜야 할 국토의 일부라는 것이다. 이와 같은 입장이 나타난 소설이 1950년 3월에 발표한 상허(尙虛) 이태준(李泰俊, 1904-?)의 「먼지」이다.

한뫼 선생은 해방 후 2년간이나 자기 눈으로 보고 북조선 정치에서 얻은 결론을 이렇게 내렸는데 끝에 가서 "그러나…"가 달려 있는 것이다. 한뫼 선생은 이 "그러나…"를 아무에게도 설명하지는 않았다. 다만, "백문이 불여일견 남조선도 내가 가서 내 눈으로 한번 보고야…"

소설에 등장하는 한뫼 선생은 장서(藏書)를 수집하는 사람으로 북한의 정치체제에 자못 찬동하면서도 새로 바뀐 제도에 대해 의구심을 떨치지 못한다. 결국 삼엄한 경계를 뚫고 월남하여 이남 땅의 사회상을 실제로 경험해본다는 것이 소설의 큰 줄거리이다.

남산 밑 심기호의 저택에서는 오늘 저녁에도 미군 관계의 파티가 열리는 모양으로 미국 군용발전 자동차가 초저녁부터 이집 뒷골목을 틀어막고 서서 저택 안으로 줄을 늘이더니
"우드 각하께선 숫되구 순진헌 여성을 좋아한단 말이야, 알지?"
(중략)

우드 각하도 조선 쇠고기를 매우 즐기는 모양으로 손벽 같은 삐프데끼를 두 접시째 사양하지 않았다. 겉만 익고 속은 설어야 좋다 하며 이빨에 피가 흥건하면 위스키 잔을 들어 양치질 삼아 마시었고 잣 까놓은 것을 그 투박한 손에 움큼으로 움켜다가 그 두틈한 입에 들여 드렸다. 기생 일곱에, 도미화에, 주인 딸에, 손님보다 계집 수가 배나 되었다.

이남 땅에 온 한뫼 선생은 사촌지간인 심기호에게 신세를 지게 된다. 심기호는 이승만의 측근인 미군 '우드 각하'에게 딸을 내놓는 것도 마다 않고 출세와 치부에 열을 올리는 인물로 그려져 있다. 이제 한뫼 선생이 보고 경험한 남한의 현실은 부정과 부패가 판을 치는 세상이었다. 그가 북조선에서 "그러나…"라고 하며 의구심을 품었던 것들은 남한과 비교할 때 더 이상 문제꺼리가 되지 않았다. 그가 목격한 정권의 숨은 실세인 우드 각하는 이빨에 시뻘건 피를 묻히며 조선 소고기를 탐닉하고 위스키를 들이키며 조선의 여인을 탐하는 매우 무도한 인물이다.

주인공은 이런 미군에 굴신하는 남한의 모습을 보면서 조선의 풍속과 고유한 문화가 짓밟히는 듯한 모욕감을 느낀다. 한뫼 선생은 경복궁과 광화문통에 미군들의 군용차가 들락거리는 모습이 마치 일제 말기에 이등박문이 실크-햇을 쓰고 쌍두마차를 타고 이완용 등 친일파와 드나들던 모습을 방불케 하여 눈물을 글썽이며 비장해진다.

소설의 마지막은 주인공이 다시 이북 땅으로 넘어가는 장면이다. 한뫼 선생은 어찌 보면 북한의 새로운 변화를 제대로 내면화하지 못한 인물로도 볼 수 있다. 그러나 격변기에 중간자적 역할을 하지 못하고 두 개의 선택지를 놓고 강요당해야만 했던 힘없는 지식인의 모습을 비치고 있다.

작품을 쓴 이태준은 일제강점기 정지용, 김기림 등과 '구인회' 멤버로 활약하였고 1946년에 월북하여 소련 기행을 하고 돌아온 후 북한에 남는다[95]. 이 논고에서 인용한 먼지는 한국전쟁 발발 직전에 집필한 것으로 그는 남로당계와 잇따른 친소파 인사들이 숙청되는 과정에서 1956년 숙청된다. 아마도 한뫼 선생은 이태준 자신일 수도 있다. 한반도에서는 결국 중간자적 역할을 할 수 있는 지대는 없었다. 남이든 북이든 차악(次惡)을 선택하는 것만이 살아남는 길이었다.

한편 전쟁이 발발한 1950년 6월 25일로부터 정전협정이 있던 1953년 7월 27일까지 3년여 시간은 당시 발표된 북한 문학을 하나로 뭉뚱그려 볼 수 없는 점이 있다. 즉 전쟁의 경과를 살펴보건대 전쟁 초기에는 북한이 우세하여 북한이 남한 대부분을 점령하는 데 걸린 시간은 불과 3개월도 되지 않았다. 대구와 부산을 중심으로 한 소위 '낙동강 전선'을 남겨둔 상태에서 9월 15일 유엔의 인천 상륙 때까지 북한은 그들이 주장하는 '조국해방전쟁'의 승리를 목전에 둔 듯 매우 고무되었던 때이다. 그러나 연합군의 합류 이후 전세는 급격히 기운다. 이를 투영시킨 것으로 임화의 시, <서울>과 이북명의 소설, 「악마」가 있다.

---

95) 배개화(2010). 이태준: 해방기 중간파 문학자의 초상. 한국현대문학연구 32. 한국현대문학연구회. 473-513.

<서울>[96]

임화

남은
원쑤들이 멸망하는
전선의 우레소리는
남으로 남으로 멀어가고
우리 공화국의 영광과
영웅적 인민군대의
(중략)
미국 강도배들
추악한 무리는
날아오려면 오라
(중략)
아 아름다웁고 영광스러우며
자랑스러운 우리들의 서울이여!

임화가 <서울>이라는 시를 발표한 때는 1950년 7월로 바야흐로 북한은 승전의 기세에 도취되었던 때이다. 이러한 환상은 유엔군의 참전으로 여실히 깨져버린다. 다음은 이북명이 1951년 4월에 발표한 「악마」라는 소설의 주요 장면이다.

생각 탓인지 이즈음 박첨지의 꿈자리는 사나웠다. (중략) 쟉크는 벌써

---

96) *조선시집*. 조선인민군 전선문화훈련국(1950.7.)

'만달이'가 제공하는 흥미만으로 만족할 수가 없었던 것이다. 따라서 이것은 허만세에게 적지 않은 불안을 던져주었다. 쟉크의 선보기가 끝난 다음 허만세가 소주에 탄 칼칼한 목소리로 연설을 시작하였다. 구경! 그것은 상상조차 할 수 없으며 이 세상에서 두 번 다시 있을 수 없는 미국식 구경이었다. (중략) 시퍼렇게 간 낫을 들고 앞장을 선 노인은 빨치산에게 길 안내를 하였다.
"한 놈 남기지 말어라, 한 놈두 …."

소설의 무대는 북한 내 미군 점령지이다. 쟉크라는 미군은 부녀자를 겁탈하고 살인과 약탈을 일삼는다. 주인공인 박첨지는 적들에 의해 아들과 며느리, 손자가 죽임을 당한다. 그러나 그것으로만 그친 것이 아니다. 사람들은 인간으로서 차마 볼 수 없는 끔찍한 광경을 목도하게 된다. 그것은 다름 아닌 박첨지의 아들 며느리의 머리를 잘라 쇠줄에 꿰어 박첨지 목덜미 양편에 걸리고는 '빨갱이는 이렇게 죽인다'는 종이를 써 붙여 거북이처럼 네 걸음을 걷게 한 것이다. 천인공노할 악행에 미군과 그들의 앞잡이들은 더 이상 사람이 아니었다. 다만 같은 하늘을 일 수 없는 '원쑤'일 뿐으로 소설 속에 나오는 미군은 일본 놈에 못지않은 악마의 화신과도 같은 존재로 그려져 있다. 이때 허만세라는 미제의 용병은 '소주에 탄 것 같은 칼칼한 목소리'로 사람들에게 구경시킬 것이 있노라며 일장 연설을 한다. 독한 소주가 사람들의 뼛속에 사무치는 매개가 된 것이다.

정전협정이 있고 북한은 전후 복구에 들어간다. 이때 식료품공업에 관하여 3개년(1954-1956) 계획을 발표하고 생산증대에 돌입

한다. 농업 역시 농촌 협동화를 추진해 나가며 벼 재배 면적을 늘릴 뿐 아니라 옥수수와 감자 생산력 증대에 주력한다. 김만선(金萬善, 1915-?)은 1956년 12월에 발표한 소설 「태봉영감」[97]에서 이렇게 묘사하고 있다.

> 이 조합에서는 이미 적지 않은 밭들을 논으로 풀어놓았고, 수많은 폭탄 구멍을 메웠으며, 미제 공중 날강도들이… (중략) 장차는 과수밭으로 될 삼백여 반보 산을 개간하여 옥수수를 심었다.

역시 같은 해 11월에 발표된 전재경(田在卿, ?-?)의 소설인 「나비」[98]에서는 이렇게 시작한다.

> '옥수수는 밭곡식의 왕이다'라는 표어는 참으로 잘된 매력 있는 구호였다. 추수농업협동조합에서는 알곡증산을 위한 긴급 조치의 하나로서 금년도의 전 작물을 70프로 이상을 '밭곡식의 왕'으로 채웠다.

두 편의 소설에 나오는 옥수수 작물은 전후 북한 인민들에게 귀중한 식량 자원이 된다. 북한에서는 탈북자들의 증언과 외신에 따르면[99] 특별한 경우가 아니고는 쌀로 술을 빚는 경우는 매우 드물

---

97) *조선문학*. 조선작가동맹위원회기관지(1956.12).

98) *조선문학*. 조선작가동맹위원회기관지(1956.11).

99) 이애란. 혜산고등경공업전문 식료가공과 졸업. 식료기사; The Guardian, Daniel Tudor and James Pearson in Seoul, Wed 18 Mar 2015, https://www.theguardian.com/world.

고 대부분 옥수수나 감자로 술을 빚는다고 한다. 옥수수로 술을 빚어 가마솥이나 사제 증류기로 소주를 내리는 데 이렇게 제조된 술을 '농태기'라고 부른다. 턱없이 부족한 술 배급량 때문에 가정에서 밀주 형태로 담근 이 농태기는 시장에서 암암리에 거래되는 것으로 알려져 있다.

> 해방이 되었다. 앞으로 작부를 둔 술장사가 있을 수 없으리라는 것을 눈치챈 고영수는 자기 딴은 과거 생활에서 손을 씻겠다는 각오로 가장집물[100]을 팔아 처가편 친척들이 사는 이 동네로 왔다. (중략) 보람 있는 사업에 대한 크나큰 행복을 느끼면서 추수농업협동조합 관리위원장과 부위원장은 두렁길을 지나 행길로 들어서는 고영수의 뒷모양을 오래오래 바라보고 있었다.

소설이 발표된 1956년 당시 북한은 농업협동화 작업에 매진하던 때이다. 소설 나비에 등장하는 고영수는 '나까이술집'을 경영하던 위인이다. 나까이 술집이란 성매매를 하는 직업여성을 두고 호객행위를 하는 술집이다. 또한 아내를 두 사람씩이나 갈아치우며 일찍부터 허랑방탕한 생활을 해온 주인공은 그야말로 청산해야 할 잔재를 상징하는 인물이다. 그러나 고영수는 소설의 마지막 부분에서 나까이 술집을 운영하던 부패의 상징과도 같던 청산해야 할 인물에서 북한 관리위원회의 감동적인 교화를 통해 북한이 지향하는 생산증대와 협동화 체제에 알맞은 일원으로 일대 변화를 맞이한다.

---

100) 가장집물: 집안 세간살이

③생산증대와 천리마운동기(1956-1970)

천리마운동은 "하루에 천 리를 달린다는 천리마를 탄 기세로 사회주의 건설에서 생산성을 획기적으로 높이자!"는 뜻을 지닌 북한이 지향하는 사회주의 노력경쟁운동 중 하나이다. 1956년에 처음으로 제기되었고, 이때에는 주로 사회주의 생산경쟁운동 형태로 시작되었다. 1957년 엄흥섭(嚴興燮, 1906~?)이 발표한 「복숭아나무」[101]를 살펴보자.

> "동무 성격이 경숙이와 애정 관계에 빠질 사람은 아니지만 …."
> 윤오는 이렇게 말하다가 갑자기, "동무, 어서 일어서오! 우리 집에 가 한잔합시다."하고 정훈을 데리고 자기 집으로 갔다.
> (중략)
> 그는 어떤 날 밤이면 술에 취해 집에 돌아오기도 했다. 텅 비인 방 안에 맹숭맹숭한 기분으로는 도저히 잠을 이룰 수 없었던 때문이었다.

소설에 등장하는 정훈과 경숙은 같은 직장에 다니는 사이이다. 정훈의 아내는 직장을 다니다 그만두고 지금은 가정에서 남편만을 내조하고 있다. 그런 아내는 남편과 경숙 사이에 혹시 애정 관계가 있을지도 모른다는 의심을 하며 친정으로 가출한다. 정훈의 풀이 죽은 모습을 달래기 위해 직장 동료 윤오는 술 한잔을 하자고 제의한다. 술에 취해 보기도 하지만 정훈에게 있어 아내가 없는 집은 영 위안을 주지 못한다. 결국 경숙의 적극적인 중재로 부부의 갈등

---
101) *조선문학*. 조선작가동맹위원회기관지(1957.7).

은 해소된다.

소설은 부부간에 일어날 수 있는 매우 소소한 갈등을 그리고 있고, 또한 지금은 당연하게 받아들이고 있지만 남녀가 직장 내에서 함께 일하는 모습을 다루고 있다. 이 작품은 1957년 당시에 변화한 제도 속에서 인민대중들이 자기 헌신과 열정적인 의식을 갖춘 노동자상으로서 새롭게 변화하는 과정을 도덕적 자극을 통해 섬세하게 보여준 작품이다. 천리마운동이 지향하는 또 다른 면을 보여주는 작품으로 김홍무(?-?)의 1961년 작품인 「입당 보증인」[102]이 있다.

"그날이 아직도 눈에 선하네. 낮부터 첫눈이 펑펑 쏟아지더니 해가 떨어지자부턴 바람이 일기 시작했네. 그런데 그놈이 또 읍에 갔다 오라는 거네. 술을 사가지구 오라구…, 그래도 할 수 없지, 가야지! 게다가 그믐밤이었네, 그놈의 술 이름은 아직도 잊지 않네.

(중략)

'아사노마쯔'라는 술이었네. 사 가지고 돌아서니 밤이 퍼그나 깊었을 것이 아닌가? 그걸 지고 오다가 그만 눈에 미끄러져 자빠졌네. 술병은 깨졌지, 그리구 자네 아버지두 다치구… 생각나, 자네 아버지 왼쪽 다리에 상처가 있지… 그게 바로 그때 다친 거네.

(중략)

근데 자네는 그 이야기를 못 들었나? ……어머니가 말하잖던가? 안해?… 그때 자네 아버지는 몸을 상하구두 술값을 물어내야 했네. 그렇게 억울하게 지나온 일을 모르다니?"

"……"

---

102) 조선문학. 조선작가동맹위원회기관지(1961).

기태는 여전히 대답이 없었다.

소설 속 주인공 성구는 보일러공이다. 그는 젊은 일꾼들을 마치 아들과 같이 여기며 당의 일꾼으로 키우는 것을 가장 큰 보람으로 생각하는 인물이다. 노동자의 이미지를 아들로 그리는 것은 김일성 체제를 강화하는 과정에서 등장했던 어버이 수령의 이미지를 형상화하려는 것에 다름 아닌 것으로 보인다.

한편 등장인물 가운데 기태는 동료의 아들로서 기태의 아버지는 일본 지주에게 착취당하며 가난한 삶을 살던 인물이다. 소설 지문에서 주목할 것은 주인공인 성구 아바이가 동료였던 기태 아버지의 애달픈 과거 일을 아들인 기태에게 들려줄 때 등장하는 '아사노마쯔'라는 술이다. 일제 치하에서 기태의 아버지는 모진 추위에도 불구하고 일본 순사 부장놈을 위해 지주의 술심부름을 하다 넘어져 몸을 상한다. 게다가 '아사노마쯔'라는 술병은 깨져버리고 술값까지 고스란히 물어낸다.

일제강점기 일본은 조선에 일본술 제조장을 설립한다. 즉, 일본은 1913년에 평양 서쪽에 위치한 원산에 <원산주조주식회사>를 설립하여 '아사노마쯔(朝之松, あさのまつ)'라는 사케를 생산한다. 이 술은 전성기 때는 약 1만 석을 생산하는데 이는 조선 전체에서 2위를 기록하는 생산량이었다. 이 회사는 1955년 일본에서 다시 회사를 설립하여 <金鹿>이라는 이름으로 높은 생산량을 구가한다. 소설에서 등장하는 '아사노마쯔'는 일제 치하에서 인민들이 당했던 착취를 상징한다.

위 소설에서 보듯이 북한의 천리마운동은 단순한 생산량 증대운동이 아니라 새로운 공산주의형 인간을 만들기 위한 사상개조 운동으로 볼 필요가 있다. 그것은 무엇보다 '조국해방'을 기치로 내걸었던 한국전쟁에서 잃어버린 동력을 만회하기 위해서는 역사적 정통성을 다시 수립하는 것이 중요했던 것으로 보이기 때문이다. 그러기 위해서는 일제강점기의 쓰라린 역사를 다시 끄집어낼 필요가 있었다.

1950년대 후반부터 시작한 천리마운동은 궁극에 가서는 1960년대 북한 사회 전체를 관통하는 모든 것이기 된다. 이러한 연장에서 일본 술, '아사노마쯔'는 일제의 잔재를 청산하고 역사적 정통성 수립이라는 소재를 제공하고 있다. 그러나 남한의 경우를 보면 일본에서 유입된 술과 주조장이 거의 원형 그대로 현재까지 내려오고 있다.

<일본양조협회>가 일본 농림수산성 농림수산기술회의사무국의 지원에 따라 발간한 자료에 따르면 남한에서 전통 술로 알려진 '정종' 또는 '백화수복', '보해', '국향', 롯데주류의 '설화', 두산의 '청하' 등 술이 모두 외국에서 생산되는 일본주로서 보고서에 이름을 올리고 있다[103]. 그러나 대한민국에서 현재 이 술들은 한국 고유의 전통 술로 알려져 있다.

계속해서 북한에서 발표된 리찬의 <수로천리>와 백석의 <하늘 아래 첫 종축 기지에서>라는 두 편의 시를 연속하여 살펴보자.

---

103) 喜多,常夫(2009). お酒の輸出と海外産清酒.焼酎に関する調査(2). 일본양조협회지, 104(8). 592-606.

<수로천리>[104]

리찬

오가던 행객이 물을 청하면
흔히 막걸리 사발이 나왔다는 이야기
봉산 아가씨들의
그 고운 마음씨만 전하는 것일까
사람마다 철만 들면
하늘을 쳐다보는 버릇부터 배웠다 함은
(중략)
참말 꿈같시다
갈수록 좋아지는 이 세월이

<하늘 아래 첫 종축 기지에서>[105]

백석

어미돼지들의 큰 구유들에
벼 겨, 그리고 감자 막걸리,
새끼돼지들의 구유에
만문한[106] 삼배 절음에 껍질 벗긴 삶은 감자,

---

104) *태양의 노래*. 문예출판사(1982, 작품은 1958년 작)

105) *조선문학*. 조선작가동맹위원회기관지(1959.9).

106) 만만하고 무르다.

그리고 보리 길금에 삭인 감자 감주.
(중략)
내 그저 축복드린다.
하늘 아래 첫 종축 기지의 주인들에게
기쁨에 찬, 한량없는 축복 드린다.

리찬(李瓚, 1910-1974)은 1958년에 <수로천리>를 발표한다. 또한 백석(白石, 1912-1996)의 <하늘 아래 첫 종축 기지에서>는 1959년에 발표한 것이다. 두 시가 발표된 1958년과 1959년은 광복을 맞이하고 10년이 훌쩍 넘어간 때이고 일제강점기로부터 헤아려도 상당한 시간이 흐른 때이다. 일제강점기는 한국의 술문화가 중요한 변곡점을 겪는 때이다. 그것은 주세법 공포(1909)와 주세령 단행(1916)을 말한다. 이들은 한 나라의 고유했던 가양주 문화가 사라지는 큰 계기를 가져온다. 다시 말해 가정에서 직접 빚어 마시던 인문향 넘치던 술문화는 사라지고 공장에서 획일적으로 대량 생산하고 유통하는 술이 등장하는 것이다.

그러나 여전히 리찬은 과거 물을 청하면 막걸리 사발을 내놓았다는 봉산 아가씨들의 마음을 곱게 느끼고 있다. 백석 또한 이 무렵 발표한 여러 시에서 감자국수를 토장국에 말아 콩나물, 갓김치를 먹으며 벼 겨에 감자 막걸리, 엿기름에 삭인 감자 감주, 밀기울 누룩을 노래하고 있다. 1958년과 1959년 북한의 리찬이나 백석에서 보이는 술에 대한 단상은 일제강점기에 공유했던 저항의식과 함께 상반된 체제 속에서도 변치 않고 내려오고 있는 남·북한 술문화의 공유인자를 엿볼 수 있다.

④주체사상과 주체시기

북한에서 '주체'라는 단어가 등장한 시기는 1950년대 중반이다. 그러나 '주체사상'이라는 단어가 전면에 등장한 계기는 1965년 김일성의 연설에서 비롯한다. 즉 "우리 당의 '주체사상'은 우리의 혁명과 건설을 성과적으로 수행하기 위한 가장 정확한 '마르크스-레닌주의의적 지도사상'이며 공화국 정부의 모든 정책과 활동의 확고부동한 지침"이라고 천명한다. 그러던 것이 1970년대에 들어서자 주체사상을 '당의 유일한 이념'으로 표방하기 시작한다.

1980년대에 김정일의 후계 구도가 공식화된 이후에는 김정일이 주체사상에 대한 해석권을 독점하면서 주체사상을 '김일성주의'로 격상시켰고 또 1980년대 중반에는 사회정치적 생명체론을 제시하며 이론체계를 완성하였다. 이는 북한 내 인민들의 세계관의 변화를 가져온 일대 사건이었다. 즉 '수령-당-인민'은 삼위일체로서 영생불멸하는 하나의 생명체를 이룬다는 것으로[107] <조선민주주의인민공화국 사회주의헌법>에 고스란히 드러나 있다. 동 헌법은 서문에서 "김일성동지께서는 영생불멸의 주체사상을 창시하시고 그 기치 밑에 항일혁명투쟁을 조직령도 하시여…"라고 적고 있다[108]. 이 무렵에 나온 소설로 1983년에 발표된 리종렬(1934-?)의 「고요」[109]를 살펴보자.

---

107) 통일부 정치군사분석과 자료

108) 조선민주주주의인민공화국 사회주의헌법 서문

109) *조선문학*. 조선작가동맹위원회기관지(1983.10).

잔치 같은 자리에는 제복을 입은 사람을 상좌에 앉혀야 좌석이 점잖아 진다고 생각하였었다. 이래서 끌려가고 저래서 끌려가 다니니 여러 잔 칫집에 가 앉아 있게 되었다. 그러나 술을 과하게 드는 일이 없었으며 철도 대표의 격을 낮추지 않으려고 늘 마음을 써왔었다.
(중략)
"수령님께서는 인민들을 잘살게 하려고 한 생을 바쳐오시고, 그르쳐진 일들을 바로잡느라고 그토록 피로하셨습니다."

이 소설의 무대로 '만곡역'이 등장한다. 이 역은 조그마한 지방의 간이역으로 곧 폐역이 될 처지에 놓여 있다. 역장인 주인공 천상수는 술자리에서도 함부로 몸가짐을 하지 않고 근신하는 성실한 일꾼이다. 그는 과거 젊은 시절 만곡역에서 김정일과 김정숙을 만났던 추억을 애틋하게 간직하고 있다. 마침 현지 지도를 마치고 만곡역에 잠시 정차하여 휴식을 취하던 김정일은 천상수와의 일을 기억해내며 만곡역이 없어지지 않도록 한다. 잔치 같은 술자리에 제복 입은 사람을 상좌에 앉혀 상하 자리를 두는 것 역시 '음수사원(飮水思源)'이라는 고대국가 시대 제왕적 권위의 표상성이 잘 드러나는 장치이다. 이 소설에서 작가는 인민은 수령에게 효성을 다하고 수령은 인민을 자애로운 마음으로 보살펴주는 존재로 연출한다. 그러나 소설 속 장면마다 매번 나타나는 시혜적인 서사는 인민과 수령의 관계가 주종 관계의 다름 아님을 보여줄 뿐이다. 김일성이 사망하고 김정일이 등장하기 직전 해인 1993년에 발표된 한웅빈(1945-)의 「행운에 대한 기대」[110]를 보자. 작품에서 그려진 북

---
110) *조선문학*, 조선작가동맹위원회기관지(1993.10).

한 사회는 행운이 저절로 굴러들어오는 사회가 아니라 합리적이고 이성적으로 움직이는 사회임을 나타내려 하고 있다. 그러나 과연 그러한가는 별개의 문제이다.

> 마침 가방 안에는 장인에게 부어주려고 넣은 목이 오리목처럼 긴 '고려 인삼술' 한 병과(안해가 넣어준 것이었다) 다른 용무에 쓸 '대평술' 한 병이 들어 있었다. '대평술' 한 병이면 안면을 어지간히 두터이 할 수 있을 것 같았다. (중략) 배정처 지도원은 아마 열차에서의 '고려인삼술'이 인상적이서도 나를 잊지 않을 것이다. 울긋불긋한 상표와 황금빛의 술 색깔을 통해서라도 나를 기억해낼 것이다. (중략) 부지중 열차에서 만났던 주택배정처 지도원과 '고려 인삼술'이 떠올랐다. (중략) 고마워. 고마워. 우리 당이 고마워.

소설 속 주인공은 비싼 술을 뇌물로 바쳐 주택을 배정받으려 했다. 그러나 뇌물이 관리에게 영향력을 미칠 사이도 없이 주택을 배정받게 된다. 작가는 북한 사회에서는 모든 일이 행운이 아닌 상식적으로 이루어진다는 점을 강조하고 싶던 것이다. 소설에 등장하는 '대평술'은 남포대평술공장에서 생산되는 술이다. 또 '고려인삼술'은 개성인삼술공장에서 생산된다. 북한은 김정일 집권 이후 2000년 초반에 들어서면서부터 술 생산에 각별한 점을 보인다. 즉 평양맥주공장에서 '평양술'과 '칠성술'을 생산하고 해산에서 '백두산들쭉술'을 생산한다. 평양 냉천사이다공장에서는 '삼백술'과 '감홍로'를 생산하는데 이들 술의 주원료는 대부분 앞서 기술한 옥수수이다. 간혹 지역에 따라 감자나 보리가 쓰이기도 한다. 또한 김정일이 2007년에 직접 시찰과 현지 지도를 나갔던 강계의 포도술 공장에서는 '포도술'과 '인풍술'을 생산한다[111].

한편 맥주공장으로는 평양맥주공장과 룡성맥주공장, 대동강맥주공장, 삼지연청량음료공장 등이 북한의 맥주공장을 대표하고 있다. 이 포도술과 맥주는 1990년대에 발표된 백남룡(白南龍, 1949-?)의 중편소설 「벗」과 리종렬(1934-?)의 「산제비」속 여러 장면에서 등장하고 있다.

소설 「산제비」는 우리나라의 임수경이 <제13차 세계청년학생축전>에 참가하기 위해 방북했던 당시를 소재로 쓴 소설로 월북 문인들의 술에 관한 에피소드가 다수 등장한다. 북한은 경공업분야에서 술 생산을 담당하고 있으며 공급 역시 식료품 등과 함께 배급제로 운영하고 있다. 자연히 수요에 비해 턱없이 부족한 공급량 때문에 가정에서 암암리에 제조한 '농태기'라는 술이 유통되고는 있으나 원칙적으로는 배급제의 틀을 벗어나지 않는다. 이러한 현실이 소설 속에 그대로 반영되어 남한과 다른 새로운 술 풍속을 낳은 것으로 보인다.

정리하면 북한은 '우리식 사회주의체제'를 주창하며 상징을 통한 정치화 작업이 상당한 집단이다. 그러나 북한 소설과 시에 나타난 술의 태양은 서로 위로하는 자리에서 또는 축하하는 자리에서, 슬퍼하고 낙담하는 자리에서 등 희로애락 한 가운데에서 인간의 본성을 드러내는 매개로 등장한다. 술은 서로 다른 규범체계, 이념, 사상, 정치체제 아래에서도 살아있는 핵이 다르지 않다.

---

[111] 주간북한동향 제494호(2000-07-03), 제843호(2007-06-02), 통일부

4. 맺음말

- 협업의 유산 -

 술은 인류가 출현하기 이전부터 지구상에 존재했다. 아주 먼 옛날 어느 꿈꾸는 사피엔스를 만나기 전까지 꽃과 꿀벌, 시원한 빗줄기와 건강한 효모들…, 이들이 만나 나무 그루터기나 바위 구멍들에 향기로운 술을 쌓아 갔을 터이다. 술은 고대인들의 암벽화에서, 황제에 대한 충성서약의 자리에서, 전쟁 한가운데 선 장수의 투료(投醪)에서, 죽림에 은거하며 소나무와 벗하던 처사들의 시류 속에서 늘 자리해왔다.

 대개 수많은 고고 유물을 가만히 들여다보면 국가의 체제나 제도가 그 시대 유물의 정체성을 부여해온 것은 아닌지 생각하게 한다. 그러나 술은 어떤 이념이나 신념 체계에도 흔들리지 않는 단단한 무언가가 있다. 그것을 이 논고에서는 '핵'이라고 이름한다. 그 핵은 다름 아닌 '생명'이다. 술이 다른 고고 유물과 다른 점은 그 안에는 생명이 살아 숨 쉬고 있기 때문이다.

 우리가 언제부터 술을 '술'이라고 불렀는지 모른다. 왜 술을 '술'이라고 부르는지도 모른다. 그것은 마치 '물'과 '불', '숨'과 '얼' 또는 '흙'처럼, '술' 또한 우리가 찾고 있는 가장 본원적인 것이라 그럴지 모른다. 태양이 크다고 한들, 태양 빛이 밝다고 한들 이 태양계는 창대한 우주 속에서 한낱 먼지에 불과하다. 그러나 인간에게는 초월적인 핵이 있다. 술에 어떠한 이데올로기를 투영시키든 '스스로 그러하다'라는 자연(自然)을 거스르지 못하는 까닭은 술 또한 하나의 생명체이기 때문이다. 북한의 사회주의적 이데올로기 속에서도 술이 갖는 태양이 남한의 것과 다르지 않은 이유는 술은 그 자체로 하나의 생명체이기 때문이다.

오늘날 한국에서 고유의 술이 사라지게 된 원인을 일제의 가혹한 세금수탈에 기인하는 것으로 파악하는 견해가 많다. 그러나 한국의 술과 술문화의 단절 원인은 내적으로 분열된 대응과 이해관계 대립 등 또 다른 요인도 있다.

모든 역사는 현대사라고 하듯이 단절해야 할 것과 계승해야 할 것이 있다. 우리는 유구한 역사 속에서 빛나는 유산을 누려왔다. 우리가 사는 이 땅은 벼농사를 짓기에 적합한 곳이 아니다. 뚜렷한 사계절 또한 벼농사에 그리 좋은 환경이 아니다. 극심한 한냉과 가뭄, 풍해, 수해에서 헤어나기를 수만 번이었다. 그러나 정작 이를 극복할 수 있었던 동력은 협업이었다. 우리가 물려받은 유산은 자연환경도, 눈부신 과학기술력도 아닌 바로 이 협업의 정신이다. 그 자리에 우리술이 함께 해왔다. 과거 세대와 세대를 거치며 전승되어 온 공동체의 창조성과 연대성, 지속가능성 그리고 앞으로 우리가 구가할 자유와 번영 그리고 평화는 바로 이 협업의 유산에서 비롯될 것임을 밝힌다. 앞으로 이 논고에서 주장하는 '술은 생명체'라는 술이론(Suul theory) 보다 더 훌륭한 이론체계가 완성되어 우리나라에 '술학(Suul studies)'이라는 학문 분야가 성립되고, 이를 통해 우리의 유구한 문화유산과 전통 과학기술이 전승되기를 소망하며 이 글을 마무리한다. ◆

참고문헌

1. 자료

삼국유사(三國遺事)
고려사(高麗史)
고운집(孤雲集)
몽오집(夢梧集)
옥오재집(玉吾齋集)
양곡집(陽谷集)
점필재집(佔畢齋集)
이소(離騷)
강희자전(康熙字典)
대한민국임시정부자료집(1936)
북한정보포털(통일부)
조선민주주의인민공화국 사회주의헌법

2. 논문

김민구(2014). 야생 식용식물. *청동기시대의 고고학1*. 서경문화사. 103.

김민구, 김영준, 김우락(2017). 김포지역 벼농사 개시에 관한 식물고고학적 검토. *야외고고학*, 35. 한국문화유산협회. 5-27.

김병모(1988). 고대 한국과 서역 관계: 아유타국고Ⅱ. *한국학논집*. 14.

김성준(2013). 고대 동중국해 사단항로에 대한 해양기상학적 고찰. *해양환경안전학회지*, 19(2). 해양환경안전학회. 155-163.

김연옥(2003). 제4기 기후변동. *한국의 제4기 환경*. 서울대출판부. 564.

김종덕(2011). 옥수수의 어원과 효능에 대한 문헌연구. *농업사연구*, 10(2). 한국농업사학회. 49-83.

문영롱(2014). 고기후와 고식생. *청동기시대의 고고학1*. 서경문화사. 16.

박정재(2013). 남한 지역의 홀로세 중후기 기후변화. *기후연구*, 8(2). 기후연구소. 127-138.

박정재(2019). 홀로세 단기 한랭화의 동인과 한반도 고대 사회에 미친 영향. *국토지리학회지*, 53(4). 국토지리학회.

박정재(2021). 한반도의 홀로세 기후변화와 선사시대 사회 변동. *대한지리학회지*, 56(2). 대한지리학회. 215-226.

박지훈(2011). 한국의 제4기 환경연구-최종간빙기~홀로세 환경연구를 중심으로. *한국지형학회지*, 18(4). 한국지형학회. 98.

박태식, 이융조(2004). 소로리 볍씨 발굴로 살펴본 한국 벼의 기원. *농업사연구*, 3(2). 한국농업사학회. 119-132.

박희진(2015). 南宋代 南方地域 稻麥 二毛作의 發展 情況 - 江南의 麥作 擴散을 中心으로.. *중국사연구*, 99. 101-134.

배개화(2010). 이태준: 해방기 중간파 문학자의 초상. *한국현대문학연구* 32. 한국현대문학연구회. 473-513

백승충(2008). 가야문화권 성립과 의미. *영남학*, 13. 영남문화연구원. 73.

송은일(2019). 전통시기 동아시아의 해상환경과 항로 및 해상교류 활동 연구. *중국학논총*, 643. 한국중국문화학회. 348.

손선숙(2011). 조선후기 진주교방의 정재 공연양상-교방가요를 중심으로. *한국음악사학보*, 46. 한국음악사학회. 200.

신현규(2022). 진주 교방문화의 역사와 가치: 앤솔로지 개념 적용을 중심으로. *교방문화연구*, 2(2). 한국교방문화학회.10.

안승모(2009). 작물유체분석의 문제점. *선사 농경 연구의 새로운 동향*. 사회평론. 274.

위은숙(1990). 고려시대 농업기술과 생산력 연구. *국사관논총*, 제17집. 국사편찬위원회. 19.

윤순옥, 조화룡(1996). 제4기 후기 영양분지의 자연환경 변화. *지리학*, 31(3). 지리학회. 47-48.

이경아(2006). 중국 출토 신자료의 검토를 통한 벼의 작물화에 대한 고찰. *한국고고학보*, 61. 한국고고학회. 42-69.

이동희(2019). 고김해만 정치체의 형성과정과 수장층의 출현. *영남고고학*, 85. 영남고고학회. 147-148.

이인영, 정희선(2019). 해동죽지(海東竹枝)에 나타난 한국 음식문화와 사료적 가치. *민속학연구*, 44. 국립민속박물관. 181.

이정룡(2018). 허왕후의 가락국 도래 행처와 행로 파악 지명 중심으로. *지명학*, 29. 한국지명학회. 214-265.

이화선, 구사회(2016). 동아시아 증류주의 발생과 문화교류. *열상고전*, 53. 열상고전연구회. 131-166.

이화선(2017). 일제강점기 주세령의 실체와 문화적 함의. *한민족문화연구*, 57. 한민족문화학회. 181-218.

이화선(2021). 가야문화권역 인디카(Indica)형 야생 잡초벼 분포 양상과 고고유적 속 벼 식물유체 분석을 통한 삼국유사 속 '허황옥 설화' 재조명. *문화와융합*, 43(11). 한국문화융합학회. 65-80.

이화선(2023a). 조선시대 궁중연향과 교방문화의 술. *교방문화연구*, 3(1). 한국교방문화학회. 3-7.

이화선(2023b). 광복 이후 북한 문단의 소설과 시에 나타난 술의 양태. *역사와융합*, 7(3). 바른역사학술원. 281-318.

임병권(2010). 한역(漢譯) 불전(佛典) 언어의 특징 초고. *불교학연구*, 30. 불교학연구회. 287-300.

장호, 박희두(2003). 한국의 하안단구. *한국의 제4기 환경*. 서울대학교출판부. 193-235.

전경수(2009). 아시아의 신들은 빨간 쌀을 좋아한다-의례용 적미와 적미 박멸 식민정책. *한국문화인류학*, 42(1). 한국문화인류학회. 3-38.

정용석(2019). 식민지기 1인당 쌀 소비량과 연관변수들과의 관계구조와 그 변화의 의미. *경제사학*, 43(3). 361-397.

정태헌(2017). 일제강점기 주조업과 주세정책. *한국의 술 100년의 과제와 전망*. 도서출판향음. 78.

조화룡 외 2(1987). 가조분지의 지형발달. *한국제4기학회지*, 1(1). 한국제4기학회. 35-45.

조화룡 외 2(1994). 후빙기 후기의 가와지 곡의 환경변화. *한국지형학회지*, 1(1). 한국지형학회. 3-16.

조현종(2008). 광주 신창동 출토 탄화미의 계측. *호남고고학보*, 30. 호남고고학회. 139-154.

최성길(2007). 단구지형으로부터 본 한국 동해안의 후기 갱신세 환경변화와 지구적 규모의 환경변화 비교. *한국지형학회지*, 14(1). 한국지형학회. 29-39.

허문회, 고희종, 서학수, 박선직(1991). 우리나라에 재배된 Indica벼. *한국작물학회지*, 36(3). 한국작물학회. 241-248.

황상일(1998). 일산충적평야의 홀로세 퇴적환경변화와 해면변동. *대한지리학회지*, 33(2). 대한지리학회. 143-163.

황상일, 윤순옥(2009). 한반도와 주변지역의 최종빙기 최성기 자연환경. *한국지형학회지*, 16(3), 한국지형학회. 101-112.

황상일, 윤순옥(2011). 해수면 변동으로 본 한반도 홀로세 기후변화. *한국지형학회지*, 18(4). 한국지형학회. 235-244.

Kang Junghoon(1994). Varietal classification of Korean native rice gemplasm by using canonical discriminant analysis. National institute of agricultural science and technology.

Koo Bon-Hyuk & 8(2013). Natural variation in OsPRR37 Regulates heading date and contributes to rice cultivation at a wide range of latitudes. *Molecular Plant*, 6(6). pp.1877-1888.

Yang Yuan & 8(2017). Selective sweep with significant positive selection serves as the driving force for the differentiation of Japonica and Indica rice cultivars. *BMC Genomics*, 18. pp.307-320.

喜多,常夫(2009). お酒の輸出と海外産清酒.焼酎に関する調査(2). *일본양조협회지*, 104(8). 592-606.

Chantel White, Fabian Toro, Joyce White(2019). Rice carbonization and the archaeobotarical record: experimental results from the Ban Chiang ethnobotanical collection, Thailand. Archaeological and anthropological sciences 11(2). pp.6501-6513.permatrix approach to apoid phylogeny and biogeograph. *BMC Evolutionary Biology*, 13(138). doi:10.1186/1471-2148-13-138.

Hedtke Shannon M., Patiny Sebastien, Danforth Bryan M.(2013). The bee tree of life: A supermatrix approach to apoid phylogeny and biogeograph. *BMC Evolutionary Biology*, 13(138). doi:10.1186/1471-2148-13-138.

3. 서적

강희안 저, 이종묵 역해(2012). *養花小錄: 선비, 꽃과 나무를 벗하다— 규장각 새로 읽는 우리 고전*. 아카넷. 179-196.

구사회(2006). *한국 고전문학의 세계 인식과 전승 맥락*. 보고사. 163.

국립민속박물관 기획전시실(2012). *2012 아시아문화 기획전—혼례*. 국립민속박물관. 136-146.

김기현(2010). *원색세계약용식물도감*. 한미허브연구소. 28-37.

서학수(2003). *유전자원으로의 잡초벼 특성조사*. 한국과학재단 야생작물 유전자원은행 작물유전체기능연구사업단(영남대). 33.

신용하(2017). *한국민족의 기원과 형성 연구*. 서울대출판문화원. 121.

안승모(1999). *아시아 재배벼의 기원과 분화*. 학연문화사. 123.

양종국(2016). *역사학자가 본 꽃과 나무*. 새문사. 91-93.

조승연 외 6인(2013). *베트남 혼례문화*. 국립민속박물관. 34-36, 226.

최무장(1995). *대우학술총서 86, 고구려 고고학Ⅱ*. 민음사. 522.

통일교육원(2017). *북한의 이해*. 통일부 통일교육원. 12, 112.

황금택 역(2010). *세계의 식용식물*. 신일북스.

김정일(1992). *음악예술론*. 조선로동당출판사. 19-31.

조선문학. 조선작가동맹위원회기관지(1948~1991).

조선시집. 조선인민군 전선문화훈련국(1950).

오가와 마사미, 이노타니 도미오(2008). *적미박물지(赤米の博物誌)*. 대학교육출판. 13-23, 104.

SUUL

제2부 혁신

천문과 술 | 사상과 술 | 의약과 술

혁신 | 천문과 술

술에 담긴 천문

박창범

1. 머리말 - 천문과 한국인의 삶의 디자인
2. 술에 담긴 천문
3. 맺음말

1. 머리말

- 천문과 한국인의 삶의 디자인 -

디자인이란 흔히 물질에 부여된 유형의 형태를 뜻하는 말로 사용되고 있지만 디자인은 유형의 형체뿐 아니라 행동과 삶의 방식과 같은 무형의 대상 전체로 그 의미를 확장해 볼 수 있다. 또한 디자인을 결과물보다는 행위 과정이라고 보았을 때 디자인이라는 행위는 디자인을 하는 사람이 자신의 생각, 나아가 자신이 살고 있는 사회의 집단적 사고를 해석하고 상징적 창조를 하는 일이다. 그리고 그 목적은 그 시대의 사람들의 삶의 방식과 문화를 구체적으로 드러내고 서로 소통시키기 위함이라고 볼 수 있다[1].

이러한 까닭에 디자인은 물건과 건물, 신화, 종교, 제도, 의례, 관습 등과 같은 유형·무형의 대상 속에 부여되어 있으며 우리는 태어나 일생을 마무리할 때까지 우리 사회가 디자인된 방식으로 살아가도록 요구되고 있다. 천손을 자처한 우리 민족에게 하늘의 세계는 떼어낼 수 없는 숭고한 고향과 같은 곳이다[2]. 인간은 하늘에서 와서 하늘로 돌아가는 존재이며, 임금은 하늘이 점지하며 그 명을 받아 나라를 다스린다. 따라서 천문만큼이나 우리 민족이 삶의 방식을 디자인하는 데 큰 영향을 미친 것은 없다. 예를 들어보자.

---

1) 김민수(1997). *21세기 디자인 문화탐사*. 솔. (개정판.2016.그린비).

2) 천손사상은 한민족 나라의 시원을 설명하는 단군신화의 핵심 내용이다.

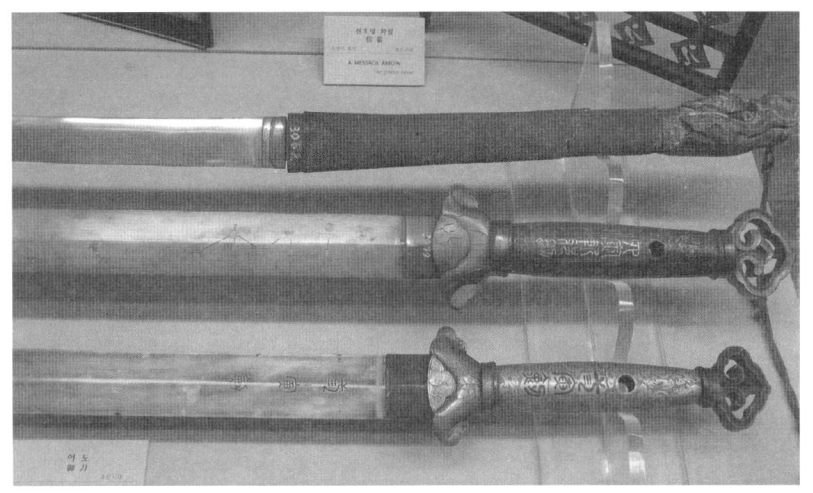

사인검(四寅劍), 궁중유물전시관.

 궁궐박물관에 보관되어있는 조선시대 왕검을 보면 칼날에 북두칠성이나 28수 별자리가 그려져 있고, 손잡이에는 사인검(四寅劍)이라는 글자가 쓰여 있다. 별그림은 하늘의 힘을 빌려 그 칼의 능력을 극대화시키기 위한 상징 표식이다. 사인검이라는 글은 이 검이 오랜 세월을 기다려 연월일시에 모두 인(寅)이 들어와서 인해 인월 인일 인시가 되었을 때[3] 두들겨 만든 칼임을 알려서 그 희귀함과 권위를 상징하고 있다. 유사한 예로는 용의 해, 용의 월, 용의 날, 용의 시에 만들어져 군왕이나 왕족이 쓰던 사진검(四辰劍)이 있다. 또한 도교의 영향을 받아 불교에서나 토착신앙에서 주술적 의례용 칼로 쓰이던 칠성검도 있다.

---

3) 연월일시 모두에 인(寅)이 들어오는 날로부터 다음번 다시 연월일시에 모두 인이 들어오는 때까지의 시간 간격은 인년(寅年)이 되돌아오는 12년이다.

창경궁 관천대(觀天臺) 소간의대(小簡儀臺).
보물 제851호. 숙종14년(1688) 축조.

　창경궁 안에는 관천대라는 천문관측대가 있다. 이 관천대는 다섯 단의 높이로 쌓아졌으며 단상에 올라가기 위해서는 일곱 개 계단을 밟아 올라가야 한다. 여기에서 관천대의 단 수와 올라가는 계단의 수는 우연히 5와 7이 된 것이 아니다. 5는 다섯 행성을 상징하고 있으며, 7은 다섯 행성에 해와 달을 더한 칠정(七政)의 수인 것이다. 관측을 수행할 천문관은 오행성의 개수만큼 쌓은 천문대에 칠정의 개수만큼 계단을 밟아 올라감으로써 하늘을 관측할 마음의 준비가 갖춰지고 드디어 하늘의 변이를 살필 수 있게 되는 것이다.

　천문관측대에 이러한 상징의 수와 형태가 부여된 것은 창경궁 관천대뿐만이 아니다. 경주 신라 첨성대는 원과 사각형의 기학학적 구조를 갖고 있는데 이는 고대의 우주구조론인 천원지방(天圓地方)의 설을 부여한 것이다. 또 기단부는 12개 돌을 사용한 층을 두 겹으로 두었는데 이는 1년 12달과 24절기를 반영한 것으로 보인다. 첨성대의 몸통부는 364개의 돌을 사용해서 쌓았는데 상층의 통로를 하나의 돌로 메우게 되어 있어서 관측 시 총 365개의 돌이 1년의 날 수를 상징하게 되어 있다. 이 외에도 여러 천문학적 요소가 첨성대의 모양과 방향과 개수에 반영되어 이 건축물이 천문현상을 관측하는 장소임을 극명하게 나타내고 있다.

무형의 대상에 부여된 천문 디자인의 예를 들어보자. 우리글 한글은 원래 28자로 만들어졌었다. *훈민정음* 해례본 제자해(制字解)를 보면 새 문자는 천지가 모두 음양의 도를 따르고 있으므로 성음의 법이 음양의 이치를 따르게 했다고 밝히고 있고, 언해본 서문에 새로 정음 28자를 만들었음을 선포하였다. 한글 자모는 왜 28개가 되었을까? 우리 한글 자모는 음양의 원리에 따라 모음과 자음으로 구성되고, 28수 별자리 개수와 같게 만들어 천지자연의 소리임을 강조한 것으로 생각된다. 따라서 천지의 소리가 별자리 모양으로 형상화 되어 있듯이 사람이 말하고 쓰는 소리는 이제 한글이라는 문자로 형상되었다는 의미이다. 이는 *악학궤범*에서 명확히 밝힌 음의 기원에서도 알 수 있다.

우리 음악의 한 옥타브는 12개의 반음으로 구성되어 있는데 여기에는 6율과 6려의 음이 있다. 이 6려는 해와 달이 1년에 12번 만나는데 이들이 오른쪽으로 도는 것을 본받아서 만들어졌고 6율은 북두칠성이 왼쪽으로 돌며 절기에 따라 12방위로 운행하는 것을 본받아서 만들어졌다고 전한다.

6개 양율은 왼쪽으로 돌아서 음과 합하고, 6개 음려는 오른쪽으로 돌아서 양과 합하여 천지 사방에 음양의 소리가 갖추어진다고 설명하고 있다. 따라서 우리의 몸이나 악기가 내는 음은 바로 천지의 운행에서 비롯된 소리라는 설명이다. 우리의 말과 소리가 모두 하늘의 모양과 운행에서 비롯된 것이니 우리의 삶이 하늘의 운행에 맡겨지는 것은 당연하다고 할 수 있다.

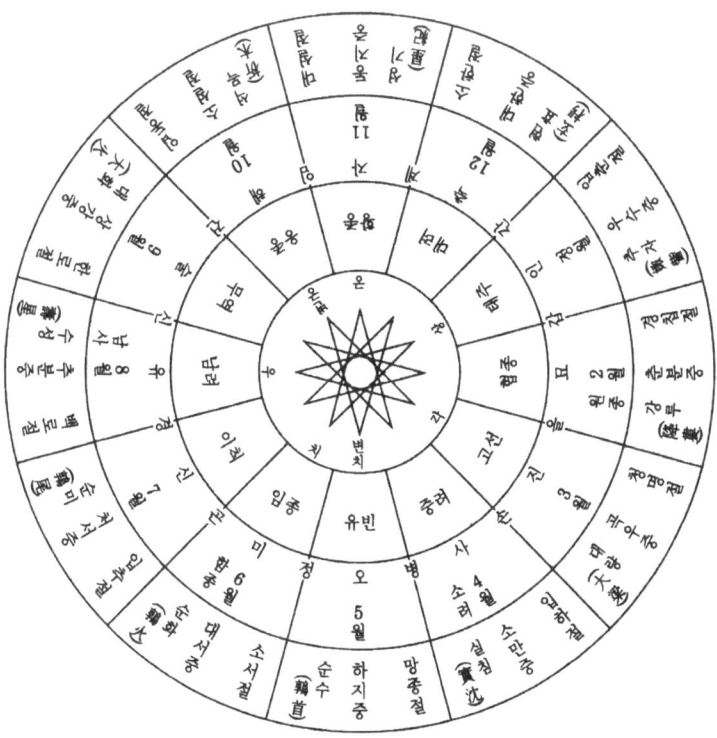

12율려와 12월, 24절기, 24방위 등과의 관계. 악학궤범.
황종음이 자(子) 방향 동지에 배치되어 있다.

우리는 하늘의 정기를 타고 태어난 뒤에 날(태양)과 달과 해를 보내며 나이를 먹는다. 시간의 단위는 모두 해와 달이다. 1년은 24절기로 나누어 각 절기마다 특정한 일을 하게 일정이 짜여 있다. 이를 세시풍속이라 한다. 예를 들면 설날에는 과거 합격이나 승진을 기원한다든지, 아이를 낳거나 돈이 들어오기를 바란다는 등 여러 가지 덕담을 나누었는데 이는 오늘날에도 이어지고 있다. 또 이 날 새 옷(설빔)을 갈아입고 차례를 지내고 어른께 세배를 올린 뒤 떡국을 포함한 세찬을 먹고 세주를 마신다. 오행(금목수화토) 장기를 던져 새해 신수 점을 쳤다. 궁궐에서는 시를 짓고 그림을 그려 임금에게 바쳤다. 정월 대보름에는 약밥을 지어 먹고 밖에 나가 연을 날리고 쥐불을 놓았으며 저녁에 달맞이를 했다. 줄다리기 등 마을 단위 대결을 하는 경기도 했다. 절기에 맞춰 1년 중 농사를 짓고 술을 빚는 일정은 다음 장에서 자세히 소개하겠다.

우리 민족은 매년 절기에 따라 이러한 풍습을 지키면서 살면서 또한 나이에 따라 하늘이 정한 운명을 받아들여 살아갔다. 남자는 10살부터, 여자는 11살부터 9개의 별이 순차적으로 드는데 이를 9직성이라고 한다. 이 중에는 길한 직성도 있고 흉한 직성도 있어서 길한 직성이 든 해이라야 운수가 잘 풀려 만사가 뜻대로 잘 된다고 믿었다. 흉한 직성이 든 해에는 조신하게 있어야 하고 그런 해가 지나가면(즉 그 직성이 풀리면) 운수가 다시 풀리는 것이다. 이러한 9년 주기를 돌며 살다가 60살인 회갑(10간과 12지의 공배수)을 맞이하고 유명을 달리하면 북두칠성이 그려진 칠성판 소나무 위에 누워 다시 흙으로 돌아가는 일정을 따른다.

2. 술에 담긴 천문

우리나라에서 발효주는 삼국시대 이전부터 빚어졌으나 처음 시작된 시대와 과정은 알려져 있지 않다. 술의 기원에 대해 한 가지 흥미로운 이야기가 연변 조선족의 전설에 있다. *중국 조선족 전통 문화, 풍속 이야기*[4]에는 <임술이와 어머니> 편에 술의 자생 기원설이 있다. 이 전설에 따르면 약초를 캐러 깊은 산속 계곡에 간 임술이가 어머니가 준 주먹밥을 바위 홈에 두었다가 여러 날 뒤에 친구와 함께 다시 가 보니 향기롭고 기분 좋게 취하는 액체가 되어서 맛을 보고 돌아와 어머니에게 말했더니 어머니가 짐작하고 술을 빚게 되었다는 이야기가 있다. 즉 깨끗하고 습한 자연환경에서 밥이 스스로 자연발효가 되어 술이 되었고, 그 향과 맛에 매료되어 이를 흉내 내어 사람들이 술을 빚기 시작했다는 설이다.

한편 *임원경제지* 정조지 온배지류(醞醅之類) 주례총서의 맨 처음에 나오는 술의 기원 편에는 술의 기원설을 여럿 소개하고 있는데 그중 하나가 바로 자연기원설이다. '하늘에는 주성(酒星)이 있으니, 술의 제조는 천지의 역사와 함께 한다'. 즉 술은 하늘과 땅이 생겼을 때부터 저절로 만들어져 있었다는 것이다. 주성은 자연이 스스로 술을 빚을 정도로 술을 사랑했다는 증거가 되었다[5].

---

4) 채희룡, 박민 편저 (2016). *중국 조선족 전통 문화, 풍속 이야기*. 연변 인민출판사.

5) 이백(李白) 〈月下獨酌〉 제2수; 하늘이 만약 술을 사랑하지 않았다면 주성이

천상열차분야지도(天象列次分野之圖, 1395) 탁본.
아래 쪽에 짙게 표시한 남방칠수 중에 3번째 별자리가 류수(柳宿).

여기서 하늘에 있다는 주성은 무슨 별인가? 우리나라 고천문도인 '천상열차분야지도(天象列次分野之圖)'에서 주성은 주기(酒旗)라는 별자리이다. 주기는 28수 중에 류수(柳宿)에 있는 별자리로서 류성(柳星)과 헌원(軒轅) 사이에 어두운 세 별로 이루어져 있

하늘에 없을 것이고. 땅이 만약 술을 사랑하지 않았다면 땅에 분명 주천(酒泉)이 없었을 것이다' 天若不愛酒 酒星不在天. 地若不愛酒 地應無酒泉.; 주천(酒泉)은 중국 감숙성(甘肅省) 서북부의 옥문(玉門) 주변에 있는 도시.

다. 양력 1월 1일에는 저녁 9시경, 2월 1일에는 7시경에 동쪽에서 뜬다. 주성[6]이 동쪽에서 뜨는 계절에는 당연히 집집마다 술을 빚어야 할 것이다.

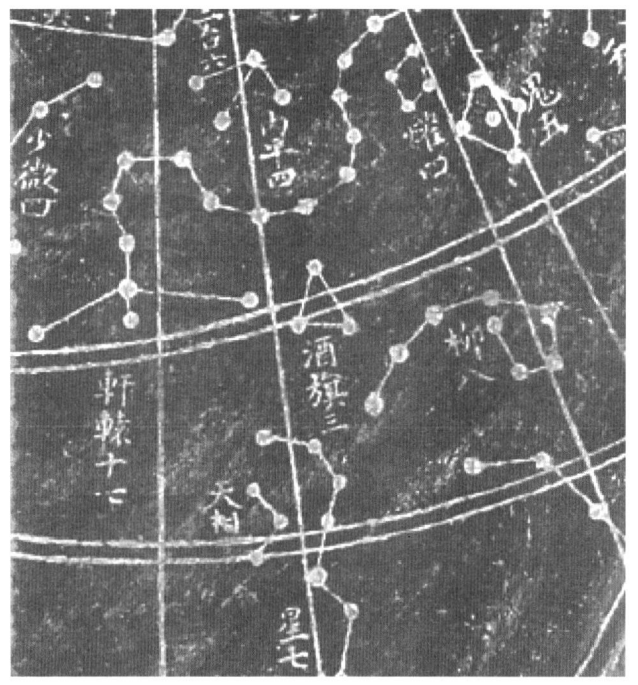

주성(酒星)은 류수와 헌원(軒轅) 사이에 있다.

---

6) 주성은 주기라는 별자리이다. 주기(酒旗)는 술을 담당하는 관청의 깃발이며 잔치와 음식을 주관하는 별자리로서 Leo omega, xai, 6 세 별로 이루어져 있다. *진서(晉書):천문지(天文志)*에 '헌원(軒轅)이란 별의 오른쪽 모퉁이 남쪽 세 별을 주기라고 하는데, 향연의 음식을 주관한다. 오성(五星)이 주기에 머무르면 천하에 큰 잔치가 있어 술을 마시며 즐기게 된다. 별빛이 밝으면 즐거운 일이 많이 생긴다'라고 하였다. 류성은 먹는 것과 관련되어 하늘의 주방을 맡은 관리로 주로 음식의 창고 또는 술자리 베푸는 곳을 주관한다.

우리 민족이 24절기마다 세시풍습을 지켜온 데에는 그 계절에 그러한 행동과 행사를 하기에 가장 적합하고 바람직한 경우가 많다. 세시풍습 가운데 한 가지 중요한 내용은 절기주(節氣酒)를 빚는 풍습이다. *음식디미방*에 따르면 삼오주(三午酒)는

'정월 첫 누일에 새벽 정화수를 여덟 동이 길러 독에 부어라. 누룩가루 5되, 밀가루 3되[7]를 풀고, 멥쌀 5말을 씻어 가루내어 익도록 쪄서 식혀 넣어라.
둘째 누일에 멥쌀 5말을 씻어 가루를 내어 익도록 쪄서 식혀 넣어라.
셋째 오일에 멥쌀 5말을 깨끗이 씻어 한 번 쪘다가 다시 찐 후 식혀서 넣었다가 술이 익거든 써라.' 하였다.

말은 생기와 진취의 상징이므로 말의 날들에 밑술과 덧술을 하여 빚은 술을 마시면 말과 같이 생기있고 진취적인 사람이 될 것이라는 기대를 담고 있다. 삼해주(三亥酒)는 정월 첫 해(亥)일부터 담아 나아가는데 돼지는 재산과 복의 상징이어서 역시 이러한 기대를 가지고 돼지의 날을 택해서 정성스레 술을 빚는 것이다. 또 납일[8]에 담는 납주, 춘분 다음에 드는 절기인 청명(4.5-6일) 때 담는 청명주, 음력 7월 7일에 담는 칠석주 등도 있다.

이처럼 술은 특히 고급 청주는 주로 겨울에 빚었다. 누룩은 주로 여름과 가을에 디뎠는데, 이는 우리나라에서 술빚기와 누룩 만들기에 가장 적합한 계절이 온도와 습도 조건을 고려했을 때 각각 그

---

7) 되와 말은 부피를 나타내는 단위로 한 말은 열 되이다.

8) 납일(臘日)은 동지 뒤 세 번째 미(未)일이다.

시기이기 때문이다. 마치 농사에서 때를 지키는 것이 농사의 성패를 가르듯이 술 빚기도 이때를 놓치면 좋은 술을 빚기 어려워지는 것이다. 그래서 우리 선조는 함께 동시에 돌아가는 여러 종류의 달력에 실려서 자연스럽게 순응하며 살아갔다.

[표1]은 1년간의 여러 일정을 적은 것으로 현대에 실제로 한 양조장에서 사용하는 달력이다.

[표1] 충남의 한 지역특산주 제조장*의 양조달력

월	절기	농사	꽃	누룩	양조	행사
1					삼오주, 삼해주 빚기 채주/납주(臘酒)빚기	
2	우수19-20		매화		채주 채주 채주	세주歲酒(설) 귀밝이술耳明酒 대보름(음 1.15)
3	춘분21-22		쑥			삼짇날(음3.3)
4	청명5-6 곡우20-21	벼파종	진달래 도화 배꽃		청명주빚기	한식날 제주
5	소만21-22	벼파종 벼정식				
6	하지21-22	벼정식 밀수확				
7	소서7-8		무궁화	하국 딛기		

월	절기	농사	농사	누룩	술빚기	세시풍습
8					칠석주빚기	칠성제(음7.7) 백중(음7.15) 채주
9	추분23-24		국화	하국법제 추국 딛기	국화주빚기	추석(음8.15) 중양절(음9.9)
10	한로8-9 상강23-24	벼수확 벼수확 밀파종 밀파종			술빚기	무오제戊午祭 (음10), 햇쌀술
11					술빚기 술빚기 술빚기	
12						

*농업회사법인(주)별빛드리운못의 달력 (2016-현재)

이 표에서 첫 두 열은 태양력에 따른 천문력이다. 1년 12월과 24절기가 표시되어 있다. 제3열과 4열은 농사력이다. 술의 주원료 쌀을 생산하기 위해 해야 할 일과 누룩을 만들 때 사용되는 부재료들이 나타나는 때가 표시되어 있다. 그다음 제5열과 6열은 누룩을 디디고 술을 빚는 달력인 주조력이다. 그리고 마지막 7열은 세시풍습의 일부를 적었다. 세시풍습 가운데 일부는 음력을 따르는 경우들이 있어 이런 경우에는 평균적인 양력 기간에 적었다.

절기주 이외에 흥미로운 이름이 붙은 술들이 있다. 이들은 주로 3이나 5, 7이 이름에 들어 있는 술들인데 삼일주, 하삼청(夏三淸), 삼일노주(三日露酒), (사절)칠일주, 칠두오승주(七斗五升酒) 등등이다. 삼일주는 누룩을 많이 넣고 단시일에 발효해서 만드는 속성 청주이다. 삼일노주는 삼일만에 빚어 고아내는 속성 소주이다[9]. 칠두오승주는 쌀 7말 5되로 빚는 술이다. 칠일주는 사계절 내내 빚는 술인데 밑술과 덧술 기간을 합해 7일 만에 빚는 방법이 있고, 덧술 발효 기간만 7일인 방법도 있다.

3은 천·지·인 삼재(三才)를 상징하는 수이고, 5는 수금화목토 오행성을, 7은 해와 달과 오행성을 합한 7정(七政)을 상징하는 수이다. 위에서 본 바와 같이 우리나라에는 절기상 특정한 날에 천문의 수에 해당하는 술원료 양과 날 수를 지켜 술을 빚는 술들이 있었고 그중에 일부는 현재에도 명맥을 이어오고 있다.

그렇다면 우리는 이러한 질문을 할 수 있을 것이다. '과연 그러한 특정한 날에 술빚기를 시작해서 특정 날수에 맞추어 발효를 하고 천문의 수에 해당하는 원료량을 투입하면 가장 훌륭한 술이 만들어질까?'

위 삼오주의 예에서처럼 정월 첫 오(午)일 새벽에 술빚기를 시작해서 누룩가루 5되, 밀가루 3되, 멥쌀 5말을 사용해서 다음 번 오일까지 12일을 두면 최상의 밑술이 만들어질까?

또 그때와 그 다음번 오일에 멥쌀 5말씩을 찌어 밥을 넣어 덧술을 하면 최고의 청주가 만들어질까?

물론 그럴 리가 없다. 온도와 누룩의 성분에 따라 밑술과 덧술의 발효 상태는 다를 것이고 물과 밥의 적정 투입량은 이에 따라 변화

---

[9] 한국술고문헌DB http://koreansool.kr/ktw/php/rcp_by_name.php?liq_type=주방문

할 것이고 결과적으로 술맛은 달라질 것이다. 그럼에도 우리 선조는 위 삼오주 제조법을 지켰다.

그 이유는 우리 술의 재료는 물과 쌀과 누룩이라는 물질 원료만이 전부가 아니기 때문이다. 그들보다 더욱 중요한 원료는 바로 술을 빚는 과정에 정성스럽게 들어간 상징이다. 마치 단시간에 칼을 두드려 만들 수 있도록 연철을 사용함으로써 살상용 칼로서 기능이 떨어진다 하더라도 12년을 기다려 네 번의 인(寅)이 들어온 인시에 칼을 두드려 만든 사인검처럼 최상의 물과 쌀과 누룩의 조합보다는 술 빚는 날을 기다리고 천문의 수를 따라 이들의 양을 정성스럽게 취하여 만든 술이 최고의 술이 되는 것이다.

3. 맺음말

- 술과 역사와 문화 -

한국의 술은 우리 선조의 격조 높은 음식문화의 전통을 이은 우리 문화의 자존심이다. 한국인은 음식에서 맛과 향의 복합성과 조화, 그리고 여운을 추구한다. 우리 술은 바로 우리 음식이 추구하는 바대로 여러 맛과 향이 복합적이면서도 서로 조화를 이루고 긴 여운을 남기는 특징을 가지고 있다. 단맛에 치우친 술, 맛이 단순 명료한 술, 여운이 없이 뒷맛이 짧게 끊어지는 술은 우리 술의 지향점이 아니었다.

저자는 지난 우리술문화원 총서 1권의 발간사에서 다음과 같이 한국 술의 위상을 기술했다.

"술을 빚는 일과 술을 향유 하는 과정과 방식에는 우리가 발붙이고 살고 있는 땅과 이 땅에서 자란 농산물, 그곳의 특수한 역사와 고유한 문화 모두가 반영되어 있다."

"한국의 전통 술은 우리 민족의 생명과 경제, 역사, 문화가 얽혀서 장대하게 이루어낸 인류의 소중한 유산이다."

술은 인간에 대한 자연의 선물인 곡식으로부터 얻어낸 음식의 정수이다. 땅을 물려준 조상과 농사를 함께 한 마을 사람들의 소망과 땀의 정수이다. 이로 인해 술을 나누는 일은 각종 풍속에서 사람 간 상호 소통과 인정을 위한, 그리고 이를 영속하기 위해 신에게 기원을 드리는 데에 가장 상징적 행위가 되었다.

고대로부터 제례에서는 조상 또는 신에게 술을 바쳐 신내림을 하였으며 혼례 때 폐백례에서 신랑 신부의 합환 주로 부부로 만난 인연을 다짐해 왔다. 전통 예법에서 향음주례(鄕飮酒禮)를 통해 공경과 예절의 표현을 배웠고 세시풍습으로 정월 대보름 귀밝이 술, 봄맞이 세주, 청명주 등 절기주를 담아 자연의 변화를 기념하며 새로운 마음을 다짐해왔다.

이러한 문화 속에서 훌륭한 술을 가늠하는 가장 중요한 요소는 물맛이 아니고, 어느 지역의 쌀인가가 아니고, 어느 곰팡이균과 이스트를 사용해서 발효를 시키고 향을 내었느냐가 아니다. 술의 이화학적 성분을 결정하는 이 재료들보다 더욱더 중요한 재료는 술 제조에 부여된 상징이다.

　마무리하면 술을 나누는 행위가 가진 역사적이고 문화적인 상징성으로 인해 우리의 어떠한 음식보다도 술에 부여된 상징적 요소가 중요하게 되었다. 그리고 천손을 자처하는 우리 민족은 이 상징을 땅과 하늘의 수치와 운행에서 가져오게 된 것이다. ◆

혁신 | 사상과 술

유교경전에서 술의 상징체계

진성수

1. 이끄는 말
2. 천인관계 : 경(敬)
   2.1. 제례(祭禮)에서의 술
   2.2. 시가(詩歌)에서의 술
3. 사회생활 : 예(禮)
   3.1. 일상의례(日常儀禮)에서의 술
   3.2. 중덕(中德)으로서의 술
4. 개인수양 : 덕(德)
   4.1. 술에 취하는 5단계
   4.2. 절제할 욕망으로서의 술
5. 맺음말

1. 이끄는 말

상징(symbol)이란 구체적인 사물로 특수한 의미를 나타내는 것으로 '사물을 전달하는 매개적 작용' 혹은 '어떠한 것을 대변하여 나타내거나 암시하는 것'을 의미한다.[1] 상징이란 개념은 본래 그리스어의 부신(符信)을 뜻하는 'symbolon'이 어원이지만 일반적으로 기호(記號: sign)라는 뜻으로도 사용한다. 그러나 엄밀한 의미에서 '기호'란 특정한 것의 성질을 직접 나타내는 것이지만, '상징'이란 그것을 매개로 하여 다른 것을 알게 하는 작용을 가리키는 것으로서 인간에게만 있는 고도의 정신작용 중 하나이다. 한편, 기호학적(記號學的)으로 볼 때, 상징이란 '어떤 법규에 의하여 보통은 일반관념의 연합에 의해 그것이 지시하는 대상을 표의(表意)하는 기호'로 정의할 수 있다.[2] 미학적(美學的)으로는 '감각적 형상(形象)

---

1) 멜빈 레이더 저, 김광명 역, 『예술과 인간의 가치』, 이론과 실천, 1990, p.272.

2) 소두영, 『상징의 과학-기호학』, 인간사랑, 1991, p.55 참조. 랑어(S. Langer)는 '개념을 운반하여 전달하는 모든 종류의 대상물·행위·사건·성질·관계'를 상징(symbol)이라고 정의한다. 기어츠(C. Geertz)도 랑어의 견해를 수용하여 '개념을 전달하는 수단으로 작동하는 모든 물리적·사회적·문화적 행동이나 대상이라는 의미'로서 상징을 정의한다. 카시러(E. Cassirer)는 동물세계의 신호(signs)와는 구분된 인간세계에만 고유한 기호(symbols)라는 의미로 상징 개념을 사용한다.(임태승 지음, 『유가사유의 기원』, 학고방, 2004, pp.32-33)

이 그 본래의 의미에 더해져 본래적 의미가 아닌 것을 담는 경우'를 가리킨다.

상징은 대체로 4가지 종류로 구분할 수 있다. 첫째, 신화(神話)·교리(敎理)·경전(經典)·기도문(祈禱文)·축사(祝詞)·주문(呪文)·찬미가(讚美歌) 등 '언어적(言語的) 상징'이다. 둘째, 제사(祭祀)·제물(祭物)·좌선(坐禪)·재계(齋戒)·장례(葬禮)·수행(修行) 등 '의례적(儀禮的) 상징'이다. 셋째, 수목(樹木)·동물(動物)·암석(巖石)·동굴(洞窟)·성신(星辰)·산악(山嶽) 등 '자연적(自然的) 상징'이다. 넷째, 신불상(神佛像)과 같은 조각(彫刻)이나 회화(繪畵)·만자(卍字)·십자가(十字架)와 같은 기하학적 무늬, 무용(舞踊)·음악(音樂)·사원(寺院) 같이 인간이 창조한 '예술적(藝術的) 상징'이다.

은유(隱喩)란, 전달하기 어려운 의미를 표현하기 위해 유사한 특성을 가진 다른 사물이나 관념을 활용하는 표현법이다. 즉, '~같다' 혹은 '~듯하다'와 같이 비교를 나타내는 말을 숨기고 압축된 직유(直喩)의 형태를 취하기 때문에 은유라고 말한다. 따라서 은유를 통해 이미지를 받는 말과 이미지를 주는 말이 상호작용에 의해 의미의 질적 전환을 일으키게 된다.[3] 따라서 모든 은유는 원관념

---

3) 隱喩(Metaphor)는 그리스어의 'metaohora'가 어원이며, 'meta(over, 넘어로)'와 'pherein(carry, 가져가다)'에서 유래하였다. 따라서 은유란 언어작용의 한 특이한 조합으로서 한 사물의 양상이 다른 하나의 사물로 '넘겨 가져'지거나 옮겨져서 두 번째의 사물이 마치 첫 번째 사물처럼 서술되는 것을 말한다. 이것은 의미의 이동과 전환을 의미한다. 은유의 형태는 A=B이지만, 은유의 의미는 A×B이다. 따라서 은유는 언어의 比喩的(figurative, non-literal)인 용법에 속하지만 '책상다리'처럼 '일상화된 것(dead metaphor)'이 아니라는 점에서 그것과는 다르다. 또한 은유는 의미

(原觀念: subject)과 수식어(修飾語: modifier)로 구성되어 있다.

　유교경전에는 수많은 은유와 상징이 있다. 예컨대 『시경』의 "쩍쩍 우는 저어새가 강 하구 둑에 있도다. 정숙하고 아리따운 여인은 군자의 좋은 배필이네."[4]에서는 '쩍쩍 우는 저어새'가 아름다운 '숙녀(淑女)'로 비유되고, '강 하구 둑'은 멋진 남성인 '군자(君子)'를 의미한다. 『서경』에서는 "인심(人心)은 위태하고 도심(道心)은 은미하니, 정밀하게 살피고 한결같이 하여 진실로 그 중도(中道)를 잡아야 한다."[5]라는 구절에서 과연 어떤 위태함과 미세함인지, 그리고 중도란 무엇을 의미하는지 명확하게 서술하지 않는다. 『주역』의 건괘(乾卦)에서도 괘의 성장과 변화를 왜 '용(龍)'으로 비유하고, 곤괘(坤卦)에서는 '암말[牝馬]'로 설명하는지 그 상징체계를 모두 이해하기란 쉽지 않다.[6] 물론 여러 주석가(註釋家)들에 의해 역사적·문화적인 근거가 제시되고 있지만, 유교경전 전체를 꿰뚫는 상징과 은유의 필연적인 이유나 일관된 근거를 찾기가 어렵다. 『논어』도 마찬가지다. 공자가 말한 "서른에 자립했다"[7]에서 '자립[立]'은 무엇을 의미하고, "귀가 순하다[耳順]"

　　있는 일상어로 '번역될 수 있다(translatable)'는 점에서 단순한 感情的 裝飾 (emotive adorn ment)과는 다르다. 자세한 내용은 Terence Hawkes 著, 沈明鎬 譯, 『隱喩-Metaphor』, 서울대학교출판부, 1982, pp.7-12.
4)　『詩經』, 「周南·關雎」: 關關雎鳩, 在河之洲, 窈窕淑女, 君子好逑.
5)　『書經』, 「大禹謨」: 人心惟危, 道心惟微, 惟精惟一, 允執厥中.
6)　『周易』 「乾卦」의 爻辭와 「坤卦」의 卦辭.
7)　『論語』, 「爲政」: 子曰 吾十有五而志于學, 三十而立, 四十而不惑, 五十而

는 말은 과연 어떤 뜻인지 명확하게 알 수 없다. 이처럼 유교경전에서의 수많은 은유와 상징이 내포하는 의미에 대한 설명은 소략하다. 사실 이러한 은유와 상징은 유교경전에서 뿐만 아니라 동양고전 전반에서 나타나는 서술기법의 한 가지 특징이기도 하다. 동양에서 '술[酒]'[8]은 '성인(聖人)'이나 '도(道)'에 대한 여러 설명과 마찬가지로 빈번하게 등장하는 이야기 소재 중 하나이다. 물론 술에 대해서는 대체적으로 부정적인 이미지가 강하다. 은(殷)나라 주왕(紂王)이 그 대표적인 사례이다.[9] 그럼에도 불구하고 술은 국가의 큰 제례(祭禮)나 연회(宴會)에 빠져서는 안 되는 필수적인 제수(祭需) 중 하나로서였다.

예컨대 고대의 술은 인간이 신과 교감·접신(接神)할 수 있는 신성한 매개물이었다. 또한 술은 인간의 정신을 혼미하게 만들어 신

知天命, 六十而耳順, 七十而從心所欲不踰矩.

[8] '술'을 뜻하는 '酒'는 본래 '酉'와 '氵'의 합성어로서 일반적으로는 '술을 올려드리는 제사'를 의미한다.(양동숙 저, 『갑골문해독』, 서예문인화, 2007, p.179)

[9] 武王의 뒤를 이은 成王을 보필하게 된 周公은 殷왕조를 거울삼아 편안함과 안일함에 대해 경계를 당부하며 "한가롭게 여겨 '오늘만 즐거움을 탐한다.'라고 말하지 마십시오. 백성들이 본받을 것이 아니며, 하늘이 인정하는 바가 아닙니다. 당시 사람들이 잘못을 크게 본받을 것이니, 은나라 왕 受[紂王]가 혼미한 것처럼 하여 술의 덕[酒德]에 빠지지 마십시오."(『書經』, 「無逸」: 無皇曰, 今日耽樂, 乃非民攸訓, 非天攸若. 時人, 丕則有愆, 無若殷王受之迷亂, 酗于酒德哉.)라고 말한다. 위정자의 게으름과 향락은 백성들에게 모범이 되지 못하며, 하늘로부터 인정받지 못할 것이라는 가르침이다. 만약 위정자가 안일하고 방탕하게 된다면, 백성들도 점차 부도덕해지고 게을러져 결국 나라는 망할 것이라는 경고이다.

비한 체험이 가능하게 만들어 주지만, 다른 한편으로는 사람들의 기분을 좋게 만들어 서로 화합하도록 만드는 중요한 음료였다. 따라서 고대인들은 술을 '신이 내린 축복의 선물'로 생각했다. 초월적 존재인 천지신명(天地神明)과 교접(交接)할 경우, 일반적인 방법으로는 불가능하다. 바로 이때 특별한 존재인 무격(巫覡: 무당)이나 제사장(祭司長), 그리고 매개물로서 술이 필요했다.

술에 취해 혼미한 상태에 이르게 되면 인간의 이성(理性)은 서서히 그 기능을 잃게 된다. 사리(事理)를 분별하는 것이 이성이고 흥분과 열정이 감성(感性)이라고 한다면, 술에 취한다는 것은 파토스(Pathos)가 로고스(logos)를 초월과 광란의 세계로 인도하는 과정으로 비유될 수 있다. 이 때문에 술 취한 제사장이 신과 소통할 때 나타나는 비이성적인 모습은 고대 제의(祭儀)에서 술이 어떠한 기능을 담당했는지를 단적으로 보여준다.

이뿐만 아니라 중요한 의식(儀式)을 통해 집단의 연대감이나 공동체 의식을 함양할 때에도 술은 필수적인 매개물이다. 예컨대 제사에 사용한 술과 음식은 모든 절차가 끝난 후 행사에 참여한 모든 사람들이 음주가무를 통해 공유한다. 이것은 제사를 시행하기 전에 서로 형식적·이성적 관계에서 쌓였던 오해와 불만을 제사의 주신(主神) 앞에 모두 내려놓음으로써 지난날의 갈등과 반목을 해소하고 새롭게 출발하는 중요한 계기가 되기도 한다.[10] 현대사회에서 제사 후 음식을 나누는 음복(飮福)도 이러한 문화적 코드의 변형

---

10) 박재환 외, 『술의 사회학-음주공동체의 일상문화』, 한울아카데미, 1999, pp.40-41과 p.97.

이라고 볼 수 있다.

한편 술에는 노동·휴식·화해·재충전 등과 의미도 있다. 예컨대 농경사회에서 힘든 노동 중에 틈틈이 즐기는 음주는 중요한 활력소가 된다. 또한 종교적 제의(祭儀)와 관련이 없는 연회(宴會)에서도 술은 필수품이었다. 연회에서의 음주는 함께한 사람들이 술에 취해 혼미한 상태에 도달함으로써 개인 간의 이성적·계급적·명분적 한계와 그동안의 묵은 감정을 허물고 진정한 친목을 도모하기 위한 것이었다. 따라서 술에 취한 상태에서 발생한 비이성적 언동(言動)에 대해서는 일종의 면죄부가 주어지고, 그 연회에 참여한 사람들은 모두 일종의 공범(共犯)이 되기도 한다.

그뿐만 아니라 이별(離別)과 사별(死別)과 같은 상처를 위로하거나 반가운 재회를 축하할 때도 술은 서로의 감정을 고무시키거나 진정시키는 역할을 한다. 술을 통해 냉철한 이성을 순간적으로 마비시켜 번거로운 예법(禮法)의 관계를 허물고 좀 더 인간적으로 자신의 감정을 상대방에게 표출하거나, 경우에 따라서는 복받치는 감정을 술로 마비시켜 일정한 시간동안 몽롱한 상태에서의 안정감을 갖도록 하는 것이다.[11] 이때의 술은 일종의 '진정제' 역할을 한다. 음주문화에는 한 나라의 풍습과 민속이라는 문화적·사회적 배경이 짙게 배어있다. 따라서 한 지역의 역사와 사상을 이해하기 위한 하나의 방법으로서 그들의 음주문화를 분석하는 것도 의미 있는 일이 될 것이다. 이 글은 유교경전에 나타난 술에 관한 자료들

---

[11] 윤석우, 『飮酒詩에 나타난 中國詩人의 精神世界-陶淵明, 李白, 白居易를 중심으로』, 연세대학교대학원 박사학위논문, 2004, pp.1-2.

을 검토하여 중국고대 문명의 편린(片鱗)을 탐색하는 것을 목적으로 한다. 이를 위해 천인관계에서의 '경(敬)', 사회생활에서의 '예(禮)', 개인수양에서의 '덕(德)'에 초점을 두고 술의 3가지 의미를 분석하여 유교경전에 나타난 술[酒]의 상징체계를 살펴볼 것이다.

2. 천인관계 : 경(敬)

2.1. 제례(祭禮)에서의 술

사냥과 수렵으로 생활하던 원시인류는 농경에 종사함으로써 점차 정착하게 되고, 이 과정에서 잉여생산물을 얻을 수 있었다. 이러한 식량의 여유는 술을 만드는 중요한 계기가 되었다. 술의 역사에서 볼 때, 초기 인류는 자연 발효된 음료를 마셨으나 점차 쌀이나 과일을 인공적으로 발효시켜 마시기 시작했다. 특히 은대(殷代)에는 비로소 '누룩'을 사용하여[12] 더욱 빠르고 간편하게 대량으로 양조(釀造)를 할 수 있었다.[13] 주대(周代)에는 술을 빚는 관청인 작방(作坊)·주인(酒人)·주정(酒正)과 같이 술을 담당하는 관직을 제정

---

12) 『書經』, 「說命下」:爾惟訓于朕志, 若作酒醴, 爾惟麴蘖, 若作和羹, 爾惟鹽梅. 爾交脩予, 罔予棄, 予惟克邁乃訓.

13) 곡물로 釀造할 때는 곡물의 澱粉質이 糖化와 酒化의 두 과정을 거쳐야 하지만, 누룩을 쓰면 이 과정이 연속·교차·결합되어 진행된다. 郭泮溪, 『中國飮酒習俗』, 陝西人民出版社, 2002, pp.4-5.

하고 국가에서 직접 관리하였다.

춘추전국 시대에 이르러 비로소 제례에 사용하거나 귀족들이 즐기던 술을 민간에서도 마시게 되었으며, 전문적으로 술을 파는 술집도 등장하게 되었다. 중국에서 '술의 시조(始祖)' 혹은 '주성(酒聖)'으로 일컬어지는 인물은 두강(杜康)이다. 황제(黃帝) 때 재인(宰人)이라는 설도 있는 두강은 주(周)나라 사람으로서 술을 잘 만들었다. 이 때문에 두강은 소강(少康)이라고도 불리며, 중국에서 술의 별칭(別稱)이 되었다.[14) 좀 더 거슬러 올라가면 의적(儀狄)이 음양사상(陰陽思想)에 근거하여 누룩[陰]과 기장[陽]을 섞어 술을 빚었다고 전한다. 그러나 중국술의 유래 중 가장 대표적인 이야기는 하우씨(夏禹氏) 때 의적이 처음 술을 만들어 왕에게 바쳤다는 전설이다.

> 옛날 우왕(禹王)의 딸이 의적에게 명하여 술을 빚게 했는데, 술이 너무 좋아서 우왕에게 바쳤다. 술을 맛본 우왕은 그 맛에 감탄하면서 의적을 멀리하고 술을 금지하며 말하기를 "후세에 반드시 이 술 때문에 나라를 망치는 일이 있을 것이다."라고 하였다.[15)

이처럼 중국 고대정치에서 술은 국가의 안위를 위협하는 경계의 대상이었지만, 천·신(天神)에 대한 제사에서는 필수품이기도 했

---

14) 김시황, 「음주문화에 대하여」, 『大東漢文學』 Vol.9, 1997, p.155.

15) 『戰國策』, 「魏策」: 昔者帝女, 令儀狄作酒以美, 進之禹. 禹飮而甘之, 遂疏儀狄, 絶旨酒曰, 後世必有 以酒亡其國者.

다.[16] 이러한 제사의식이 문화적으로 변형된 것이 바로 유가(儒家)의 의례(儀禮)이다. 예(禮)의 원초적인 의미는 신에게 제사하여 축원하거나 신성(神聖)하거나 금지된 것에 대한 접근, 즉 천·신과 인간의 만남 혹은 접촉에서 보이는 의식성(儀式性)이다. 고대의 사유에서 최초로 이러한 천인관계가 수립된 것은 샤머니즘에 의해서이다. 샤머니즘이라고 하는 신화적 세계관이 물려준 가장 중요한 유산은 의식(儀式)과 상징(象徵)이다. 무술의식(巫術儀式)에서 무사(巫師)가 신의 계시[天命]를 듣기 위해 접신(接神) 체험을 하는 과정은 일정한 질서와 순서를 수반한다. 그 이유는 이러한 정식성(定式性)을 갖추어야 대중들에게 보다 설득력이 있고, 그 내용의 정당성이 확보될 수 있기 때문이다. 정해진 절차와 순서는 모두 분명한 이유와 의미가 있어야 했는데, 이러한 정식성을 갖춘 절차가 의식(儀式)이다.

그러나 의식(儀式)은 상징성을 내포해야 한다. 왜냐하면 의식(儀式)의 궁극적인 목적은 절대적 권위로부터 하달되는 어떤 지식의 획득과 계시의 전달을 의미하기 때문이다. 또한 계시의 실질적인 이행은 대중의 관념을 구속함으로써 담보될 수 있다. 그러므로 상징체계를 통해 대중의 관념을 효과적으로 통제할 때 천명(天命)의

---

16) 降神할 때나 獻尸할 때에도 술을 사용한다. 제사에 사용하는 술은 품질에 따라 5등급으로 구분된다. 고대에는 이것을 '五齊'라고 말하는데, 五齊는 모두 濁酒로서 淸濁에 따라 등급이 나뉜다. 술을 齊라고 칭하는 것은 술을 담글 때 사용하는 麴米[술을 담그는 쌀], 粮食[곡식류], 물의 수량 등을 가리킨다. 즉 술을 빚는 사람이 가지고 있는 서로 다른 劑量과 표준을 의미한다.(羅啟榮·何文丹 主編, 『中國酒文化大觀』, 廣西民族出版社, 2001, p.292)

권위를 보장받을 수 있게 되는 것이다.

그렇다면, 상징은 어디에서 기인하는 것일까? 그것은 후대에 악(樂)으로 불리는 종합예술 행위와 깊은 관련이 있다. 무술(巫術) 행위에 필수적인 예술적 요소들, 즉 음악[악기 연주], 미술[무당의 화려한 색상의 복식], 무용[동작], 연극[강신(降神)·접신(接神)], 문학[주문(呪文)] 등은 무사(巫師)로 하여금 접신 체험을 더욱 용이하게 할 수 있는 환각상태로 인도하는 효과도 있지만, 본질적인 목적은 영신(迎神: 신을 맞아들임)·오신(娛神: 신을 즐겁게 함)·송신(送神: 신을 환송함)에 있다. 특히 제사에 국한해서 볼 때, 강신의 과정에서 필수적인 재료가 바로 술이다.

제사의 시초는 매우 간단한 절차로 진행되었다. 『예기』에는 "예(禮)의 시작은 음식에서 비롯한다. 옛날 사람들은 기장쌀과 찢은 돼지고기를 불에 달군 돌 위에 얹어서 굽고 익혔으며, 땅을 파서 웅덩이를 만들어 물을 담고 손으로 움켜쥐어 떠서 마셨으며, 흙을 뭉쳐서 북채를 만들고, 흙을 쌓아서 북을 삼았지만, 오히려 귀신에게 공경하는 마음을 바칠 수가 있었다."[17]라고 적고 있다. 그러나 역사적 발전에 따라 술과 술잔/술그릇[酒器] 등이 등장함으로써 제사는 점차 위엄을 갖추게 되었다.

예컨대 천·신(天神)에게 물을 바쳤던 것을 술로 바꾸고, 웅덩이에 술을 담았던 것을 청동준(靑銅尊: 청동 술동이)으로 대체하고, 손으로 움켜쥐어 마셨던 것도 주기(酒器)로 작헌(酌獻: 잔을 올

---

17) 『禮記』, 「禮運」: 夫禮之初, 始諸飮食. 其燔黍捭豚, 汙尊而抔飮, 蕢桴而土鼓, 猶若可以致其敬於鬼神.

림)을 하게 되었다. 이 중에서 특히 신에게 바치는 제물을 '물'에서 '술'로 바꾼 것은 제사의 근본적인 변화였다. 왜냐하면 사람이 술에 취한 상태에서 인간과 신이 어우러지는 분위기를 만들어냄으로써 마치 입신(入神)의 경지에 도달하여 접신(接神)을 용이하게 만드는 효과를 거두었기 때문이다.

제사의 강신에서 술을 사용하는 것을 관헌(灌獻)이라고 하는데, 그 세부 절차는 은례(殷禮)와 주례(周禮)가 다르다. 은대(殷代)에는 소리[聲]를 숭상하여 음악[樂]이 앞에 있고, 관헌(灌獻)이 뒤에 있었다. 그러나 주대(周代)에는 향기[臭]를 숭상하여 관헌이 앞에 있고, 음악이 뒤에 있었다. 『예기』에서는 "혼(魂)은 하늘로 돌아가고 형백(形魄)은 땅으로 돌아간다. 따라서 제사를 지낸다는 것은 땅[陰]과 하늘[陽]을 향해서 신령을 찾는 것이다. 은나라 사람은 제사에서 최초에 양(陽)에서 신령을 찾고, 주나라 사람은 최초에 음(陰)에서 찾는다."[18)]라고 말했다.

이것은 은대의 강신법(降神法)이 '음악 연주[奏樂]'을 위주로 했다면, 주대의 강신법은 '술잔 따름[灌獻]'을 위주로 했음을 의미한다.[19)] 또한 "은나라 사람은 음악 사용하는 것을 좋은 것으로 여겼

---

18) 『禮記』, 「郊特牲」: 魂氣歸于天, 形魄歸于地, 故祭, 求諸陰陽之義也. 殷人先求諸陽, 周人先求諸陰.

19) 孫希旦은 "殷人先求諸陽, 先作樂而後灌也. 周人先求諸陰, 先灌而後作樂也. …… 殷人先求諸陽, 非不求諸陰也. …… 謂之尚聲, 謂之尚臭, 皆以始言之, 而其意各有所主也."라고 하였다. 孫希旦, 『禮記集解』(上), 文史哲出版社, 1990, p.715.

다. 그러므로 아직 희생물을 죽이기 전에 음악을 연주해서 사방에 울리게 하여 세 곡이 끝난 다음 주인이 묘문(廟門)을 나와 희생이 바쳐지는 것을 맞이한다. 먼저 음악을 울리게 하는 것은 천지의 어딘가에 있는 신령을 불러들이기 위한 것이다."[20]라고 했다.

은나라 사람들의 관념에 따르면, 소리가 멀리 전파되기 때문에 강신에서 주악(奏樂)을 위주로 삼았다. 반면, 주나라 사람들은 강신에서는 관헌(灌獻)을 위주로 하여 현주(玄酒)를 사용했다. 『예기』에서 "주(周)나라 사람은 방향(芳香)을 존중했다. 그래서 희생을 죽이기 전에 울창주를 땅에 부어 그 향내에 의해 신령을 부르는 것이다. 울창주에는 다시 울금초라는 향초의 액을 섞어 그 강한 향내를 대지 깊숙이까지 이르게 하려고 하였다."[21]라고 했다. 한편, 현주(玄酒)로 관헌의 예를 행하고 강신할 때에는 조상 신령위(神靈位)를 나타내는 시동(尸童)도 이에 따라 음주를 해야 한다. 관헌은 두 가지가 있는데, 술을 땅에 붓는 강신의 관(灌)을 일관(一灌)으로 삼는다. 일관을 진행한 후에는 이관(二灌)을 하는데, 이것은 시동이 술을 땅에 부

---

20) 『禮記』, 「郊特牲」: 殷人尚聲, 臭味未成, 滌蕩其聲, 樂三闋, 然後出迎牲, 聲音之號, 所以詔告于天地之間也.

21) 『禮記』, 「郊特牲」: 周人尚臭, 灌用鬯臭. 鬱合鬯, 臭陰達于淵泉. 孫希旦은 "臭, 香氣也, 鬯, 秬鬯也. 釀黑秬黍爲酒, 芬芳鬯達, 故謂之鬯. 灌用鬯臭, 言灌地降神, 用秬鬯之香氣也. 鬱, 鬱金, 香草也. 鬱合鬯, 言秬鬯之酒, 煮鬱金草以和合之也. 曰臭陰者, 酒體之質下潤也. 達于淵泉, 言其所達之深, 而足以感于死者之體魄也."라고 하였다. 孫希旦, 『禮記集解』(上), 文史哲出版社, 1990, p.713.

어 강신하는 것을 말한다.[22] 특히 이관 이후에는 신령이 이미 강림했다고 생각하여 희생을 신께 바치는 절차를 거행한다. 이처럼 제례에서의 술은 신과 교류하는 중요한 매개물로서 활용되었다.

2.2. 시가(詩歌)에서의 술

중국고대 음주문화의 특징은 『시경』을 통해서도 엿볼 수 있다.[23] 주대(周代)의 시가를 모은 『시경』이 중국 시문학의 기원이라는 것은 주지의 사실이다. 이렇게 볼 때, 『시경』에서 술을 매개로 한 노랫말은 음주시(飮酒詩)의 기원이라고 할 수 있

---

22) 林琳·傅亞庶, 「周禮廟祭中的用酒與用牲」, 『社會科學戰線』 2011年第11期, p.241.

23) 『시경』에서 '酒'자를 언급한 63개 문장 중 「風」이 7개, 「雅」가 50개, 「頌」이 6개이다. 305편 중 거의 1/6에 해당한다. 그러나 술의 종류에는 醴·酢·醵 등이 있으며, 각종 酒器를 통해 飮酒를 간접적으로 묘사하는 詩도 있기 때문에 실제로는 『시경』의 100편 정도에서 술을 언급하고 있는 셈이다.(岳玲, 『詩經中玉』車馬·酒所反映的周代禮制內涵研究』, 遼寧師範大學 碩士學位論文, 2013, p.56) 이밖에 『시경』 중 음주시는 「風」에서 8편, 「雅」에서 36편, 「頌」에서 6편 등 총 50편이 수록되어 있다고 보는 견해(朱寶鏞·章克昌 主編, 『中國酒經』, 上海文化出版社, 2000, p.90)와 총 44편이라는 견해(羅啟榮·何文丹 主編, 『中國酒文化大觀』, 廣西民族出版社, 2001, pp.309-312), 『시경』에 '酒'자가 총 63회 나오고 酒禮와 음주에 관한 기록은 100여 곳이라는 견해도 있다.(周蒙·馮宇, 「從詩經看商周酒文化現象及精神」, 『社會科學戰線』 1993年第5期, p.107)

다.²⁴⁾ 『시경』에 등장하는 음주시의 내용은 '송찬(頌讚)'·'제사(祭祀)'·'연음(宴飮)'·'원자(怨刺)' 등 4가지로 분류할 수 있다.²⁵⁾ 이밖에 '근심을 푸는 술'·'노예계급의 생활을 반영하는 술'·'귀족 연회의 술'·'정치상황과 술'·'계급모순을 드러내는 술' 등으로 분류할 수 있다.²⁶⁾

실제로 『시경』에는 후대 음주시가 가지고 있는 여러 형태와 특징이 모두 갖추어져 있다. 『시경』에서 술을 언급한 시는 총 55편 정도이다. 내용상 「풍(風)」에서는 해우(解憂)의 도구, 「아(雅)」에서는 제물(祭物)의 일종, 「송(頌)」에서는 통치자의 덕을 노래하는 시에서 술이 주로 등장한다.²⁷⁾ 먼저 사랑하는 사람

---

24) 『시경』의 飮酒詩는 ①개인적 서정을 노래한 시 ②祭禮에서 불려진 시 ③연회에 불리거나 연회의 모습을 묘사한 시 ④'美刺·諷諭'의 시 등 4가지로 분류할 수 있다. 시인의 정서를 술에 의탁하여 표현하는 방식은 이후 수많은 음주시 발전에 영향을 주었다. 특히 漢代 經學이 후대에 이르러 점차 그 권위가 실추함에 따라 현상적·인위적 현실과는 다른 본질적·자연적인 세계를 추구하고자 하는 움직임, 그리고 政治·名敎에 좌우되지 않고 개인적 서정과 감정을 중시하는 절대자아를 향한 문학정신이 출현하게 되었다. 또한 魏晉시대의 竹林七賢에 이르러 술은 정치적 위협으로부터 도피하는 도구로 활용되었으며, 劉伶의 酒德頌에서와 같이 道에 합일되는 매개로서의 역할을 담당하게 된다. 자세한 내용은 윤석우, 『飮酒詩에 나타난 中國詩人의 精神世界-陶淵明, 李白, 白居易를 중심으로』, 연세대학교대학원 박사학위논문, 2004, pp.15-22.

25) 齊士·趙仕祥, 『中華酒文化史話』, 重慶出版社, 2002, p.17.

26) 朱寶鏞·章克昌 主編, 『中國酒經』, 上海文化出版社, 2000, pp. 490-494.

27) 『詩經』에는 「風」에서 8편, 「雅」에서 36편, 「頌」에서 6편의 飮酒詩가 등장한다.(朱寶鏞·章克昌 主編, 『中國酒經』, 上海文化出版社, 2000,

을 그리워하는 개인의 서정을 읊은 노래를 살펴보자.

> 도꼬마리를 캐고 캐도 기운 광주리에 채우지 못하여 슬프다 내 사람을 생각한지라 저 큰길에 버리노라. 저 높은 산에 오르려 하나 내 말이 병들었는데 내 아직 저 금잔에 술이나 따라 기나긴 회포나 잊어 볼까. 내 아직 저 쇠뿔잔에 부어서 기나긴 시름이나 잊어 볼까. 저 바위산에 오르려 하나 내 말이 병들었고 내 하인도 병들었으니 어떻게 하면 그대 바라볼 수 있을까.[28]

이 노래는 사랑하는 사람과 떨어져 있는 여인의 근심과 그리움을 주제로 한 시이다. 여기에서 술은 자신의 아픔을 달래는 데에 활용된다. 물론 이런 음주는 일시적인 근심 해결의 방편일 뿐이지만, 개인이 직면한 슬픔을 위로하고 사랑의 정을 느끼고자 할 때에 중요한 상징이 되기도 한다. 한편, 제례에서 술이 사용되는 이유는 술의 신비한 속성에 기인한다. 사람을 몽롱하게 하고 신비한 쾌감을 느끼게 해주는 술은 조상과 후손을 이어주는 제사의식에서 신비감을 더해 줄 수 있기 때문이다. 또한 술은 풍년이 들어 잉여농산물이 생겨야 만들 수 있는 음료였다. 따라서 조상에게 술을 바친다는 것은 풍년에 대한 감사의 표현이며 일종의 보답을 의미한다. 그러므로 시(詩)에는 '조상이 술을 마시고 즐거워하며 다음 해

---

p.490)

28) 『詩經』, 「周南·卷耳」 : 采采卷耳, 不盈頃筐, 嗟我懷人, 置彼周行. 陟彼崔嵬, 我馬虺隤, 我姑酌彼金罍, 維以不永懷. 陟彼高岡, 我馬玄黃, 我姑酌彼兕觥, 維以不永傷. 陟彼砠矣, 我馬瘏矣, 我僕痡矣, 云何吁矣.

에도 풍년을 보증해 준다'는 믿음이 담겨있다.

예컨대 「대아(大雅)」에서 "맑은 술 차려놓고 붉은 숫소 잡아 바쳐서 제사지내며 큰 복을 비노라."29)는 것은 주(周) 천자(天子)의 덕을 기려 술과 고기를 바쳐 제사를 지내며 복을 기원하는 모습을 묘사한 것이다. 「소아(小雅)」에서도 "맑은 술로 제사지내고 붉은 숫소 잡아 조상께 바치려 방울 칼을 잡고 그 털 벗기고 피와 기름을 취하네."30)라면서 역시 술과 고기를 사용하여 제사를 지내고 있다. 다른 시에서도 "술과 음식을 장만하여 그것으로 제사 지내며 시동(尸童)을 편하게 앉게 하고 술을 권하며 큰 복을 내려주길 비네."31)라고 노래하고 있다. 이 역시 술과 음식으로 제사하며 복을 기원하고 있는 것이다. 이러한 기복(祈福)의 마음은 "풍년 들어 기장도 많고 벼도 많아 높은 창고에 한없이 쌓여있네. 술을 빚고 단술을 빚어 조상께 바쳐 온갖 예를 다하니 복을 내림이 심히

---

29) 『詩經』, 「大雅·旱麓」: 清酒旣載, 騂牡旣備, 以享以祀, 以介景福.

30) 『詩經』, 「小雅·信南山」: 祭以清酒, 從以騂牡, 享于祖考, 執其鸞刀, 以啓其毛, 取其血膋. 제사를 지낼 때에는 먼저 鬱鬯酒를 땅에 부어 神을 陰에서 구한다. 이후에 붉은 수컷 짐승을 친히 방울 달린 칼을 잡아 그 털 벗기는 것은 神에게 순전함을 告하는 것이고, 피를 취하는 것은 犧牲을 죽임을 告하는 것이며, 기름을 취하는 것은 냄새를 오르게 한 것이다. 기장과 피를 합하여 쑥에 채워 불사르는 것은 神을 陽에서 구하는 것이다. 魂은 하늘로 돌아가고 魄은 땅으로 돌아가기 때문에 제사 지낼 때에 陰陽에서 神의 강림을 구하는 것이다.(유교문화연구소 옮김, 『시경』, 성균관대출판부, 2008, pp.981-982)

31) 『詩經』, 「小雅·楚茨」: 以爲酒食, 以饗以祀, 以妥以侑, 以介景福.

아름답도다."³²⁾라는 노랫말처럼 현실적으로 풍년을 기원하는 것으로 표현된다. 따라서 술을 정성스럽게 바치면 조상은 술을 흠향하고 즐거워하며 다음 해에도 풍년을 내리게 될 것이라고 믿었다. 이러한 기원을 담아내는 것이 바로 술이며, 조상과 후손은 이 술에 의해서 서로 상부상조하는 관계가 성립하는 것이다.³³⁾ 이처럼 일종의 추수감사사인 '보제(報祭)'³⁴⁾의 노래에는 조상의 은덕으로 풍년이 왔음을 감사하는 마음이 담겨있다. 결국 '보본(報本)'의 감사노래에서 술은 풍년을 상징하는 것이다. 감사제물의 술에서 통치자의 덕을 찬미하는 술로 전환되는 과정을 보여주는 아래 시(詩)도 있다.

"후손들이 수확하니, 술과 밥을 장만하여 …… 맑은 술로 제사 지내고, 붉은 수컷 소로 조상에게 바치네."³⁵⁾
"맑은 술을 담고 붉은 수컷 소를 갖추었으니, 제사의 제물로 드려 큰 복을 받네."³⁶⁾

---

32) 『詩經』, 「周頌·豊年」: 多黍多稌, 亦有高廩, 萬億及秭, 爲酒爲醴, 烝畀祖妣, 以洽百禮, 降福孔皆.

33) 윤석우, 『飮酒詩에 나타난 中國詩人의 精神世界-陶淵明, 李白, 白居易를 중심으로』, 연세대학교대학원 박사학위논문, 2004, pp.15-18.

34) 『詩經』, 「周頌·豊年」: 秋終報也.

35) 『詩經』, 「小雅·信南山」: 曾孫之穡, 以爲酒食 …… 祭以淸酒, 從以騂牡, 享于祖考.

36) 『詩經』, 「大雅·旱麓」: 淸酒旣載, 騂牡旣備, 以享以祀, 以介景福.

"술과 밥을 장만하여 그것으로 제사를 바치며, 시동을 편히 앉으라고 권하네. …… 술잔을 드려 서로 주고받으니 예의가 모두 법도에 맞으며 …… 제사를 마침에 예의가 이미 갖추어지며 종을 울려 이미 고(告)하여 효손들이 섬돌 아래 자리에 섰네. …… 이미 취하고 이미 배불러 크고 작은 사람이 머리를 조아리되 신도 음식을 즐기네."[37]
"술을 빚고 단술을 빚어 선조께 나아가 올려 온갖 예를 충분히 갖추니 복을 내림이 매우 크도다."[38]
"물오리와 갈매기가 골짜기 어귀에 있는데, 임금의 시동이 와서 잔치하며 기뻐하도다. 맛있는 술이 즐거우며 구운 고기와 산적이 향기로운데, 임금의 시동이 와서 잔치하며 술을 마시니 뒷날의 어려움이 없을 것이로다.[39]"

여기에서 특히 임금의 시동을 술로 대접하는 노래는 표면적으로는 선왕에 대한 감사를 의미한다. 그러나 여기에는 선왕을 계승한 현재 통치자의 권위와 덕에 대한 복종과 존경심이 내포되어 있다고 볼 수 있다. 왜냐하면 맛있는 술과 안주는 초월적 존재를 경배하는 제물인 동시에 실재하는 통치자를 기쁘게 하는 중요한 음식물이기 때문이다.

---

37) 『詩經』, 「小雅·楚茨」: 以爲酒食, 以饗以祀, 以妥以侑. …… 獻酬交錯, 禮儀卒度, …… 禮儀旣備, 鐘鼓旣戒, 孝孫徂位, 工祝致告, 神具醉止, 皇尸載起, 鼓鐘送尸, 神保聿歸. …… 旣醉旣飽, 小大稽首, 神嗜飮食.

38) 『詩經』, 「周頌·豐年」: 爲酒爲醴, 烝畀祖妣, 以洽百禮, 降福孔皆.

39) 『詩經』, 「大雅·鳧鷖」: 鳧鷖在亹, 公尸來止熏熏. 旨酒欣欣, 燔炙芬芬. 公尸燕飮, 無有後艱.

3. 사회생활 : 예(禮)

3.1. 일상의례(日常儀禮)에서의 술

은·주시기 의례(儀禮) 제도에서 주기(酒器)는 귀족사회의 '명귀천(明貴賤), 변등별(辨登別)'의 중요한 도구였다. 묘장(墓葬)에서 출토된 예기(禮器)를 살펴보면, 은대에 이미 작(爵)·치(觶) 등 주기(酒器)로 조합된 열기제도(列器制度)가 있음을 알 수 있다. 주대에는 서주(西周)후기부터 '술 중심[重酒]'에서 '음식 중심[重食]'으로 예기(禮器)가 변화되었다. 그러나 주기(酒器)는 여전히 춘추전국시기까지 예기(禮器)제도의 중요한 부분을 차지하고 있었다.[40] 따라서 "종묘의 제사에서 귀한 자는 작(爵)으로 바치고, 비천한 자는 산(散)으로 바친다. 높은 자는 치(觶)를 드리고, 낮은 자는 각(角)을 드린다."[41]라는 말처럼 종묘제사에서는 존비(尊卑)에 따라 다른 주기(酒器)를 사용했음을 알 수 있다.

제사 외에 군신(君臣)의 연회에서도 존비에 따라 다른 술잔을 사용했다. 『의례(儀禮)』에서는 "주인(主人)이 손을 씻고 상고(象觚)를 씻으며, 승(升)을 담고 동북쪽을 향하여 공(公)에게 바쳤

---

40) 예컨대 一升의 爵은 尊이며, 尊者와 貴者가 사용한다. 三升의 觶, 四升의 角, 五升의 散은 卑者가 사용한다.(王雪萍, 『周禮飮食制度硏究』, 揚州大學博士學位論文, 2007, p.123)

41) 『禮記』, 「禮器」: 宗廟之祭, 貴者獻以爵, 賤者獻以散, 尊者擧觶, 卑者擧角.

다."⁴²⁾라고 말한다. 또한 공(公)에게 바칠 때에는 고(觚)를 사용하고, 사(士)에게 바칠 때에는 치(觶)를 사용했다. 왜냐하면, 사(士)의 지위가 공(公)보다 낮았기 때문이다.⁴³⁾ 『예기』에서도 술잔을 올리는 순서를 달리하여 신분의 차등을 표현했다.

"시동(尸童)이 다섯 차례 헌작을 받아 마시고 나서 임금이 옥작을 씻어서 그것을 경(卿)들에게 준다. 시동이 일곱 번 마신 후에 임금은 요작(瑤爵)으로 대부들에게 술을 준다. 시동이 아홉 번 마시고 나면, 임금은 산작(散爵)을 사(士)와 관원들에게 준다. 이들의 경우 헌작의 순서는 연령에 따른 것이니, 제례를 통해서 귀천의 차등을 밝힌다."⁴⁴⁾

이처럼 임금이 경(卿)에게 잔을 권할 때, 대부에게 권할 때, 사(士)와 유사(有司)에게 권할 때에는 각각 다른 주기(酒器)를 사용하여 신분의 귀천과 차등을 구별했다. 술은 혼례(婚禮)의 초자례(醮子禮)와 근배례(卺杯禮)에서도 필수품이었다. 『예기』에는 "신부가 오면, 신랑은 신부에게 읍(揖)하고 안으로 들어가 바쳐진 고기[犧牲]를 함께 먹고, 술잔 하나를 함께 마신다. 이는 몸이 합하고 존비(尊卑)를 같게 하니 이로써 친하게 하려는 까닭이다."⁴⁵⁾

---

42) 『儀禮』, 「燕禮」: 主人盥, 洗象觚, 升實之, 東北面獻于公.

43) 『儀禮』, 「燕禮」: 士長升, 拜受觶, 主人拜送觶. 鄭玄注에는 "獻士用觶, 士賤也."라고 되어 있다.

44) 『禮記』, 「祭統」: 尸飮五, 君洗玉爵獻卿. 尸飮七, 以瑤爵獻大夫. 尸飮九, 以散爵獻士及群有司, 皆以齒, 明尊卑之等也.

45) 『禮記』, 「昏義」: 婦至, 壻揖婦以入, 共牢而食, 合卺而酳, 所以合體同尊

라고 말한다. 여기에서 하나의 박을 둘로 나눈 바가지에 술을 담아 입을 헹구는데[漱口]⁴⁶⁾ 이러한 행위를 통해 두 사람은 한 마음과 한 몸이 되어 서로 사랑한다는 의지를 상징적으로 표현한다. 함께 음식을 먹는 것도 이러한 의미를 담고 있다. 그러나 이러한 일련의 과정에서도 음양사상에 기초한 '부창부수(夫唱婦隨)'의 원칙이 반영되어 있었다. 술의 쓰임은 관례(冠禮)의 초례(醮禮)에서도 중요하다.

관례란 미성년에서 성년으로 성장했음을 축하하는 의례이다. 관례에서는 사회적인 책임과 의무에 대한 맹세를 천지신명에게 서약하는데, 이때 인생에서 처음으로 음주의 예절을 배우는 것이다. 관례의 경우, "관례는 동쪽 섬돌에서 행하며, 이로써 대(代)를 명백히 한다. 빈객의 위치[서쪽 섬돌]에서 초례(醮禮)하며, 세 번 관(冠)을 더하니 더욱 존귀해 진다. 관을 더하여 예(禮)가 이루어지는 것이다. 이미 관을 하였으니 자(字)를 칭함이오, 곧 성년의 도리로 대하는 것이다."⁴⁷⁾라고 말한다. 이것은 머리에 씌우는 관을 교체함으로써 과거의 사회적 약자로서 '보호의 대상'이었던 미성년이 엄연한 사회구성원으로서 '존중의 대상'이 되었음을 상징한다. 이처럼 인생을 통틀어 인간으로서의 위상 변화에서도 술은 중요한

卑, 以親之也.

46) 『儀禮』, 「士昏禮」의 기록을 보면, 사대부의 혼례에서 "남녀는 술로 세 번 입을 헹군다."고 말한다.

47) 『禮記』, 「冠義」: 冠於阼, 以著代也. 醮於客位, 三加彌尊, 加有成也. 已冠而字之, 成人之道也.

의미를 상징하고 있다.

술을 통한 신분에 대한 변별의식은 향음주례(鄕飮酒禮)에도 반영되어 있다. 향음주례에는 향당(鄕黨)에서 종법제도와 신분질서의 유지.강화에 기여했다. 한편, 향례(饗禮)는 천자.제후.경대부들의 잔치 음주예제(飮酒禮制)로서 "국가를 다스리고, 사직을 안정시키며, 백성들의 서열을 정하고, 후사를 이롭게 하는[經國家, 定社稷, 序民人, 利後嗣者]" 역할을 했다. 따라서 향례(饗禮)의 규모와 등급, 절차와 격식은 당연히 향음주례와는 달랐다.[48]

예를 들면, '헌(獻)'은 본래 객(客)에게 술을 권하는 것이다. 따라서 『시경』에서도 "잔을 드리기도 하고 돌리기도 하며 잔을 씻으며 잔을 드린다."라고 했다.[49] 또한 주인이 두 번 먼저 마시고 빈객에게 마시라고 권하는 것을 수(酬)라고 하며, 헌(獻).초(酢).수(酬)를 합쳐서 일헌지례(一獻之禮)라고 말한다. 그러나 향례(饗禮)에서 빈(賓)에게 올리는 술은 예주(醴酒)로서 향음주례에서 빈에게 올리는 일반적인 술과는 다르다.[50] 따라서 고문헌(古文獻)과 금문(金文)에서는 향례(饗禮)를 '향례(饗醴)'로 칭하기도 한다. 특히 향음주례에서 술은 가족제도와 국가정치를 안정시키고 강화하는 데에 활용되

---

48) 王雪萍, 『周禮飮食制度硏究』, 揚州大博士學位論文, 2007, p.142 참조.

49) 『詩經』, 「大雅·行葦」: 或獻或酢, 洗爵奠斝. 鄭玄注에는 "進酒于客曰獻, 客答之曰酢."라고 되어 있다.

50) 이러한 '醴'는 마시는 게 아니라, 입을 조금 축이는 것이다. 따라서 "마시되 치아까지에만 닿고 입안으로는 들어가지 않는다.[飮至齒不入口]"고 말한다.

었다. 구체적으로 보면, "향음주(鄕飮酒)의 예(禮)에서는 60세 된 자는 앉고, 50세 된 자는 서서 모시며 정사(政事)와 역사(役事)를 듣는데, 이것은 어른을 높이는 것을 밝히기 위함이다. 60세 된 자는 삼두(三豆)요, 70세 된 자는 사두(四豆), 80세 된 자는 오두(五豆), 90된 자는 육두(六豆)를 놓는 것은 노인 봉양하는 일을 밝히기 위함이다. 백성은 어른을 높이고 노인을 공양할 줄 알아야 집안에 들어가 효도와 공손을 할 수 있다. 백성이 집에 들어가서는 효제(孝悌)하고 밖에서는 어른을 공경하며 노인을 공양해야 가르침이 이루어지고, 가르침이 이루어져야 나라가 편안하게 될 것이다."51)라고 기록되어 있다. 따라서 "술잔에 현주(玄酒)가 있으니, 백성이 근본을 잊지 않도록 가르치는 것이다."52)라고 말한다.

여기에서 술잔과 술이란 가족의 범위에서는 부모자식의 도리를 의미하지만 사회적으로 볼 때에는 상하구별의 예를 상징하고 있음을 알 수 있다. 따라서 "선왕이 예악을 만들었을 때에는 사람이 갖추어야 할 성질이나 능력에 비추어 예절을 정했다. 예컨대 상복(喪服)이나 곡읍(哭泣)의 규정은 상(喪)에 관한 예절이고, 종·북·방패·도끼를 사용하는 악곡(樂曲)은 안락에 관한 예절이며, 결혼이나 관례의 규정은 남녀를 분별하는 예절이며, 향사(鄕射)나 향음

---

51) 『禮記』, 「鄕飮酒義」: 鄕飮酒之禮, 六十者坐, 五十者立侍以聽政役, 所以明尊長也. 六十者三豆, 七十者四豆, 八十者五豆, 九十者六豆, 所以明養老也. 民知尊長養老, 而后乃能入孝弟. 民入孝弟, 出尊長養老, 而后成教, 成教而后國可安也.

52) 『禮記』, 「鄕飮酒義」: 尊有玄酒, 教民不忘本也.

주(鄕飮酒) 등의 의식은 교접(交接)을 바르게 하는 예절이다."[53]라고 말한다. 이처럼 술은 예의 본질인 시간과 장소, 귀천과 성질, 성별 등을 구분하는 중요한 은유와 상징이었다.

3.2. 중덕(中德)으로서의 술

『서경』에서 술은 훌륭한 정치를 상징한다. 고종(高宗)은 아래와 같이 말한다.

> "네가 나의 뜻을 가르쳐 술을 만든다면 너는 오직 누룩이 되며, 맛있는 국을 끓인다면 너는 오직 소금과 매실이 되라. 네가 나를 맡아 수양하게 하여 나를 버리지 말라. 내가 너의 가르침을 실행할 것이다."[54]

술을 만들 때는 누룩이 필요하고, 국을 끓일 때는 소금과 매실이 필요하다. 그러나 누룩과 소금·매실의 적정량을 맞추지 못하면, 술과 국의 좋은 맛을 낼 수 없다. 여기에서 술과 국은 훌륭한 정치를 상징한다. 곡식과 누룩이 섞여 좋은 술이 되는 것, 소금과 매실이 물과 섞여 맛있는 국이 되는 것은 훌륭한 정치를 상징한다. 여기에서 곡식과 물이 임금을 상징한다면, 누룩과 소금·매실은 신하를 은유한다. 다시 말해, 임금이 아무리 아름다운 자질을 가지고 있더

---

53) 『禮記』, 「樂記」: 先王之制禮樂, 人爲之節. 衰麻哭泣, 所以節喪紀也. 鐘鼓干戚, 所以和安樂也. 昏姻冠笄, 所以別男女也. 射鄕食饗, 所以正交接也.

54) 『禮記』, 「說命下」: 爾惟訓于朕志, 若作酒醴, 爾惟麴蘖. 若作和羹, 爾惟鹽梅. 爾交脩予, 罔予棄, 予惟克邁乃訓.

라도 어진 신하의 도움과 조언이 있어야만 훌륭한 정치를 시행할 수 있다는 말이다. 이처럼 '신하는 임금의 덕에 맞추어 좋은 정치를 할 수 있도록 도와야 함'을 상징하는 말로 이해할 수 있다. 그러나 일반적으로 술은 훌륭한 정치를 망치는 주범으로 여겨지는 것이 사실이다. 예컨대 은나라 주(紂)왕의 서형(庶兄)이었던 미자(微子)는 "부사(父師: 箕子)와 소사(少師: 比干)여! 은나라가 사방을 다스려 바르게 하지 못한 점이 있으니, 우리 할아버지가 하늘 위에 늘어서 계신데도 우리가 술에 빠져서 그 덕을 아래에서 어지럽게 하고 무너뜨렸도다."[55]라고 한탄한다. 이것은 성탕(成湯)의 공적을 본받지 못한 주(紂)의 무도함이 나라의 정치를 망치고 있음을 한탄하는 말이다. 이에 대해 기자(箕子) 역시 "왕자(王子)여! 하늘이 독하게 재앙을 내려 은나라를 황폐하게 하시니, 결국 술에 빠져 술주정을 한다."[56]라고 말한다. 여기에서 술주정은 역시 부패한 임금의 행위를 은유하고 있다. 이를 통해 술에 대한 엄격한 경계가 오래 전부터 존재했음을 알 수 있다.[57] 주대(周代)에 반포한 「주

---

55) 『禮記』, 「微子」: 微子若曰 父師少師, 殷其弗或亂正四方. 我祖底遂陳于上, 我用沈酗于酒, 罔亂敗厥德于下.

56) 『書經』, 「微子」: 父師若曰 王子天毒降災, 荒殷邦, 方興沈酗于酒.

57) 『周禮』 「地官」에는 "司虣, 掌憲市之禁令, 禁其鬪囂者, 與其虣亂者, 出入相陵犯者, 以屬游飮食于市者. 若不可禁,則搏而戮之."라는 기록이 있다. 핵심내용은 "市場을 관장하는 관리는 음식 검사를 해야 하며, 무릇 사람들이 떼로 모여 술 마시는 것은 금지하고 제한해야 한다. 이러한 禁止令을 따르지 않는 자는 처형한다"는 것이다. 이것이 亡國의 위험을 경계하기 위한 최초의 금주령이었다.(羅啓榮.何文丹 主編, 『中國酒文化大觀』, 廣西民族出版社, 2001, p.120)

고(酒誥)」가 그 대표적 사례로 과도한 음주에 의한 환란과 재앙을 방지하기 위한 법률이 일찍이 존재했음을 보여준다. 「주고」란 본래 은나라 주왕이 술에 빠져 방탕해져 천하가 혼란해지고, 상나라 도읍이었던 매토(妹土)마저 악행이 넘쳐나게 되자, 무왕(武王)이 그 땅을 강숙(康叔)에게 봉(封)하고 경계하는 말로 가르친 것이다. 다음은 「주고」의 첫 구절이다.

"큰 명(命)을 매방(妹邦)에 밝히노라. 너의 공경하는 아버지 문왕이 나라를 세워 서쪽 땅에 계실 때에 여러 나라의 서사(庶士)와 소정(少正)과 어사(御事)들에게 경계하도록 하며 '제사에만 이 술을 쓸 것이니, 하늘이 명을 내리시어 우리 백성들에게 처음 술을 만들게 한 것은 오직 큰 제사를 위한 것이다'라고 하셨다."[58]

이처럼 술의 사용을 국가의 제사에만 제한적으로 사용해야 함을 강조했다. 그러나 이러한 술의 제한적 사용마저도 부모봉양을 잘 한 이후에라야 가능함을 강조한다.

"매토여! 너희의 팔다리를 계속 움직여서 크게 기장을 심어 분주하게 부모와 어른을 섬기며, 부지런하게 수레와 소를 끌고 멀리 장사를 하여 이로써 부모를 효로 봉양하여 부모가 기뻐하면 스스로 깨끗이 하고 넉넉히 하여 술을 바쳐 쓰도록 하라."[59]

---

58) 『書經』, 「酒誥」: 明大命于妹邦. 乃穆考文王, 肇國在西土, 厥誥毖庶邦庶士, 越少正御事. 朝夕曰祀茲酒, 惟天降命, 肇我民, 惟元祀.

59) 『書經』, 「酒誥」: 妹土, 嗣爾股肱, 純其藝黍稷, 奔走事厥考厥長, 肇牽車牛, 遠服賈, 用孝養厥父母, 厥父母慶, 自洗腆, 致用酒.

이는 부지런히 농사에 힘쓸 것과, 부모 봉양에 힘쓰고 난 후에야 비로소 제사에 술을 사용할 수 있다고 강조한 말이다. 이 밖에도 아래와 같이 매토의 신하를 가르치고 있다.

"여러 관리와 관부의 우두머리, 여러 군자들이여! 너희들은 항상 나의 가르침을 들어라. 너희는 크게 노인을 봉양하고 나서야 너희들의 음식을 취하고 배부르게 먹도록 하라. 크게 말하니, '너희는 늘 관찰하고 살펴서 행동이 중덕(中德)에 맞는지 살피고 나서야 너희들은 거의 음식을 올려 제사를 드릴 수 있을 것이다. 너희들은 이에 스스로 거기에 맞추어 잔치를 하여 즐길 수 있을 것이다'라고 한다. 이렇게 하면 진실로 오직 왕의 일을 바로잡는 신하이며, 이렇게 하면 또한 하늘이 큰 덕을 인정하여 길이 잊지 못함이 왕가에 있을 것이다."[60]

이것은 모든 일을 중정(中正)한 덕에 맞추어 진행해야만 비로소 제사에서 신명(神明)을 만날 수 있으며, 나라 전체가 편안해 질 것이라는 경계였다. 망국(亡國)의 6가지 재앙 중 하나로서 술의 위험성을 지적하는 것은 「주고」 외에도 여러 문헌에서 찾을 수 있다. 예를 들면, 「오자지가(五子之歌)」에서는 아래와 같이 말한다.

"안으로 여색(女色)에 치우치거나, 밖으로 사냥에 빠지거나, 술을 좋아하거나, 음악을 즐기거나, 집을 높이 하거나, 담장을 아름답게 장식

---

60) 『書經』, 「酒誥」: 庶士有正, 越庶伯君子, 其爾典聽朕教. 爾大克羞耇惟君, 爾乃飲食醉飽. 丕惟曰 爾克永觀省, 作稽中德, 爾尚克羞饋祀, 爾乃自介用逸. 茲乃允惟王正事之臣, 茲亦惟天, 若元德, 永不忘在王家.

하는 등 이 중에 하나라도 있으면 망하지 않음이 없을 것이다."⁶¹⁾

이처럼 지나친 음주가 망국의 조건 중 하나임을 경계하고 있다. 이 밖에도 아래가 있다.

"중강(仲康: 太康의 동생)이 사해(四海)에 비로소 임하셔서, 윤후(胤侯)에게 명하여 육사(六師)를 관장하게 하였다. 희화(羲和)가 직무를 포기하고 그 고을에서 술에 빠지자 윤후가 왕명을 받들어 그를 정벌했다."⁶²⁾

"이 희화(羲和)가 그 덕을 전복시키고, 술에 빠져 어지럽게 되어 직무를 위반하며 자리를 떠나서 천기(天紀)를 어지럽혀 맡은 것을 폐기하여 늦가을 초하루에 해와 달의 만남이 방성(房星)에 모이지 않았다. 정전(政典)에 말하기를, '제 때보다 먼저 한 자도 죽여 용서하지 말며, 제 때에 미치지 못한 자도 죽여 용서하지 말라'."⁶³⁾

술에 취하는 행위는 중덕(中德)에 대한 위반을 상징한다. 이에

---

61) 『書經』,「五子之歌」: 內作色荒, 外作禽荒, 甘酒嗜音, 峻宇彫牆, 有一於此, 未或不亡.

62) 『書經』,「胤征」: 惟仲康, 肇位四海, 胤侯, 命掌六師, 羲和廢厥職, 酒荒于厥邑, 胤后承王命, 徂征.

63) 『書經』,「胤征」: 惟時羲和, 顚覆厥德. 沈亂于酒, 畔官離次, 俶擾天紀, 遐棄厥司, 乃季秋月朔, 辰弗集于房. 瞽奏鼓, 嗇夫馳, 庶人走. 羲和尸厥官, 罔聞知, 昏迷于天象, 以干先王之誅. 政典, 曰先時者, 殺無赦, 不及時者, 殺無赦.

다음과 같이 말한다.

"하늘이 재앙을 내리시어 우리 백성들이 크게 혼란하여 덕을 잃은 것이 또한 술의 행위가 아님이 없으며, 작고 큰 나라가 망함이 또한 술의 허물이 아님이 없다."[64]

무왕의 이러한 가르침은 아래와 같이 선왕(先王)이 천명을 받을 수 있었던 것은 모두 중덕(中德)과 관련된 것임을 강조한다.

"봉(封: 康叔)아! 우리 서쪽 땅을 돕던 옛 방군(邦君)과 어사(御事)와 소자(小子)들이 오히려 문왕의 가르침에 따라 술에 빠지지 않았으므로, 내가 지금에 이르러 은나라의 명(命)을 받을 수 있었다. …… 강숙(康叔)아! 내가 들으니, '옛날 은나라의 탕왕이 하늘의 밝은 명(命)과 백성들을 두려워하여 덕을 줄기로 삼고 밝음을 잡아서 성탕(成湯)으로부터 제을(帝乙)에 이르기까지 왕의 덕을 이루고 돕는 신하를 두려워하였으므로, 오직 어사(御事)들이 도움을 공손히 하여 감히 스스로 안일하지 못하였다'고 하였으니, 하물며 '감히 술 마시는 것을 숭상한다'고 하겠는가?"[65]

---

64) 『書經』, 「酒誥」: 天降威, 我民用大亂喪德, 亦罔非酒惟行, 越小大邦用喪, 亦罔非酒惟辜.

65) 『書經』, 「酒誥」: 封, 我西土棐徂邦君御事小子, 尙克用文王敎, 不腆于酒, 故我至于今, 克受殷之命.…… 封, 我聞惟曰 在昔殷先哲王, 迪畏天顯小民, 經德秉哲, 自成湯咸至于帝乙, 成王畏相, 惟御事厥棐有恭, 不敢自暇自逸, 矧曰其敢崇飮.

이처럼 음주를 중덕(中德)의 중요한 판단기준으로 삼으며 또한 다음과 같이 말하고 있다.

"밖에서 일하는 후·전·남·위(侯甸男衛)의 제후와 안에서 일하는 백료(百僚)·서윤(庶尹)·아(亞)·복(服)·종공(宗工)·백성·마을에 거주하는 자에 이르기까지 술에 빠지지 않았다. 감히 하지 않을 뿐 아니라 또한 겨를이 없었고, 오직 왕의 덕을 이루어 드러나게 하며, 우두머리들이 임금을 공경하는 것을 도왔다. 내가 들으니 또한 오직 이르기를, '지금 사왕(嗣王: 受)은 몸을 술에 빠뜨려 그 명(命)이 백성에게 드러나지 않고, 그가 공경하며 보존하는 것이 원망을 일으키는데 이르렀는데도 이를 바꾸지 않는다. 떳떳하지 않은 일에 마음대로 함부로 하여서 안일함으로 위의(威儀)를 잃어버렸다. 백성들이 애통하고 상심하지 않는 이가 없는데도 오직 황폐하여 술에 빠져 스스로 안일함을 그칠 것을 생각하지 않으며, 그 마음이 미움으로 가득 차고 사나워져서 죽음을 두려워하지 않으며, 허물이 상읍(商邑)에 있어 은나라가 멸망해도 근심하지 않는다. 오직 덕으로 지내는 향기로운 제사가 하늘에 올라가 들리지 않고, 오직 백성들이 크게 원망하여 모든 술로부터 나오는 더러움이 위에 들리어 하늘이 은나라에 망함을 내리셨다. 은나라를 사랑하지 않으심은 오직 안일한 탓이니, 하늘이 사나운 것이 아니라 오직 사람들이 스스로 허물을 재촉한 것이다.'라고 한다."[66]

---

66) 『書經』, 「酒誥」: 越在外服, 侯甸男衛邦伯, 越在內服, 百僚庶尹, 惟亞惟服, 宗工越百姓里居, 罔敢湎于酒, 不惟不敢, 亦不暇, 惟助成王德顯, 越尹人祇辟. 我聞亦惟曰 在今後嗣王, 酣身厥命, 罔顯于民, 祇保越怨不易, 誕惟厥從淫泆于非彝, 用燕喪威儀, 民罔不盡傷心, 惟荒腆于酒, 不惟自息乃逸, 厥心疾狠, 不克畏死, 辜在商邑, 越殷國滅無罹, 弗惟德馨香祀, 登聞于天, 誕惟民怨庶羣自酒腥, 聞在上. 故天降喪于殷, 罔愛于殷惟逸, 天非虐, 惟民自速辜.

또한 "지금 은나라가 천명을 떨어뜨렸으니"[67]라는 말에서도 알 수 있듯이 은나라의 멸망이 인간의 안일과 방탕에 의한 것임을 아래와 같이 강조하고 있다.

> "너는 은나라의 현신·후·전·남·위(賢臣侯甸男衛)를 힘써 경계해야 하는데, 하물며 태사우·내사우·헌신·백종공(太史友內史友獻臣百宗工)에 있어서랴. 하물며 네가 섬기는 자인 복휴·복채(服休服采)에 있어서랴. 하물며 너의 짝인 기부(圻父)로 거스르는 자를 축출하는 자와 농부(農父)로 백성의 뜻을 따라서 보호하는 자와 굉부(宏父)로 법을 정하는 자에 있어서랴. 하물며 네가 술을 힘써 제어하는데 있어서랴. 어떤 자가 고하기를, '떼 지어 술을 마신다'고 하거든 너는 놓치지 말고 모두 잡아 구속해서 주(周)나라로 끌고 오라. 내가 죽일 것이다."[68]

특히 강숙(康叔)에게 기부(圻父)를 먼저 언급한 것은 그가 정사(政事)를 관장하기 때문이다. 이를 통해 술에 방탕한 것이 국가 운영에 급선무임을 강조하고 있다. 또한 '여러 사람들과 술을 먹는 것' 역시 "내가 죽이겠다."고 경고하는 것은 법을 세워 사람들을 가르쳐야 할 필요성을 언급한 것이다. 그러나 술에 대해 백성들을 통제하는 방법으로만 해결하라고 말하지는 않는다.

---

67) 『書經』, 「酒誥」: 今惟殷, 墜厥命.
68) 『書經』, 「酒誥」: 汝劼毖殷獻臣, 侯甸男衛, 矧太史友, 內史友, 越獻臣百宗工, 矧惟爾事, 服休服采, 矧惟若疇, 圻父薄違, 農父若保, 宏父定辟, 矧汝剛制于酒. 厥或誥曰 羣飲, 汝勿佚, 盡執拘, 以歸于周, 予其殺.

"오직 은(殷)이 인도하여 모든 신하들과 관리들이 술에 빠지거든 죽이지 말고 우선 가르쳐라. 이를 잊지 않으면 분명히 잔치를 베풀겠지만, 내가 가르치는 말을 따르지 않으면 오직 나 한 사람이 불쌍하게 여기지 않으며, 네 일을 깨끗하게 여기지 아니하여 이에 죽이는 죄와 같이 다스리리라."[69]

이처럼 방탕한 음주에 대해 먼저 교육하고, 그럼에도 불구하고 법에 따르지 않을 때에 엄벌해야 한다고 말한다. 특히 여기에서 무왕은 "봉(封)아! 너는 나의 경계를 똑바로 들어라. 유사(有司)들을 다스리지 못하면 백성들이 술에 빠질 것이다."[70]라고 말하면서 지도자로서 솔선수범할 것과 신하들을 교육시켜야 함을 강조한다. 그뿐만 아니라 주공(周公)도 성왕(成王)에게 아래와 같이 백성들에게는 본받을 만한 일이 못되며, 하늘에게도 용납될 수 없음을 경계한다.

"백성들을 살펴보면 부모가 심고 거두는 일에 수고로운데 아들은 심고 거두는 어려움을 알지 못하고, 편안하고 세속의 비루한 말을 하며 망령되게 합니다. 그렇지 않으면 부모를 업신여겨 말하기를, '옛날 사람들은 들은 것도 없고 아는 것도 없다'고 합니다. …… 한가롭게 여겨 '오늘만 즐거움을 탐한다'라고 말하지 마십시오. 백성들이 본받을 것이 아니며, 하늘이 인정하는 바가 아닙니다. 당시 사람들이 잘못을 크

---

69) 『書經』, 「酒誥」: 惟殷之迪諸臣惟工, 乃湎于酒, 勿庸殺之, 姑惟敎之. 有斯明享, 乃不用我敎辭, 惟我一人弗恤, 弗蠲乃事, 時同于殺.

70) 『書經』, 「酒誥」: 封汝典聽朕毖, 勿辯乃司, 民湎于酒.

게 본받을 것이니, 은나라 왕 수(受)가 혼미한 것처럼 하여 술의 덕에 빠지지 마십시오."[71]

이처럼 사회관계에서의 술은 사회질서와 국가운영에서 존비·귀천을 변별하고 질서를 확립하는 중요한 매개물이지만, 지도자의 중덕(中德)이 수반되지 못할 때에는 국가를 혼란하게 만들어 결국 국가를 멸망하게 하는 원인임을 강조하고 있다. 이것은 표면적으로는 술이 '사회·국가운영에 중요한 역할을 하는 것'을 말하지만, 동시에 술은 '지도자의 덕목을 잘 수행하는가를 분별할 수 있는 상징적인 대상'이었음을 잘 보여주고 있다.

4. 개인수양: 덕(德)

4.1. 술에 취하는 5단계

『시경』에서는 음주에 의해 사람이 어떻게 변화되는 지에 대해 5단계로 설명하고 있다. 1단계는 '술에 취하기 전 모습'이다.

"손님의 처음 잔치 자리에 좌우가 질서 정연한데, 그릇들이 줄지어 있으며, 안주와 과실이 진열되며, 술이 순하고 맛이 있어서 즐겁게 함께

---

71) 『書經』, 「無逸」: 相小人, 厥父母勤勞稼穡, 厥子乃不知稼穡之艱難, 乃逸乃諺旣誕. 否則侮厥父母曰 昔之人, 無聞知. …… 無皇曰 今日耽樂, 乃非民攸訓, 非天攸若, 時人丕則有愆, 無若殷王受之迷亂, 酗于酒德哉.

술을 마시네. 종과 북이 이미 설치되어 술잔을 차례대로 들며, 큰 과녁을 이미 펼치고 활을 이미 당기니, 쏘는 이들이 짝을 이루네. 네가 맞춘 공적을 아뢰어 저 과녁을 맞추어, 네가 벌주 마시기를 바라네."[72]

1단계는 공자가 "군자는 다투는 것이 없으나 반드시 활쏘기에서는 그렇게 한다. 읍하고 사양하여 올라갔다가 내려와 마시게 하니 그 다툼이 군자답다."[73]라고 말한 것처럼 자칫 다투기 쉬운 활쏘기 시합에서 여러 사람들이 모이더라도 빨리 쏘려고 하지 않고, 세 번 읍하고 세 번 사양한 후에 당(堂)에 올라가서 쏜다. 모두 쏜 후에 결과가 나오면 같이 겨루었던 사람들과 서로 읍하고 사양한 후에 당(堂)에서 내려온다. 또한 진 사람에 대한 벌칙 역시 서두름이 없이 읍하고 올라가 잔을 받은 후 서서 마시게 한다. 이처럼 음주의 1단계는 '예(禮)'에 따라 술을 마시니 예의법도를 어김이 없는 상태'를 의미한다. 2단계는 '술에 적당히 취한 모습'이다.

"피리로 춤을 추며 생황을 불어 음악이 이미 조화롭게 연주되니 나아가 선조를 즐겁게 해드려 온갖 예에 부합하는구나. 온갖 예(禮)가 이미 지극하니 크고 성대하도다. 너에게 큰 복을 내려주니 자손들이 즐기도다. 그 즐김이 즐거우니 각각 네 재능을 아뢰도다. 손님이 손으로 술을

---

72) 『詩經』, 「小雅·賓之初筵」: 賓之初筵, 左右秩秩, 籩豆有楚, 殽核維旅, 酒既和旨, 飮酒孔偕. 鐘鼓既設, 擧醻逸逸, 大侯既抗, 弓矢斯張, 射夫既同. 獻爾發功, 發彼有的, 以祈爾爵.

73) 『論語』, 「八佾」: 君子無所爭, 必也射乎. 揖讓而升, 下而飮, 其爭也君子.

부으니 집안사람이 들어가 다시 부어 저 편안한 술잔에 술을 따라서 너의 계절 제사를 올리네."[74]

2단계는 제사에서 술을 마시는 사람이 처음에는 예악(禮樂)을 잘 갖추어 자세를 잃지 않음을 표현하고 있다. 따라서 적당한 음주의 긍정적인 기능과 그 역할을 상징적으로 보여주고 있음을 알 수 있다. 3단계는 '점차 술에 취해가는 모습'이다.

"손님의 처음 잔치 자리에 온순하고 공손하였네. 아직 취하지 않았을 적에는 자세를 가지런히 하더니, 이미 취해서는 몸가짐을 경망스럽게 하네. 제자리를 버리고 옮겨가 자주 너울너울 춤을 추네. 아직 취하지 않았을 때에는 자세가 늠름하더니 이미 취해서는 몸가짐을 함부로 하니, 이것은 이미 취한 것이기 때문에 예의를 알지 못하네."[75]

3단계는 술 마시는 사람이 처음에는 점잖게 마시다가 점차 흐트러지는 모습을 표현하는 구절이다. 이것은 사람이 술에 취하지 말아야 할 필요성과 술에 취해가는 과정을 인지하여 스스로 경계해야 함을 강조하는 말로 이해할 수 있다. 4단계는 '술에 만취한 모습'이다.

---

74) 『詩經』v, 「小雅·賓之初筵」: 籥舞笙鼓, 樂旣和奏, 烝衎烈祖, 以洽百禮. 百禮旣至, 有壬有林. 錫爾純嘏, 子孫其湛. 其湛曰樂, 各奏爾能. 賓載手仇, 室人入又, 酌彼康爵, 以奏爾時.

75) 『詩經』, 「小雅·賓之初筵」: 賓之初筵, 溫溫其恭. 其未醉止, 威儀反反, 曰旣醉止, 威儀幡幡. 舍其坐遷, 屢舞僊僊. 其未醉止, 威儀抑抑, 曰旣醉止, 威儀怭怭, 是曰旣醉, 不知其秩.

"손님이 이미 취하여 큰소리로 부르며 소리쳐 우리 그릇들을 어지럽히고 자주 비틀비틀 춤을 추니, 이미 취했기 때문에 그 허물을 알지 못하도다. 기운 고깔이 비스듬하여 자주 춤추어 멈추지 않네. 이미 취했을 때에 자리를 떠나면 모두 복을 받을 것인데, 취하고도 나가지 않으니 이것은 덕(德)을 해치는 것이네. 술을 마실 때에 좋다고 인정받는 것은 좋은 거동이 있기 때문이도다."[76]

4단계는 술에 매우 취하여 자신의 잘못을 인지할 수도 없는 지경에 이른 것을 표현한 구절이다. 물론 이처럼 취하기 전에 손님이 미리 자신의 모습을 살피고 돌아간다면, 주인은 물론 당사자 역시 칭찬을 들을 수 있는 상황이다. 그러나 이러한 한계를 넘어서자 스스로 자제력을 상실하게 된다는 것이다. '춤추기를 그치지 않음'을 통해 술에 만취한 모습을 단적으로 보여주고 있다. 5단계는 '씻을 수 없는 잘못을 저지르는 모습'이다.

"무릇 이 술을 마심에 혹 취하기도 하고 혹 안 취하기도 하는데, 이미 감시관을 세웠고 혹은 기록관으로 보좌하는데 저렇게 취하여 좋지 못한 것을 취하지 않은 사람이 오히려 부끄러워하네. 따라가서 말해주지 말까, 너무나 태만함이 없도록. 말하지 않을 것은 말하지 말며, 따르지 않을 것도 말하지 말라. 취함을 빙자하여 말하는 사람에게 뿔 없는 숫양을 내놓게 하리라.

---

76) 『詩經』, 「小雅·賓之初筵」: 賓既醉止, 載號載呶. 亂我籩豆, 屢舞僛僛. 是曰既醉, 不知其郵. 側弁之俄, 屢舞傞傞. 既醉而出, 並受其福, 醉而不出, 是謂伐德. 飲酒孔嘉, 維其令儀.

석 잔에도 기억하지 못하는데 하물며 감히 많이 마시겠는가?"[77]

　5단계는 만취한 사람의 행동이 취하지 않은 사람에게 오히려 부끄러움을 느끼게 할 정도로 돌이킬 수 없는 큰 잘못을 저지르고 있음을 묘사하고 있다. 특히 술 석 잔으로도 이기지 못할 지경에 이르렀으니 '어찌 더 마실 수 있겠는가?'라고 자문하면서 더욱 간절하게 스스로를 경계하고 있다. 이처럼 술은 개인의 수양정도인 덕(德)을 가늠할 수 있는 중요한 기준이 된다.
　따라서 동양에서는 오래전부터 '사람의 내면을 알아보기 위해서는 그와 함께 술을 먹여보아야 한다'는 생각이 존재해 왔다. 이러한 관념은 자연이 '술을 먹을 수 있는 적정한 연령'과 '술을 즐기는 올바른 방법'이라고 하는 금주(禁酒)와 절주(節酒) 관념을 만들었다. 따라서 문왕은 일찍이 어린 사람들과 벼슬이 있는 사람들 모두에게 "술을 항상 마시지 말라. 여러 나라가 술을 마시되 오직 제사 때에만 사용하라."[78]고 훈계했던 것이다. 또한 『시경』에서는 술로 인해 우환이 생기는 것을 미리 방지해야 함을 강조하며, "어떤 이는 즐기며 술을 마시는데, 어떤 이는 근심하여 죄를 두려워한다."[79]라고 말한다.

---

77) 『詩經』, 「小雅·賓之初筵」: 凡此飮酒, 或醉或否, 旣立之監, 或佐之史, 彼醉不臧, 不醉反恥. 式勿從謂, 無俾大怠. 匪言勿言, 匪由勿語. 由醉之言, 俾出童羖. 三爵不識, 矧敢多又.

78) 『書經』, 「酒誥」: 文王, 誥敎小子, 有正有事, 無彝酒, 越庶國飮, 惟祀.

79) 『詩經』, 「小雅·北山」: 或湛樂飮酒, 或慘慘畏咎.

이러한 두려움과 경고는 문왕(文王)의 말처럼 "아! 너 은(殷)땅의 상(商)나라야! 하늘이 너를 술에 빠지지 않도록 했는데 의롭지 않은 사람을 따라서 하는구나. 이미 너의 몸가짐을 잘못하여 낮도 없고 밤도 없으며 부르짖고 불러서 낮으로 밤을 삼는구나."[80]라는 말로 굳어졌으며, 이는 다시 무왕(武王)의 훈계로 계승되어 "숙(叔)이 사냥하니 거리에 술 마시는 이 없도다. 어찌 술 마시는 이가 없겠는가마는 숙(叔)의 진실로 아름답고 또 좋음만 못하도다."[81]라는 절주(節酒)문화를 만들었다. 따라서 이러한 고대 성왕들의 유훈(遺訓) 속에는 '큰 나무가 넘어지는 것은 가지와 잎이 상해서가 아니라 그 뿌리가 먼저 끊어진 다음에 나무가 뒤따라 넘어진다'는 일종의 우환의식이 내포되어 있음을 알 수 있다.

4.2. 절제할 욕망으로서의 술

유교경전 중 『시경』과 『서경』에는 '주덕(酒德)'에 관한 내용이 잘 나타나 있다. 특히 『서경』의 「주고(酒誥)」에서는 주왕(紂王)을 예로 들며, 술에 대해 4가지로 경계하고 있다. 첫째, '오직 제사에만 술을 사용하라[飮惟祀]'이다. 둘째, '술을 자주 마시지 말고, 평소에도 술의 양을 줄여야 한다[無彝酒]'이다. 셋째, '백성

---

80) 『詩經』, 「大雅·蕩之五」: 文王曰 咨咨女殷商. 天不湎爾以酒, 不義從式. 旣愆爾止, 靡明靡晦, 式號式呼, 俾晝作夜.

81) 『詩經』, 「鄭風·叔于田」: 叔于狩, 巷無飮酒. 豈無飮酒, 不如叔也. 洵美且好.

들이 모여서 술 마시는 것을 금지하라[執群飮]'이다. 넷째, '과도한 음주 금지[禁沈湎]'이다.[82]

이처럼 유교경전에서는 음주행위 자체를 금지하지는 않는다. 다만 시간과 장소를 구분할 것, 순서와 도리를 준수할 것, 적정한 분량과 바람직한 분위기를 조성할 것 등을 고려한 음주를 권장한다. 이것이 유가의 주덕인 셈이다. 따라서 일찍이 『주역』의 수괘(需卦)에서는 술과 밥에 대해 "구오(九五)는 술과 밥을 먹는 상태에서 기다려야 한다. 참고 견디면 길하다. 상(象)에서 '술과 밥을 먹는 상태에서 참고 견디면 길하다는 것은 중심에 있으면서 바른 자리에 있기 때문이다'라고 말했다."[83]라고 적고 있다.

이것은 술과 음식에 대해 '바르고[貞]' '상황에 맞게[中正]' 처신해야 함을 강조하는 구절이다. 여기에서 술과 음식이란 인간의 욕망을 은유하는 물건이라고 볼 수 있다. 한편, 곤괘(困卦) 구이(九二)에서도 "상(象)에서 말했다. '주식(酒食)에 곤궁함은 중(中)이라서 경사(慶事)가 있을 것이다."[84]라고 적고 있는데, 이것은 고난 중에도 중정(中正)을 잃지 않는 것이 경사롭게 되는 비결임을 말하고 있다. 또한 미제괘(未濟卦) 상구(上九)에서는 "술을 마시며 머리를 적시는 것은 또한 절도(節度)를 모르는 것이다."라고 말

---

82) 진성수, 「『詩經』의 음주시(飮酒詩) 연구」, 『유교사상문화연구』 제81집, 2020, pp.187-188.

83) 『周易』, 「需」: 九五, 需于酒食, 貞吉. 象曰 酒食貞吉, 以中正也.

84) 『周易』, 「困」: 象曰 困于酒食, 中有慶也.

하는데, 이것은 위태로운 자리인 상구의 상황에 처하더라도 술을 마시는 일에서도 절도를 지킨다면 허물이 없지만, 그렇지 못하면 어려움을 겪게 될 것임을 경계한 것이다.[85]

술에는 일반적으로 낙·화·우·경·아·절(樂和友敬雅節) 등 6가지 정신이 깃들어 있다고 전해져 왔다. '낙(樂)'은 흥과 같이 느끼는 즐거움이요, '화(和)'는 어울려 느끼는 조화로움이요, '우(友)'는 음식을 나누며 느끼는 정겨움이요, '경(敬)'은 천·신(天神)과 존귀한 사람을 섬기는 공경함이요, '아(雅)'는 고상하고 품위 있게 즐기는 우아함이요, '절(節)'은 취해도 자신을 조절할 줄 아는 절제요 신중함이다. 이러한 술의 6가지 덕과 바람직한 음주문화는 공자의 일상생활에서 집약적으로 표현된다.

"밥은 깨끗한 쌀을 싫어하지 않으며, 회는 가늘게 썬 것을 싫어하지 않았다. 밥이 상하여 쉰 것과 생선이 상하고 고기가 부패한 것을 먹지 않았으며, 빛깔이 나쁜 것을 먹지 않았고, 냄새가 나쁜 것을 먹지 않으며, 요리가 잘못된 것을 먹지 않고, 때가 아닌 것을 먹지 않았다. 자른 것이 바르지 않으면 먹지 않았고, 간장을 얻지 못하면 먹지 않았다. 고기가 비록 많으나 밥 기운을 이기게 하지 않았으며, 술은 일정한 양을 정하지는 않았으나 어지러운 지경에 이르지 않았다. 시장에서 구입한 술과 포를 먹지 않았으며, 생강을 먹는 것을 그치지 않았고, 과식하지는 않았다. 나라에서 제사 지내고 받은 고기는 밤을 재우지 않았으며, 집에서 제사 지낸 고기는 3일을 넘기지 않았으니, 3일이 지나면 먹지 못하기 때문이다.

---

85) 『周易』, 「未濟」: 象曰 飮酒濡首, 亦不知節也.

음식을 먹으면서 말씀하지 않았으며, 잠을 자면서 말하지 않았다. 비록 거친 밥과 나물 국이라도 반드시 제를 올리되 반드시 공경함을 다했다."[86]

여기에서 주목해 볼 내용은 '술은 일정한 양을 정하지는 않았으나 어지러운 지경에 이르지 않았다. 시장에서 구입한 술과 포를 먹지 않았다'와 '자른 것이 바르지 않으면 먹지 않았다'이다. 술과 포, 회나 고기는 거의 모든 사람들이 좋아하는 음식물로서 인간의 욕망이 집약되어 있는 대표적인 먹거리이다. 따라서 이러한 기호음식을 보고서도 성급하게 독점하지 않고, 신께 제사를 드린다거나 존귀한 사람에게 바친다는 것은 이미 그 자체가 욕망의 절제이며 자기수양의 반증인 셈이다. 공자가 강조한 것이 바로 이 점이다.

즉 술과 같이 맛있는 음식을 절제할 수 있는 사람이야말로 극기복례한 군자요 성인이라는 것이다. 또한 공자는 객관적인 느낌과 주관적인 수양을 통해 오직 술에 있어서는 인간에게 고정적인 분량이 없다고 말한다. 그러나 표면적으로는 음주량에 제한이 없지만, 사람들과 즐거움을 나눌 뿐 혼란함[亂]에는 이르지 않는다는 원칙이 있다. 이것은 방탕에 대한 일종의 경계이다.

공자는 주례(周禮) 회복과 덕치(德治) 실현을 삶의 목표로 삼은

---

86) 『論語』, 「鄕黨」: 食不厭精, 膾不厭細. 食饐而餲, 魚餒而肉敗, 不食, 色惡不食, 臭惡不食, 失飪不食, 不時不食. 割不正不食, 不得其醬不食. 肉雖多, 不使勝食氣, 唯酒無量, 不及亂. 沽酒市脯不食, 不撤薑食不多食. 祭於公不宿肉, 祭肉不出三日, 出三日不食之矣. 食不語, 寢不言. 雖疏食菜羹瓜祭, 必齊如也.

인물이다. 따라서 '술은 일정한 양을 정하지는 않았으나 어지러운 지경에 이르지 않았다[唯酒無量不及亂]'는 말은 단순히 술의 폐해인 광란에 대한 경계만을 뜻하는 것이 아니라 덕치(德治)를 달성하기 위한 하나의 과정으로서 예치(禮治)를 상징한다고도 말할 수 있다.

이것을 좀 더 분명하게 보여주는 것이 바로 '시장에서 구입한 술과 포를 먹지 않았다[沽酒市脯不食]'이다. 일반적으로 '불급난(不及亂)'보다 소홀히 다루어지는 이 구절은 단순히 '시장에서 사온 술과 고기를 먹지 않는다'라는 뜻만 있는 것이 아니다. 여기에는 '불결한 음식은 먹지 않는다'라는 공자의 위생관념이 들어있을 뿐만 아니라, 예치실현의 중요성이 내포되어 있다.

공자는 음주란, 오직 제사에서 예를 집행하는 과정에서만 가능한 것으로 보았다. 그것만이 예의에 부합한다고 믿었다. 이렇게 볼 때, 공자에게 있어서 시장에서 술과 고기를 구입하는 것은 조상에게 경의를 표하지도 않고 신명(神明)께 제사하지도 않은 채 단지 자신의 식욕을 충족하는 위한 행동인 셈이다. 공자는 이러한 행위를 예법에 따르지 않는 욕망의 표현으로 이해했다. 따라서 공자는 자신이 직접 이러한 일을 하지 않을 뿐만 아니라, 예법에 어긋난 고기와 술을 감히 먹을 수도 없었다. 더욱이 많은 제자들에게 모범을 보여야 할 스승으로서 항상 '사물(四勿: 非禮勿視·非禮勿聽·非禮勿言·非禮勿動)'을 강조했던 공자로서는 불가능한 일이었다.

또한 『의례(儀禮)』·『예기(禮記)』를 편찬한 사람으로서도 이러한 행위는 이율배반적인 행위로 이해되었을 것이다.[87] 이처럼 '유주무량불급난(唯酒無量不及亂)'은 단순히 음주의 분량을 의미하지 않음을 알 수 있다. 따라서 어떠한 술을 보았을 때, 그 출처를 알아본 후에 그것이 예(禮)를 위반하지 않았다면 스스로 통제할 수 있는 범위 내에서 얼마든지 마셔도 무방하다는 적극적인 의미로도 이해할 수 있다.[88] 그러나 유교경전을 통해 본다면, 공자가 평상시 음주를 즐겼다는 내용은 거의 찾아보기 힘들다. 그러므로 이상의 내용을 종합해 볼 때, 술에 대한 공자의 태도는 욕망의 절제를 가늠하는 하나의 기준이었음을 알 수 있다.

5. 맺음말

유교에서는 인간욕망에 대한 자율적인 절제가 개인수양은 물론 사회질서와 국가안녕을 가져온다는 전통적 가치관이 오래도록 전승되어 왔다. 이것이 '수신·제가·치국·평천하(修身齊家治國平天下)' 관념이다. 욕구에 대한 실현의지가 욕망이라고 할 때, 욕망을 어떻게 관리하는가의 문제는 개인수양을 판단하는 중요한 기준이 되기

---

87) 胡普信, 「唯酒無量不及亂-中國儒學祖師孔子論酒」, 『中國酒』 2007年第5期, pp.86-88.

88) 『論語』 「雍也」의 "모난 그릇이 모가 나지 않았으면 모난 그릇이겠는가? 모난 그릇이겠는가?(子曰 觚不觚, 觚哉觚哉.)"라는 구절 역시 이러한 공자의 이러한 예치의식이 반영된 것으로 이해할 수 있다.

도 한다. 더욱이 판단의 대상이 사회와 국가의 지도자일 경우, 개인의 수양 정도는 그가 이끄는 공동체의 현실적 안정과 미래상을 예측하는 핵심요소가 되기도 한다. 이처럼 개인의 수양을 사회생활에 적용하고, 여기에서 더 나아가 천인(天人) 관계로 이해하는 것이 유가사상의 특징 중 하나이다.

개인수양의 관점에서 볼 때, '술'은 인간욕망의 중요한 상징적 대상으로 인식되어 왔다. 이미 살펴본 바와 같이 '술'은 천인관계에서는 접신(接神)·보본(報本)을 위한 제의(祭儀)의 필수품이며, 사회생활에서는 변별·질서를 위한 주례(酒禮)의 중요한 물품이다. 그러나 개인적 측면에서 본다면, '술'은 노동의 피로를 경감시키거나 근로의욕을 북돋는 활력소 역할을 담당한다. 특히 연회에서 참석자에게 예법적(禮法的) 관계에서 오는 긴장을 일시적으로 풀어주거나, 쌓아두었던 오해를 해소하고 관계회복의 계기를 제공하기도 한다. 또한 이별과 재회의 순간에는 슬픔과 기쁨을 함께 나누는 중요한 매개물로서의 역할을 담당한다. 이렇게 볼 때, 개인에게 있어서 술은 우선적으로 근심을 잊게 해주는 '망우물(忘憂物)' 기능을 담당하는 묘약(妙藥)인 셈이다.

한편 적당량의 음주는 냉철한 이성으로 맞닥뜨려야 할 여러 상황에 대해 일시적인 진정효과를 통해 잠시나마 근심을 잊게 해준다. 물론 근심거리라는 특수한 문제는 당사자에 따라 각기 다를 수 있다. 그러나 분명한 것은 개인의 특정한 상황과 무관하게 어느 정도 진정작용을 하는 것이 술의 고유한 기능이라는 점은 분명하다.

특히 개인의 운명이나 가족·친지의 큰 불행과 죽음, 그 밖의 개인이 극복 불가능한 사건에 직면할 경우, 사람은 자포자기하거나 종교에 의존할 가능성이 많다. 이러한 절망적인 상황에서 인간이 선택할 수밖에 없는 길은 '현재의 고통에 굴복하고 광인(狂人)으로 살거나' 아니면 '현실을 도피하는 안식처'를 찾게 된다. 이러한 과정에서 인간은 무기력한 자신의 모습을 한탄하며 술을 찾는 경우가 적지 않다.

이 글에서는 고대 유교경전에 나타난 술의 은유와 상징, 그리고 주덕(酒德)과 술의 기능 및 역할 등을 살펴보았다. 이를 위해 술을 매개로 한 3가지 관계를 설정하였다. 먼저 천인관계에서의 '경(敬)'을 중심으로 '제례(祭禮)에서의 술'과 '시가(詩歌)에서의 술'에 나타난 은유와 상징을 살펴보았다. 다음으로 사회생활에서의 '예(禮)'를 중심으로 '일상의례(日常儀禮)에서의 술'과 '중덕(中德)으로서의 술', 개인수양에서의 '덕(德)'을 중심으로 '술에 취하는 5단계'와 '절제할 욕망으로서의 술'에 내포된 함의를 살펴보았다. 이 과정에서 고대에는 『서경』의 「주고」 등을 중심으로 술의 폐해를 통한 망국에 대한 경계를 알 수 있었다.

또한, 『의례』·『예기』·『주례』에서는 의례제도로서 술이 가지고 있는 신성한 영적(靈的) 능력에 대해 이해할 수 있었다. 더하여 『시경』·『논어』에서는 술을 매개로 한 개인욕망에 대한 절제의 필요성과 예치(禮治)의 상징적 의미도 살펴보았다. 더하여 술과 주기(酒器)가 제사와 일상예절에서 신분의 귀천과 남녀의 성별 등을 분별하는 중요한 재료인 동시에 많은 사람들을 함께 어우러지게 하는 중요한 매개물임을 확인할 수 있었다. ◆

유교경전에서 술[酒]의 상징체계

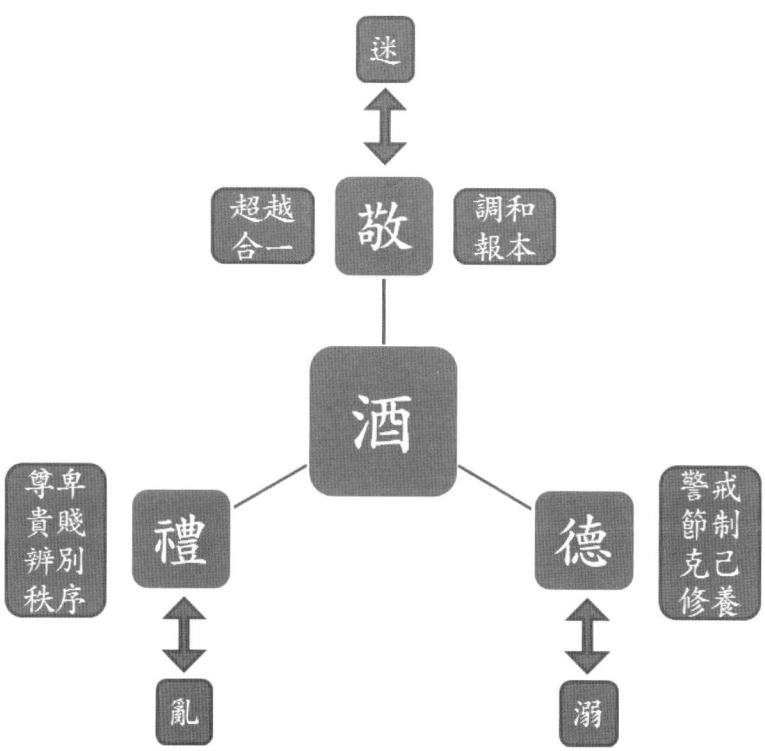

참고문헌

1. 자료

詩經
書經
易經
論語
禮記
儀禮
戰國策

2. 논문

김시황(1997). 음주문화에 대하여. 大東漢文學, 9.

윤석우(2004). 飮酒詩에 나타난 中國詩人의 精神世界-陶淵明, 李白, 白居易를 중심으로. 연세대학교 박사학위논문.

진성수(2020). 詩經의 飮酒詩 연구. 유교사상문화연구, 81.

岳 玲(2013). 詩經中玉.車馬.酒所反映的周代禮制內涵硏究.遼寧師範大學 碩士學位論文.

林琳, 傅亞庶(2011). 周禮廟祭中的用酒與用牲. 社會科學戰線, 11期.

王雪萍(2007). 周禮飮食制度研究. 揚州大學博士學位論文.

胡普信(2007). 唯酒無量不及亂-中國儒學祖師孔子論酒. *中國酒*, 5期.

周蒙, 馮宇(1993). 從詩經看商周酒文化現象及精神. *社會科學戰線*, 5期.

3. 서적

박재환 외(1999). 술의 사회학-음주공동체의 일상. 한울아카데미.
소두영(1991). 상징의 과학-기호학. 인간사랑.
양동숙(2007). 갑골문해독. 서예문인화.
유교문화연구소 옮김(2008). *시경*. 성균관대출판부.
임태승(2004). *유가사유의 기원*. 학고방.
郭泮溪(2002). *中國飮酒習俗*. 陝西人民出版社.
羅啟榮, 何文丹 主編(2001). *中國酒文化大觀*. 廣西民族出版社.
孫希旦(1990). *禮記集解* (上·下). 文史哲出版社.
朱寶鏞.章克昌 主編(2000). *中國酒經*. 上海文化出版社.
齊士.趙仕祥(2002). *中華酒文化史話*. 重慶出版社.
멜빈 레이더, 김광명 역(1990). *예술과 인간의 가치*. 이론과 실천.
Terence Hawkes, 沈明鎬 譯(1982). *隱喩-Metaphor*. 서울대학교출판부.

혁신 | 의약과 술

조선의 술과 의약, 떼려야 뗄 수 없는 사이

김 호

1. 술, 패가망신의 길
2. 술의 용도
3. 귀신을 쫓는 술
4. 누룩이 좋아야
5. 약이 되는 술[藥酒]
6. 접빈객의 즐거움
7. 양생(養生)의 방도

1. 술, 패가망신의 길

조선시대 사람들에게 술이란 건강을 위해서 반드시 필요한 '약물'이었다. 장수하려고 마시다가 도리어 건강을 해친 사람들도 상당수였다. 때문에 술은 종종 광약(狂藥)으로 불렸다. 조선후기 실학자 다산 정약용 선생도 술이 꽤나 셌던 모양이다. 아들에게 쓴 편지 속에 자신이 얼마나 마셔야 취하는지 몰랐다고 고백한 바 있기 때문이다. 물론 그 이면에는 모름지기 술을 매우 조심해야 한다는 속 깊은 아버지의 마음과 당부가 담겨 있다. 고향을 떠나 벽지(僻地) 강진에 유배 중이던 다산은 두 아들에게 편지를 보내 집안 살림을 잘 꾸려나가고 있는지, 또 공부는 얼마나 열심히 하고 있는지 묻곤 했다. 마음에 들지 않으면 정성껏 자식들을 타이르기도 했다. 특히 음주에 대해서는 엄격했다. 오랜만에 아버지를 방문한 큰아들 학연이 술을 마시고도 전연 취하지 않는 모습을 보이자, 다산은 둘째 아들 학유의 음주량은 또 어떤지를 물었다. 학연은 동생의 주량이 자신보다 곱절은 넘는다고 아버지에게 고했고, 급기야 다산은 둘째 아들 학유에게 편지를 보내 술의 위험성을 강조했다.

> 참으로 술맛이란 입술을 적시는 데 있다. 소가 물을 마시듯 마시는 저 사람들은 입술이나 혀는 적시지도 않고 곧바로 목구멍으로 넘어가니 무슨 맛이 있겠느냐. 술의 정취는 살짝 취하는 데 있는 법이다. 저 얼굴빛이 주귀(朱鬼)와 같고 구토를 해대고 잠에 골아 떨어지는 자들이야 무슨 정취가 있겠느냐. 요컨대 술마시기를 좋아하는 자들은 대부분

폭사(暴死)하게 된다. 술독이 오장육부에 스며들어 하루아침에 썩기 시작하면 온몸이 무너지고 만다. 이것이 크게 두려워할 만한 점이다. 무릇 나라를 망하게 하고 가정을 파탄하는 흉패(凶悖)한 행동은 모두 술로 말미암아 비롯된다.(『다산시문집』)

다산은 술맛을 음미하는 데는 입술을 적실 정도면 충분하다고 말하고, 소가 물을 마시듯 술을 들이키다가 패가망신한다고 지적했다. 아버지가 유배되어 자식들을 돌보지 못한 상태에서 술주정뱅이라는 오명까지 붙는다면 이는 큰 문제가 아닐 수 없었기 때문이다. 이에 다산은 천애일각(天涯一角)에 놓인 애처로운 아비의 말을 따라달라고 아들에게 부탁했다. 의학에도 밝았던 다산은 술로 인한 병은 그 종류가 다양하여 어떤 경우는 등창으로 나타나거나, 또 다른 경우는 치질의 원인이 되거나 황달에 걸린 사람처럼 되기도 한다는 것이다. 술병이 깊어지면 백약(百藥)이 무효하다는 말도 잊지 않았다. 편지의 마지막 구절에는 '너에게 빌고 또 비노니, 술을 입에 대지도 말 것이니 절대 마시지 말거라[乞汝乞汝 其絶口勿飮]'라며 부탁하고 또 부탁했다.

2. 술의 용도

금주를 당부한 이들은 다산에 그치지 않았다. 18세기의 학자 윤기 역시 "세상에 스스로를 해치고 스스로를 내버려서 망치는 일인데도 한번 빠져들면 제정신을 잃고 돌아올 줄 모르는 것이 세

가지니, 첫째가 술, 둘째가 색을 밝히는 일 그리고 마지막으로 투전(鬪錢)과 같은 잡기"(『無名子集』)라는 가훈을 남겼다. 조선의 여러 가훈에 그토록 금주(禁酒)의 말씀이 많은 것은 당시 사람들의 일상에서 술이 그만큼 빼놓을 수 없었기 때문이다. 조선전기의 대표적인 의서 『향약집성방』과 『의방류취』만 보아도 술이 위험하기는 하지만 그 약효가 충분하다고 설명했다. 술은 사람을 이롭게도 하고 상하게도 하지만 기본적으로 오곡의 진액이자 쌀로 빚은 누룩의 정수이기 때문이다. 풍한(風寒)을 쫓거나 혈맥을 통하게 하고, 사기(邪氣)를 없애거나 약의 기운을 돕는 것으로 술보다 나은 게 없다는 것이 『의방유취』의 해설이었다. 물론 술을 취할 때까지 마시면 술의 독기가 심장을 공격하거나 위장을 뚫어 정신이 혼미해지고 눈이 보이지 않을 수 있다고 위험성을 경고했다. 술을 잘못 음용하면 생명의 근본을 잃을 수 있다는 것이다.

　퇴계 이황을 비롯하여 16세기 조선의 지식인들이 애독했던 『활인심방』에도 술은 기분을 좋게 하고 혈맥을 통하게 하지만 신장이 나빠지거나 위장을 썩게 한다는 경고의 구절이 빠지지 않았다. 술은 적절히 활용하면 약효를 볼 수 있지만 그렇지 않을 경우 도리어 건강을 상하는 두 얼굴의 물건이었다. 사실, 술은 마시는 용도에 국한하지 않았다. 조선시대에 약재를 말리거나 혹 굽고 볶을 때도 술은 필수적이었다. 나아가 약물을 물이 아닌 술로 복용할 때도 많았다. 각종 의서에는 산수유나 당귀를 술에 씻도록 한다거나[酒洗], 혹 거북껍질과 녹용은 반드시 술에 구워[酒灸] 사용하도록 했다. 닥나무 열매인 저실자(楮實子)의 경우 술에 쪄서[酒蒸] 법제했다. 이외에 약재를 술에 며칠 담갔다가 볶거나 굽는 경우도 있었다. 술은 복용을 넘어 여러 가지 약재를 갈무리할 때 반드시 필요했다.

심지어 술 자체가 약재가 되기도 했다. 조선시대 사람들을 가장 두렵게 했던 역병은 '마마'였다. 일반적으로 천연두는 큰마마로 불렸고, 홍역은 작은마마로 통칭되었다. 세균이나 바이러스 등의 병인(病因)을 정확히 알지 못했던 조선시대에는 역병의 원인인 호구마마가 인도에서 중국을 거쳐 조선으로 찾아왔다고 생각했다. 마마신은 일종의 외부에서 온 '손님'이었다. 손님 대접이 섭섭지 않아야 역병에 걸리지 않을 수 있었다. 많은 음식을 차리고 새 옷을 지어 선물하는 등 마마 손님을 배송(拜送)하는 굿판이 전국에서 열렸다. 이렇게 해서라도 마마에 걸리지 않는다면 해볼 만한 일이었다. 물론 충분치 않았다. 점차 다른 방법이 모색되었고 점차 술이 마마 특히 작은마마[홍역]의 성약(聖藥)으로 권장되었다.

어린 시절 정약용은 마마에 걸려 죽을뻔한 적이 있었다. 이를 살려낸 이는 바로 이몽수라는 유의(儒醫)였다. 그는 마마 환자에게 술을 처방했다. 술을 마시고 땀을 흘리면 몸속의 사기를 발산하는데 신기한 효험을 볼 수 있다는 것이다. 19세기를 대표하는 의서 『의종손익』에도 홍역의 증세는 열이 피부 사이에 있어 오장육부가 크게 허랭(虛冷)하므로, 좋은 술을 자주 마셔 항상 얼굴에 취기가 돌도록 해야 한다. 그렇게 하면 마진이 가라앉은 후 음식을 먹고 회복할 수 있다고 했다. 나아가 마진을 앓은 뒤 생긴 여러 가지 증세를 치료하는데도 술보다 좋은 약은 없다고 칭송했다.(『醫宗損益』) 술은 그 자체로 역병을 이겨내는 훌륭한 약물이었다.

3. 귀신을 쫓는 술

역병을 일으키는 귀신[疫鬼]을 쫓으려면 다양한 처방이 필요했다. 귀신이 싫어하는 부적을 집안에 붙여 두거나, 역귀를 위협하는 큰 소리도 좋은 방도였다.

  18세기에 전국에 무서운 괴질이 돌았다. 많은 사람들은 수년 전 일어났던 무신년의 변란[이인좌의 난: 1728년 소론과 남인의 일부 강경파들이 경종의 죽음에 노론이 연루되었다고 주장하면서 일으킨 정변, 1728년이 무신년이었으므로 무신란(戊申亂)이라고도 함]에 죽은 자들의 원혼[역귀]이 괴질이 발생한 근본 이유라고 생각했다. 역귀들은 밤마다 병장기를 딱딱 두들기면서 마을을 돌아다녔기에 당시 사람들은 역귀에게 '딱딱귀'라는 별명을 붙였다. 딱딱귀를 목격한 사람은 며칠을 앓다가 죽고 말았다. 딱딱귀를 물리치려면 먼저 농기구나 솥뚜껑 같은 쇠붙이를 두들겨 딱딱 소리를 내면서 역귀를 위협해야했다. 소문이 돌자, 수많은 사람들이 밤마다 몰려다니면서 쇠붙이를 두들기고 괴성을 질렀다. 그 자체가 혼돈이자 두려움이었다(『승총명록』).

  역귀를 몰아내기 위해서 뾰족한 물건이나 가시 달린 나뭇가지로 위협하거나 폭죽을 떠뜨려 귀신을 놀래키는 방법도 고안되었다.

혹은 아주 매운 맛이나 몸서리 쳐지는 쓴맛의 재료들로 술을 담가 마을 사람들이 함께 마시기도 했다. 이미 조선전기에 역병을 예방하거나 치료하기 위해 마을 사람들이 모두 모여 '도소주'를 함께 마셨다. 일명 초주(椒酒)로도 불리는 이 술은 매운맛의 '초(椒)'로 역귀를 물리치는 효능이 있다고 여겨졌다.

1524년(중종 19년) 가을의 일이다. 평안도 지방에 역병이 크게 일어나 많은 사람들이 사망했다. 온역(瘟疫)으로 불린 역병의 유행은 쉽사리 그치지 않고 이듬해인 1525년 봄까지 이어졌다.

중종 임금은 밤낮으로 걱정하고 역귀를 달래는 여제(厲祭)를 거행하는 동시에 중앙의 의관들에게 약물을 가지고 전국 방방곡곡을 방문하여 나누어 주도록 명했다. 한편, 의학에 밝은 조정의 신료들을 불러 모았다. 온역 치료서를 만들어 보급할 작정이었다. 우선 김순몽과 유영정이 뽑혔고 내의원 어의 박세거가 합류했다. 이들은 여러 가지 의서에서 온역 치료법을 가려 뽑아 한 편의 책으로 만들었다. 이름하여 '간이벽온방(簡易辟瘟方)'이었다.

벽온은 온역을 물리친다는 의미였고 간이는 복잡하지 않은 간편하고 손쉬운 처방들을 위주로 만들었다는 뜻이었다. 또 어려운 한문을 한글로 번역했다. 이렇게 『간이벽온방언해』가 완성되자, 이를 인쇄하여 서울과 지방 각지에 널리 나누어주었다. 가난한 마을이나 산골의 외딴 동네라도 모두 처방에 따라 생명을 구할 수 있게 되었다. 이 책에 온역을 물리치는 처방으로 '도소주'가 소개되었음은 물론이다.

도소주는 역기(疫氣)를 물리쳐 온역에 전염되지 않도록 하는 효능이 있다고 적혀 있다. 대황, 길경, 촉초, 계심, 호장근, 백출, 오두 등 모두 일곱 종의 약재를 가늘게 썰어 붉은 비단 자루에 넣고 섣달그믐에 우물 바닥의 진흙에 닿도록 담가 둔다. 이것을 정월 초하룻날 새벽에 꺼내어 술에 이 약재를 넣고 두어 번 끓어오르도록 달인다. 도소주가 완성된 것이다.

이 술을 마실 때는 어린아이들부터 먼저 시작해서 어른에 이르는 순서를 지키도록 했다. 도소주를 한 사람이 마시면 한 집안의 온역이 사라지고, 한 집안이 마시면 한 마을의 온역이 사라진다는 것이다.(『간이벽온방언해』) 도소주를 만들려면 일단 일곱 종의 약재가 구비되어야만 했다. 특히 촉초(蜀椒)가 문제였다. 초는 매운맛의 재료였는데, 촉이라면 제갈량이 유비를 도와 세운 중국의 쓰촨 지역이었다. 쓰촨 지역의 '매운 초[화자오(花椒)]'는 당시 조선에 없었다. 때문에 얼얼한 마라 맛의 촉초 대신에 조선에서 구할 수 있는 산초(山椒)가 대신 사용되거나 혹 계피와 같은 다른 매운맛을 첨가하는 등 변형이 이루어지기도 했다. 어쨌든 도소주는 조선의 세시풍속으로 자리잡게 되었다.

20세기 벽두에 이르도록 새해가 되면 도소주를 마시면서 한 살을 더 먹었다는 감상을 시로 짓곤 했다. 온역을 쫓는 술로 부적의 의미가 강했던 도소주는 한 해를 마무리하고 새해를 맞이하는 세찬(歲饌)이 되었다. 평생 궁궐과 관청에 각종 그릇을 납품하면서 살았던 공인(貢人) 지규식(1851~?)은 그릇 외상값이 제대로 수거되지 않아 곤란했던 한 해를 한탄하면서도, 도소주 한잔으로 새해를 기쁘게 축하했다.

어느덧 오십삼 세가 되었으니
지난날 슬픔과 기쁨이 물같이 흘러갔네.
온 세상이 아이들 즐거움만 좋아하니
누구 집 노인이 근심하지 않으랴.
도소주(屠蘇酒)로 신년의 축하를 예비하고
늘어놓은 음식은 오늘 저녁 놀이를 마련했네.
닭 울고 종소리 끊어진 후엔
이 자리 한 시각을 다시 얻기 어려우리.(『荷齋日記』)

4. 누룩이 좋아야

모두(冒頭)에 언급했듯이 술은 과용하면 건강을 해칠 수 있었지만, 기본적으로는 약물이자 음식의 하나였다. 조선시대에는 집집마다 술을 빚어 손님을 맞이하는 접빈객의 문화가 있었다. 현존하는 다양한 고문서나 사대부의 문집 그리고 조리서에는 본인과 가족을 위한 양조뿐 아니라 접빈객을 위한 누룩과 술빚기에 관한 기록들이 상당하다. 특히 지방관이 될라치면, 관아를 찾는 수많은 빈객들을 위해 누룩을 빚고 술을 준비해야만 했다. 사대부란 모름지기 학문에 종사하여 국가에 쓰일 관리가 되고자 하는 자들이었다. 수신과 제가를 넘어 치국의 주체였던 이들은 공적인 접빈객은 물론 대민 구황의 일환으로 각종 장과 술 그리고 음식의 조리법에 관심을 기울였다.

한가지 사례를 1574년부터 1577년까지 대략 3년여 동안 강화부사로 재직했던 전순필(1514~1581)의 일기에서 확인할 수 있다. 그는 처가인 경북 영주에 거주하던 도중 강화부사에 임용되었다는 사실을 통보받았다. 그의 관직일기에는 경북 지역 사림들의 전별연으로부터 시작하여 강화부에서 행했던 공적 업무들로 채워져 있다. 의례 그렇듯이 강화도에 부임했던 전순필의 첫 임무는 향교에 가서 공자를 알현하고 인정(仁政)을 베풀겠다는 다짐으로 시작했다. 특히 관리로서의 그의 임무는 환자곡의 분배와 군적을 살피는 일 이외에 상당한 양의 장(醬)을 담가 관청의 항아리에 보관해두는 것이었다. 장 담그고 누룩 빚는 일은 한마디로 지방관의 주요 업무 중 하나였다.

3년간 전순필이 담갔던 장의 양과 누룩의 갯수가 상당했다. 가령 1574년 한 해의 기록만 보아도, "1574년 5월 6일, 장 22섬을 담가 독 82개에 나누었다"라거나, "1574년 7월 8일에 밀가루를 거두어 누룩 139원(圓)과 닷 되짜리 누룩 128원(圓)을 만들었다."고 했다(『강화선생일기』).

강화부사 전순필은 해마다 봄과 여름이 되면 상당량의 장과 누룩을 빚었다. 1574년 항아리 80여개 분량의 장을 담그는 일은 유향소 사족[별감]들의 감독 하에 관청 소속의 서리와 노비들이 참여했던 것으로 보인다. 이뿐 아니라 누룩 역시 백 여개 이상을 준비했으니 빚는 술의 양도 꽤 많았을 것으로 추측된다. 요컨대 사대부들은 제가(齊家)의 차원은 물론 치국을 위해서 누룩과 술빚기에 관한 지식이 필요했다.

조선 전기부터 서울에는 누룩을 판매하는 시장이 열렸다. 중종대 크게 흉년이 들자, 금주령을 내려야 할 때라는 의견이 올라왔다. 특히 시장에서 누룩을 팔지 못하도록 하자는 생각들이 많았다. 서울 도성에서 하루동안 팔리는 누룩의 양이 7~8백 문인데 이 정도의 누룩으로 술을 빚는다면 쌀 천여 석이 금방 사라진다는 비판이었다. 물론 누룩을 못팔게 하고 술빚기를 금하는 것이 현실적으로 불가하다는 의견도 비등했다. 결국 한시적으로 누룩 판매를 제한하자는 데로 중론이 모아졌다.(『중종실록』)

미주(美酒)를 빚으려는 사람들의 좋은 누룩에 대한 선호를 인위적으로 막기는 어려웠다. 조선에서 가장 오래된 조리서로 알려진 안동 사족 김유의 『수운잡방』에는 다양한 양조법과 함께 누룩 제조에 관한 정보가 수록되어 있는데 그만한 이유가 있었다. 좋은 술에 앞서 좋은 누룩이 필수적이었기 때문이다. 가가호호 양질의 누룩을 제조하기 위한 비방이 전해졌다.

『수운잡방』에는 <조국법(造麴法)>이라 하여 특별한 제법이 수록되어 있다. "6월 첫째 인일(寅日)에 녹두 껍질을 벗겨 곱게 가루를 내고, 무즙을 묽은 죽처럼 만든 다음 밀기울과 섞어 손으로 주물러서 누룩 덩어리를 만든다. 덩어리마다 닥나무 잎이나 두꺼운 종이로 싸고, 바깥을 단단하게 묶어 서까래 밑에 따로따로 매달아 연기에 그을리고는 햇볕에 말린 뒤에 쓴다. 녹두가 3말이라면 밀기울은 4말을 쓰는 것이 상례이다."라는 내용이다.(『수운잡방』)

조선후기의 대표적인 일용백과서 『산림경제』에도 누룩 만드는 시기와 더불어 제조법이 상세하다. 누룩 디디는 가장 좋은 시기는 초복 후이며 중복 후 말복 전이 그 다음이라는 것이다. 특히 누룩을 빚을 때 녹두즙과 여뀌 달인 물을 사용하는 것은 앞서 『수운잡방』의 녹두로 누룩을 빚는 방법과 상관이 있어 보인다. 이렇게 누룩을 빚은 후에는 연잎 등에 싸서 바람이 잘 통하는 서늘한 곳에 매달았다가 가을에 갈무리하도록 했다. 녹두를 이용한 누룩 제조는 오랫동안 조선 왕실의 건강을 책임졌던 내의원의 누룩 제법이었다.

18세기의 대표적인 실학자 가운데 한 사람인 순암 안정복 가문에도 다양한 술빚기와 누룩 제법에 관한 고문서들이 전한다. 순암가는 특별히 누룩 제조에 많은 주의를 기울였다. 누룩이야말로 술의 품질을 결정하는 핵심 요소로 생각했기 때문이다. 이 집안의 고문서에는 여러 가지 종류의 누룩 제조법이 전하는 것은 물론 정선된 누룩을 제조해야 비로소 좋은 술을 빚을 수 있다는 기록도 남아 있다.

내의원에서 제조한 내국(內麴)은 물론 찹쌀가루와 밀가루로 빚은 백곡 그리고 여뀌풀을 넣은 여곡 등 특별한 누룩들이 순암의 가문에서 제조되었다. 가령 백곡(白麴) 제법은 다음과 같다. 밀가루 반죽 한 덩어리, 찹쌀가루 한 되를 물에 개어 건습(乾濕)한 후 체에 걸러 누룩병을 만들어 종이에 싼 후 50일 정도 바람이 잘 통하도록 매달아 두고 낮에는 햇빛을 쏘이고 밤에 이슬을 맞도록 하면 완성된다는 것이다. 또 다른 제조법은 일종의 비전(秘傳)이었다.

<내부비전국방(內府秘傳麴方)>이라는 이름의 처방으로 내의원의 누룩 제조법과 관련이 있다. 밀가루 백 근, 기장쌀[黃米] 4두,

녹두 3두를 모두 가루 내어 누룩병을 빚도록 했다. 이외에도 순암가에는 여뀌를 첨가한 요국(蓼麴)을 만들었다. 일반적인 누룩과 달리 안씨 집안의 특별한 누룩 제조법으로 여겨진다. 찹쌀을 양에 상관없이 준비한 후, 여뀌 풀을 절구에 찧어 즙을 내어 하룻밤을 재운 후 찌꺼기를 걸러낸다. 맑은 여뀌 물에 찹쌀을 반죽하여 누룩을 만든 후 두꺼운 종이에 싸서 바람이 잘 통하는 곳에 매달아 두도록 했다. 여름에 요국을 만들어 두었다가 2개월 정도 지난 후 술을 제조하면 그 맛이 일품이라는 첨언도 달려있다(『고문서집성』8).

5. 약이 되는 술[藥酒]

좋은 술에 앞서 좋은 누룩이 필요하지만, 아무래도 누룩은 좋은 술을 만들기 위한 준비 과정에 불과했다. 좋은 술이라는 결과물이 중요했다. 조선시대 오백 년 동안 가장 사랑받은 술 가운데 하나를 꼽으라면 오가피주가 아닐까 싶다.

수많은 사대부들의 문집에 오가피주의 효능에 대한 칭송이 자자하다. 지봉 이수광은 자신의 백과사전 『지봉유설』에서 오가피주를 황금보다 귀중하다고 극찬한 바 있다. 오가피는 상품(上品)의 영약(靈藥)으로 술을 만들면 크게 몸을 보하고 차로 끓여 먹어도 효과가 좋다는 칭송이었다.

『산림경제』를 보면 한 줌의 오가피를 얻는다면 한 수레의 금은과 바꿀 수 있을 정도라고 과장했다. 『임원경제지』 「정조지」에 오가피주 제법을 수록한 일 역시 전연 이상할 게 없다. 요컨대 연년익수를 바란 조선의 사족들에게 오가피주 음용은 필수적이었다. 현존하는 최고(最古)의 한글 조리서로 꼽히는 장계향(1598~1680)의 『음식디미방』 가운데 한 구절을 읽어보자.

> 술이 익어 공복에 먹으면, 풍병과 (뼈마디가) 시큰거리고 저리며 참기 어려운 증세를 고친다. 그뿐 아니라 옛사람 이유공과 도맹작이란 사람이 평생을 장복하여 나이 삼백살을 살았고 아들 서른을 낳았다. 지금 사람들은 병이 있고 명이 짧으니 모든 일을 다 버리고 먹으라.(『음식디미방』)

여선비[女士] 장계향은 오가피주야말로 장수를 위한 보약이라고 설명했다. 건강하려면 만사를 제쳐두고 오가피 약주를 복용하라고 주문했다. 오가피주는 오갈피나무의 껍질을 햇볕에 말려 사용한다. 허준은 『동의보감』에서 오가피에 대해 성질이 따뜻하고 맛은 맵고 쓰다고 했다. 허리와 등골이 아프거나 두 다리가 저리고 뼈마디가 조여드는 증세에 효과가 있었다. 세 살이 되어도 못 걷는 아이가 걸어 다닐 수 있으며 노인은 장수하여 늙지 않는 좋은 약이라고 설명했다.

이처럼 오가피를 넣어 빚은 오가피 술을 오래 복용하면 근골이 튼튼해질뿐더러 연년익수할 수 있었다. 순암가의 단방(單方)에도 오가피는 한 수레의 금은에 맞먹는다는 『산림경제』의 기술이 그대로 적혀 있다. 이후 『본초강목』의 설명을 채워 놓았다. 옛날

노나라 정공(定公)의 어머니가 오가피주를 복용하고 장수했으며, 장자성(張子聲), 양건시(楊建始), 왕숙재(王叔才), 우세언(于世彦) 등이 오가피주를 복용하고 장수했을뿐더러 자식을 많이 낳았다는 내용이다. 앞서 장계향의 오가피주 서술과 대동소이하다. 한 가지 특기할 것은 순암가의 주방문에 '오가피삼투주(五加皮三骰酒)'라는 약주가 존재한다는 사실이다. 오가피를 기본으로 우슬, 단삼, 구기자, 금은화, 송절(松節), 지각(枳殼) 등 각종 약재를 추가하여 제조한 특별한 술이었다.

명문가를 비롯해 많은 집안에서 오가피주를 비롯해 다양한 약주들을 빚었다. 『동의보감』에는 간단히 한 가지 약재를 활용한 약주를 권장했다. 가령 중국 명대 의서 『의학입문』을 인용하여 창포주를 복용하도록 했는데, 정신이 또렷해지고 장수할 수 있다는 설명이 달려있다. 석창포 뿌리의 즙 5말을 준비한 후 여기에 찹쌀 5말을 넣고 삶아 누룩 5근과 섞는다. 술이 완성되어 충분히 숙성시킨 후 윗부분의 맑은 술을 마시도록 했다. 천문동주 역시 천문동 뿌리를 캐어 짜낸 즙 2말과 찹쌀밥 2말을 고운 누룩에 버무려 일반적인 방법으로 술을 숙성시킨 후 맑게 뜬 윗부분을 마시도록 했다. 지황 역시 약효가 뛰어나 술로 복용할 수 있었다.

『수운잡방』을 보면 지황주는 흰머리를 검게 하는 효과가 크다고 했다. 한마디로 노인을 위한 회춘의 용도였다. 튼실한 지황을 1말 가량 썰어 찧은 후 찹쌀 5되로 무르게 밥을 지어, 누룩 1되와 섞어 술을 빚는다. 특별히 새지 않는 항아리에 잘 담고 진흙을 발라 봉하도록 했다.

봄과 여름에는 21일 정도 숙성시키고, 가을과 겨울에는 한달여 숙성시킨 후 윗부분의 맑은 술을 마시면 되는데, 이것이야말로 지황의 정수라는 설명이다. 지황주는 순암가에서도 애음(愛飮)했던 약주이다. 만병을 제거하고 연년익수의 약효를 지녔다는 것이다. 역시 좋은 지황을 잘라 절구로 찧고, 찹쌀 5되로 고두밥을 준비하여 누룩과 함께 항아리에 넣어 섞은 후 진흙으로 봉하도록 했다. 춘하는 20일, 추동은 25일 정도 기다려 푸른 빛이 돌면 윗술을 마시도록 했으니, 『수운잡방』의 주방(酒方)이 광산 김씨 문중에 국한되지 않고 면면히 이어져 다른 집안의 가양주로 자리잡았음을 알 수 있다.

조선의 술은 한편으로는 맛을 즐기는 동시에 다른 한편으로는 재료의 약효를 추구했다. 포도주가 특히 그러했다. 『수운잡방』에서 가장 맛이 뛰어나다고 칭송한 포도주는 멥쌀로 죽을 쑤어 식히고 누룩을 섞어 항아리에 넣은 후 술을 빚었다. 일단 술이 익으면 다시 멥쌀 5말을 쪄서 식히고 누룩과 포도가루를 넣어 다시 한 번 술을 빚도록 했다. 번거롭게 생각되면 포도를 짓이긴 후 찹쌀죽과 누룩을 섞어 발효시키는 방법을 권했다. 윗부분의 맑은 술은 고관대작 자리를 준다해도 사양할 만한 미주라고 극찬했다. 순암가에서도 포도주를 장복하도록 했다. 특히 포도주는 도인 등 몸을 움직일 때 미리 한 잔을 마시면 백맥이 부드럽게 흘러 기운이 막히지 않도록 해 운동에 도움이 된다고 했다. 포도즙 1두에 누룩 4냥을 섞어 항아리에 넣어 두면 자연스럽게 술이 되는데 특별한 이국의 향미가 있다고 부언했다.

6. 접빈객의 즐거움

조선 전기의 대표적인 조리서 『수운잡방』은 안동의 광산 김씨 문중의 넉넉한 살림살이를 잘 보여주고 있다. 충분히 많은 재산 덕에 광김 문중에는 많은 손님들이 방문했고 이들을 위해 문중에서는 다양한 술을 빚고 음식을 내놓았다. 물론 모임을 주최한 주인이 손님들을 위해 술과 음식을 준비했지만, 손님들도 역시 각자의 술을 가져와 모임을 풍성하게 만들기도 했다.

각각의 집안에서 만든 가양주의 종류와 술맛이 서로 달랐을 터이며, 또 서로 다른 재료로 특별한 약효를 기대하는 것도 향연을 즐겁게 하는 중요한 요소였다. 누구에게는 막걸리보다 소주가 적합했고, 계절에 따라 마시는 술의 종류도 달랐을 것이다.

『수운잡방』에는 삼일주의 경우 사계절 모두 만들 수 있으나 여름철에 맛이 더 좋다고 설명했다. 또한 멥쌀과 찹쌀로 두 번 빚은 아황주는 계절에 상관없지만 그 온전한 맛을 즐기려면 봄과 가을이 가장 좋았다. 경장주라는 이름의 술은 밑술에 술을 더한 후 7일이 지나야 비로소 그 색과 맛이 가장 좋다고도 했다. 술익는 소리와 색 그리고 향미를 따져가며 접빈객의 날짜가 조정되었을 것이다. 절로 태평성세를 노래할 정도의 풍미가 있는 술이라면 특별히 그 제법은 잘 기록해 전수할 필요가 있었다.

각종 약주들은 이를 마시는 주인이나 혹 손님들의 건강 상태에 따라 각각 다르게 약효가 나타났을 것이다. 『수운잡방』에는 잣

가루를 끓여 식힌 물로 빚은 백자주가 나온다. 술의 약효는 콩팥과 방광이 냉한 증세를 치료할뿐더러 갑자기 머리가 아프거나 사기(邪氣) 및 귀매(鬼魅)에 맞아 급사하는 것을 예방했다. 손님 가운데 속이 냉한 사람에게 특별히 대접하였을 것으로 보인다. 이외 도토리 가루와 찹쌀로 빚은 상실주의 효능 역시 유명했다. 많은 이들이 도토리 가루로 빚은 술을 마시면 몸이 가벼워 오랜 시간 걸어도 다리가 아프지 않을 것으로 생각했다. 광산 김문에서 특별히 멀리 여행을 가거나 혹 사냥을 나서는 사람에게 특별히 상실주를 대접했을 가능성이 없지 않다.

술을 거른 뒤, 그 술지게미를 햇볕에 말려 저장해 두었다가 멀리 여행할 때 먹으면 좋다. 3, 4월에 매사냥을 하거나 오후에 하인들이 허갈이 들때 상실주를 냉수에 타 마시면 몸이 가벼워지고 다리에 힘이 난다.(『수운잡방』)

이외에 도인주는 타박으로 인한 어혈을 제거하고 뱃속의 충을 없애는 데 특효약이었다. 경북 영주의 명의 이석간 역시 타박상을 치료하는데 도인주를 장복하도록 권유한 바 있다. 『향약집성방』에는 도인주가 부인의 어혈을 제거하는데 좋다고했다. 인조 치세에 우의정 김류가 다리를 겹질려 부어오르자, 내의원 어의는 어혈을 제거하기 위해 침과 함께 도인주를 처방했다. 왕실이나 민간을 막론하고 매일 아침 따뜻하게 데워 한잔씩 복용하는 것이 상례였다. 『수운잡방』에는 도인주를 매일 아침 따뜻하게 복용하도록 권했으니, 확실히 타박상으로 어혈을 제거해야 하는 환자를 위한 치료제가 분명했다.

오정주는 또 어떠한가? 둥굴레와 천문동, 솔잎과 백출 그리고 구기자 등 모두 다섯가지 약재의 정수를 뽑아낸 약주로 만병을 다스리고, 허한 것을 보하여 수명을 늘리며, 백발도 검게 하고 빠진 이를 다시 나게 하는 효과가 있었다. 호도주는 오로칠상(五勞七傷)을 치료하고 부족한 기를 보하는 효과가 있었으니, 십전대보탕과 다름이 없었다.

각 집안의 주방문은 가문 내에 비전되기도 하지만 전국으로 확산되기도 했다. 앞서 광산 김문의 지황주가 순암가의 주방으로 전수된 사실처럼, 『수운잡방』의 양조법 가운데 일부는 전국으로 퍼져나갔다. 가령 국화의 향기를 술에 담는 방법이다. 황국이야말로 장수의 상징이었다. 충청도 처사 옥담 이응희(1579~1651)는 국화주에 관심이 많았다. 평소에도 "불로장수의 약으로 이보다 나은 게 없지(齊天不死藥 無上此芬芳)"라고 노래할 정도였다(『옥담시집』).

국화꽃의 향을 온전히 담아내는 기술이 필요했다. 『수운잡방』은 황국화의 향기를 술에 담는 비법을 알려주었다. "황국화 가운데 향기가 좋고 맛이 단것을 골라 따서 햇볕에 말린 후 청주(淸酒) 1말당 국화 송이 3냥씩을 비단 주머니에 넣어, 술 표면에서 손가락 하나 정도 높이에 매달고 독 입구를 단단히 봉해 둔다. 하룻밤이 지나 꽃을 들어내면, 술맛이 향기롭고 달다. 향기가 있는 모든 꽃은 이와 같이 할 수 있다."는 것이다. 꽃의 향을 술에 입히는 방법으로 이는 조선후기의 대표적인 경험방 의서 『의방합편』은 물론 『산림경제』에 동일하게 수록되어 있다. 심지어 19세기의 박물학자 이규경은 자신의 책 『오주연문장전산고』에서 '황국화주법(黃菊花酒法)'을 변증하기도 했다.

7. 양생(養生)의 방도

『수운잡방』이 전하는 안동 광산 김씨 후손 중에 매원 김광계(1580~1646)라는 향촌 사족이 있다.(『매원일기』) 그는 서원의 원장으로 유향소의 임원으로 그리고 읍지 편찬자로 공공의 크고 작은 사무에 참견했다. 수도 없이 집을 찾는 손님을 대접하고 지방관을 방문하여 면담했다. 음주는 그의 일상이었고, 평생토록 건강에 관심을 기울일 수밖에 없었다. 그가 남긴 <양생훈>은 그래서 특별하다.

평소에 위장이 좋지 않던 김광계는 소식(小食)을 강조했다. 그는 오후 3~4시 이후에는 음식을 먹지 않는 것이야말로 양생의 비법이라고 특필했다. 비록 배가 고프더라도 한 숟가락의 밥과 죽을 조금 먹는 데 그쳐야 한다는 것이다. 노인이 될수록 숙면이 중요했다. 싱거운 음식과 충분한 잠이 몸을 피곤하게 하지 않는 '양생의 대법(大法)'이었다.

음식과 숙면만 중요했을까? 사실 더 중요한 것은 금주였다. 김광계는 음주의 절제를 양생의 핵심으로 보았다. 술과 안주의 궁합도 중요했다. 그는 자신의 경험이라고 단서를 달았지만, 오랫동안 술과 두부를 함께 먹은 결과 위장이 약해지고 설사증세가 심해졌다고 결론지었다. 정작 김광계 본인은 두부를 매우 좋아해 절에 들릴 때마다 중에게 요청해 두부를 만들어 먹었는데, 그토록 좋아했던 두부를 조심하게 된 것이다. 『동의보감』에도 두부는 맛이 달지만 독성이 있으며, 많이 먹으면 배가 팽창해 죽을 수 있다고 경고했다. 특히 술과 함께 먹지 말라고 했으니, 김광계 스스로 이를 경험하고 자신의 양생훈에 자세하게 기록해 둔 것이다.

이처럼 김광계는 약한 위장과 설사병의 주요 원인을 음주 때문으로 판단했다. 잦은 과음으로 여러 번 낭패를 경험했던 그는 술에 대한 경계의 말을 상당수 남겼다. 조금이라도 지나치게 술을 마시면 두통과 복통이 일어나고 빈번한 설사로 원기가 크게 상하니 술을 엄금해야 한다는 것이다. 동시에 해장술이 몸을 해치는 원인이므로 절대 마시지 말아야 한다고 했다. 김광계는 자신의 경우 막걸리보다는 소주가 적합하다고 보았다. 막걸리는 담(痰)을 생기게 하고 기(氣)를 막기 때문이라는 것이다. 막걸리로 갈증을 멈추게 할 때도 조금만 마시도록 하며 차게 먹어야 한다고 했다. 자신처럼 위장이 약한 가문의 후손들을 위한 훈계였을 것이다.

공부하는 학자에게는 눈을 상하게 하는 음주가 큰 문제였다. 이에 김광계는 술 한 방울도 마시지 않은 것만 못하다는 강조했다. 본인이 경험한 '금주'의 효과는 대단했다. 1639년 5월 그믐날, 김광계는 설사 증세로 술을 아예 끊은 적이 있었다. 그러자 음식은 더욱 맛있고 노곤한 증상이 사라졌으며 심지어 글 읽는 재미가 커졌다는 술회였다. 술을 먹고 목이 말라 물을 계속 마실 일도 없고, 술기운에 낮잠을 자는 일도 없으니 밤에 잠자리마저 편안하다는 것이다. 결국 김광계는 이전의 모든 고통이 음주에서 비롯된 것으로 결론지었다. 지난날 나의 모든 질병들은 음주 때문이니 경계하지 않을 수 있겠는가? 김광계는 자신의 경험을 바탕으로 후손들에게 '양생의 길'을 제시해 주었다.

조선시대에 술은 빼놓을 수 없는 일상의 약물이요, 집안마다 다양한 약주가 제조되고 비법이 전수되었다는 이야기를 잔뜩 늘어놓고는 마지막을 금주하라는 김광계의 양생훈으로 마감하려 하니 약간 허무하기도 하고 절로 헛웃음이 나기도 한다.

술, 누구는 백해무익하다고 하고 또 누구는 건강을 위해서 조금은 마셔도 좋다고 한다. 수백 년 전에 우리 조상들은 자신과 가족의 건강을 위해 그리고 접빈객을 위해 늘상 술을 빚었다. 누군가와 약주의 효과를 나누고자 정성껏 누룩을 빚고 본초서와 의서를 뒤져 더 좋은 처방을 찾았다.

다산 선생은 입술만 적시라고 훈계했지만, 즐겁게 마시는 술 몇 잔으로 인생이 더욱 풍성해지지 않는가? 분명 홀로 마시는 술보다 함께 마시는 술의 약효가 더 클 것이다. 물론 즐겁게 마시되 절대 과음하지 말라고 하셨으니, 각자는 음주의 즐거움과 금주의 절제 사이에서 최선의 양생법을 찾아야 할 것이다. 그때 비로소 술은 인생의 진정한 약수(藥水)가 될 수 있으리라. ◆

참고문헌

『수운잡방』
『고문서집성』
『동의보감』
『여유당전서』
『산림경제』
『매원일기』
『계암일록』
『무명자집』
『향약집성방』
『의방유취』
『활인심방』
『의종손익』
『오주연문장전산고』
『간이벽온방언해』
『승총명록』
『하재일기』

SUUL

제3부 진화

기술과 술 | 디자인예술과 술

진화 | 기술과 술

인공지능 시대의 기술과 술

박영신

1. 머리말
2. 인류의 통신수단 발전과 인터넷
    2.1. 인류의 통신수단 발전과정
    2.2. 인터넷의 발전과정과 미래전망
3. 인공지능 시대의 기술
    3.1. 메타버스의 세계
    3.2. 블록체인 기술
    3.3. ChatGPT가 가져온 인공지능 혁명
4. 맺음말
    - 인공지능 시대, 술문화의 미래전망

1. 머리말

현대 사회는 정보 기술의 급속한 발전 속에서 인간의 삶에 근본적인 변화를 경험하고 있다. 고대부터 이어진 통신 수단의 발전은 오늘날 인터넷과 디지털 기술의 진화로 초연결사회를 실현시켜, 우리의 일상과 사회적 상호작용 방식을 전반적으로 재편하고 있다. 메타버스와 인공지능 기술의 등장은 이러한 변화를 한층 가속화시키며, 블록체인 기술은 디지털 세계의 신뢰와 보안에 새로운 차원을 제시하고 있다. 특히, 코로나-19 팬데믹은 디지털 기술에 대한 의존도를 급격히 증가시키며, 원격 근무, 온라인 학습, 가상 회의 등을 통해 우리의 생활 방식에 혁명적인 변화를 가져왔다.

이 글에서는 이와 같은 기술 발전의 역동성을 하나씩 분석하고 인공지능 시대의 주요 이슈들을 최근의 신문 기사와 CES 2024의 관점에서 조명한다. CES 2024에서는 인공지능이 핵심 주제로, 인공지능을 둘러싼 논의와 혁신이 중심을 이루었다. 이는 우리에게 현실과 가상이 공존하는 메타버스 시대, 그리고 인공지능 시대에 대비하는 전략의 필요성을 강조한다. 따라서 메타버스와 인공지능 시대를 효과적으로 대비하고, 이를 통해 제시되는 기회를 최대한 활용하기 위한 방안을 모색하는 것이 중요하다. 또한 초연결사회를 가능하게 하는 인터넷의 발전 과정에 대해서도 간략히 살펴본다. 인터넷의 발전은 메타버스와 인공지능 기술의 기반이 되며, 우리 사회와 경제에 지속적인 영향을 미치고 있다.

마지막으로, 메타버스와 인공지능 시대에 변화될 술문화의 변화를 전망한다. 이를 통해 기술 발전이 술문화에 미칠 영향과 이에 따른 문화적 변화를 탐구한다. 결론적으로 메타버스와 인공지능 기술의 발전은 술문화를 더욱 다양화하고 개인화하며, 동시에 사회적 상호작용의 새로운 형태를 제시할 것이다.

2. 인류의 통신수단 발전과 인터넷

2.1. 인류의 통신수단 발전과정

인류의 통신수단 발전은 고대 상형문자의 발명에서 시작하여 현대 디지털 혁명에 이르기까지, 역사적으로 다양한 기술적 진보를 경험해왔다. 이 과정에서 문자 체계의 발명, 인쇄술의 등장, 전기를 이용한 통신 기술의 발달 등은 인간의 정보 공유 방식과 지식의 확산에 큰 영향을 미쳤다. 특히 19세기 말 전신과 전화의 발명은 정보 전달의 신속성을 극적으로 향상시켰으며, 20세기에 들어서 라디오와 텔레비전의 발명은 대중 문화의 형성과 정보의 대중적 전달 수단으로서의 역할을 확립했다.

　인터넷의 발명과 함께 시작된 디지털 혁명은 정보의 전달 방식과 소통의 속도에 혁신적인 변화를 가져왔다. 1990년대에 등장한 월드 와이드 웹은 정보의 쉬운 접근성을 가능하게 했고, 이메일과 소셜 미디어의 등장은 시간과 공간의 제약 없이 소통할 수 있는 새로운 플랫폼을 제공했다. 스마트폰의 보급은 인터넷, 소셜 미디어, 다양한 애플리케이션을 하나의 휴대 가능한 기기로 통합하며 정보를 검색하고, 공유하고, 커뮤니케이션하는 방식을 혁신적으로 변화시켰다.

고대 이집트 문자

메소포타미아 쐐기문자

현재와 미래의 통신 기술 발전은 가상현실(VR), 증강현실(AR), 인공지능(AI), 블록체인, 뇌-컴퓨터 인터페이스(BCI)와 같은 혁신적 기술들에 의해 주도될 것으로 예상된다. 실제 테슬라의 CEO 앤론 머스크는 최근 인간의 뇌에 칩을 이식하고 환자가 회복 중이라고 발표했다. SF 영화에서 표현된 모든 기술이 이제 현실이 되고 있다. 이들 기술은 사용자 경험을 극대화하고, 현실과 디지털 세계의 경계를 허무는 동시에, 소통의 방식을 더욱 직관적이고 효율적으로 만들 것이다. 가상현실과 증강현실은 교육, 훈련, 엔터테인먼트 분야에서 실감 나는 상호작용을 제공하며, AI는 자동화된 커뮤니케이션과 개인화된 사용자 경험을 가능하게 할 것이다. 이러한 기술적 발전은 개인의 프라이버시와 데이터 보호에 대한 새로운 도전을 제기한다. 디지털 트윈과 결합된 AR과 VR은 건축, 의료, 교육 분야에서 실시간 시뮬레이션과 상호작용을 제공함으로써, 학습과 연구, 치료 방법을 혁신적으로 개선할 수 있다. 또한, 블록체인 기술은 데이터의 보안과 투명성을 강화하며, 통신의 신뢰성을 높이는 새로운 방법을 제공한다. 사이버 보안은 디지털 시대의 핵심 이슈로 자리 잡으며, 안전한 통신 환경을 유지하기 위한 노력이 필수적이다.

미래의 통신 기술은 단순히 기술적 진보를 넘어서 사회적, 문화적, 경제적 변화를 촉진하는 중요한 역할을 할 것이다. 예를 들어, 가상현실과 증강현실 기술은 교육과 훈련 분야에서 혁신적인 변화를 가져올 수 있으며, 실제와 유사한 시뮬레이션을 통해 학습자들에게 더욱 효과적이고 실질적인 학습 경험을 제공할 것이다. 이와 함께, 인공지능과 빅데이터 분석 기술은 메타버스 내에서 사용자 경험을 개인화하고 맞춤화하여 사용자에게 더욱 만족스러운 경험을 제공할 것이다. 또한, 블록체인 기술은 통신과 거래의 신뢰성을 높이는 데 기여할 것이며, 뇌-컴퓨터 인터페이스(BCI) 기술은 생각만으로 정보를 전달하고 디지털 기기를 제어하는 새로운 차원의 소통 방식을 가능하게 할 것이다. 이러한 기술적 발전은 인간의 생활 방식, 교육, 업무, 심지어 인간관계의 본질에까지 깊은 영향을 미칠 것으로 예상된다. 그러나 이러한 기술적 진보는 개인의 프라이버시와 데이터 보호에 대한 새로운 도전을 마주하게 되며, 기술의 발전과 함께 이러한 문제들을 해결하기 위한 법적, 윤리적 틀의 발전도 필수적이다. 디지털 시대의 안전한 통신 환경을 유지하기 위한 사이버 보안의 중요성이 강조되며, 데이터의 보안과 투명성을 강화하는 블록체인 기술의 역할이 더욱 중요해질 것이다.

인류의 통신수단 발전은 기술적 진보와 함께 사회적, 문화적, 경제적 변화를 촉진하는 중요한 역할을 해왔다. 미래에는 현재 우리가 상상하기 어려운 새로운 형태의 소통 방식이 등장할 것이며, 이는 인류의 생활 방식, 교육, 업무, 인간관계에 깊은 영향을 미칠 것으로 예상된다. 기술의 지속적인 발전과 함께, 인류는 더욱 포용적이며 혁신적인 글로벌 사회를 기대할 수 있게 될 것이다.

2.2. 인터넷의 발전과정과 미래전망

인터넷의 시작은 1969년 10월 29일 ARPANET (Advanced Research Projects Agency Network)이 최초로 두 대의 컴퓨터를 연결하여 서로 메시지를 주고받은 것이 최초로 알려져 있다. 바로 UCLA와 Stanford Research Institute 간의 첫 번째 메시지가 이뤄진 이 사건에서 인터넷이 시작되었고, 이후, 다양한 프로토콜과 기술이 개발되면서 인터넷은 확장되고 발전되었는데, 특히 인터넷 통신의 기본이 되는 규약(프로토콜)으로 TCP/IP가 채택되었고, 1980년대에는 도메인 네임 시스템(DNS)과 웹 브라우저 등의 혁신적인 기술들이 도입되었으며, 1990년대에는 스위스 CERN에서 최초의 World Wide Web(WWW)이 개발되어 인터넷이 일반 대중에게 보다 쉽게 접근하는 것이 가능해졌고, 이로써 인터넷은 급속한 성장을 이루었다. 실제 20세기 말이 되어서야 인터넷의 상업적 활용이 가능해졌다는 것이다. 그리고 겨우 20여 년 만에 인터넷은 다양한 기술적 발전과 협력을 통해 현재의 모습을 갖추게 되었으며, 이는 전 세계적으로 커뮤니케이션, 정보 공유, 비즈니스, 머신 러닝, 인공지능 등의 우리 생활의 모든 분야에 영향을 미치고 있다.

여기서 한국의 인터넷은 1980년대의 대학, 연구기관을 중심으로 연구전산망으로 시작되어, 94년 KT의 Kornet과 데이콤(현 LG U+)의 Boranet이 상용서비스를 시작하면서 본격적으로 우리 생활에 들어오게 된다. 초기의 인터넷 서비스는 전화선을 이용한 Dial-up PPP 서비스와 기업용 전용회선 서비스가 주축이었으며, 이들 서비스를 기반으로 인터넷게임, 정보검색, 온라인쇼핑 등이 태동되었다. 인터넷을 이용한 음성통신(전화)이 시작되고 화상채팅도 개발되면서 통신의 기반 서비스로 자리 잡게 된 인터넷은 초기에는 속도 제한으로 이용에 한계가 있었다. 2000년 하나로통신(현 SK Broadband)이 초고속 ADSL 서비스를 시작하며 국내 Broadband 인터넷(초고속 인터넷) 서비스 시대를 열었으며, 이후 데이콤의 XPEED, KT 등이 뒤를 이었다.

1995년 마이크로소프트에서 기존의 MS-DOS를 대체하는 윈도우즈 운영체제와 인터넷 익스플로어(IE)를 발표하면서 웹 브라우징이 시작되었으며, 이를 기반으로 전자상거래와 온라인 커머스도 활성화되기 시작했다. 또한 2010년대 이후에는 스마트폰 보급과 함께 모바일 인터넷이 본격적으로 활용되어 다양한 앱이 출시되어 서비스되고 있다. 국내에서도 LTE, 5G 등 고속 모바일 시대를 열고 있으며, 한국은 초고속 인터넷 인프라와 IT 산업을 보유한 나라로, 명실공히 세계적인 통신 선진국으로 자리 잡았고 할 수 있다.

　인터넷의 역사는 인류의 기술적 진보와 사회적 변화의 상징이다. 이제 인터넷은 단순한 정보 교환 수단을 넘어서 우리 삶의 방식, 경제 구조, 그리고 사회적 상호작용을 근본적으로 변형시키는 초연결사회의 중심축이 되었다.

　인터넷의 발전은 전자상거래, 소셜미디어, 클라우드 컴퓨팅 등 새로운 산업을 탄생시켰으며, 이러한 산업은 기존 비즈니스 모델을 혁신하고, 새로운 소비자 경험을 창출했으며, 전통적인 산업에도 디지털 변환을 촉진시켜, 생산성 향상과 서비스 개선을 이끌어냈다. 인터넷은 사물, 데이터, 사람을 연결하는 초연결사회의 핵심기술이다. IoT기술은 일상의 사물을 인터넷에 연결하여 스마트홈, 스마트시티와 같은 혁신을 가능하게 했으며, 5G통신기술 도입은 이러한 연결성을 더욱 강화하며, 실시간 데이터 교환과 고속통신을 실현하고 있다. 이러한 기술진보는 사회의 다양한 문제해결에 기여하고, 새로운 기회를 창출하는 동시에, 개인의 프라이버시 보호와 데이터 보안과 같은 새로운 도전도 제기하고 있다.

미래의 인터넷은 AI, 머신 러닝, 고급 분석 기술이 결합된 더욱 지능적이고 상호 연결된 네트워크로 발전할 것이다. 개인화된 서비스, 효율적인 자원 관리, 예측가능한 유지 보수 등을 가능하게 하며, 인공지능과의 통합은 인터넷을 통한 데이터 분석과 의사 결정 과정을 더욱 향상시켜, 개인에게 맞춤화된 정보와 서비스를 제공할 수 있게 하여, 개인과 사회의 삶의 질의 향상시킬 것이다. 또한, 블록체인과 같은 분산 원장 기술의 결합은 인터넷의 보안과 투명성을 강화할 것이고, 이는 금융 거래, 공급망 관리, 디지털 신원 인증 등 다양한 분야에서 신뢰성 있는 데이터 공유를 가능하게 하여, 사기와 해킹, 데이터 조작과 같은 문제는 크게 줄어들 것이다.

3. 인공지능 시대의 기술

3.1. 메타버스의 세계

3.1.1. 메타버스의 핵심기술과 발전 전망

메타버스는 현실과 가상이 결합된 디지털 기술로 만들어진 가상 세계를 의미하며, 가상현실(VR), 증강현실(AR), 인공지능(AI), 블록체인 등 다양한 첨단 기술이 기반을 이룬다. 이 가상 세계에서 사용자는 아바타를 통해 서로 소통하고, 교육, 엔터테인먼트, 업무 등 다양한 활동을 경험할 수 있다. '메타버스'라는 용어는 SF 작가,

닐 스티븐슨(Neal Stephen- son)이 1992년에 쓴 소설, 『스노우 크래시(Snow Crash)』에서 처음 등장했으며, 기술의 급속한 발전과 전 세계적인 팬데믹 상황으로 인해 현실에서 점점 구현되고 있다.

  메타버스를 구현하기 위한 핵심 기술에는 여러 가지가 있다. 하드웨어 기술에서는 VR 헤드셋과 AR 글래스가 중요한 역할을 하며, 이들은 사용자를 완전히 새로운 환경으로 몰입시키거나, 실제 세계 위에 디지털 정보를 추가함으로써 현실과 가상의 경계를 모호하게 만든다. 소프트웨어 기술 면에서는 3D 모델링, 실시간 렌더링, 모션 캡처 등이 가상 세계를 현실감 있게 구현하는 데 필수적이며, 인공지능은 사용자와 상호작용하는 가상 캐릭터를 만드는 데 사용되어 사용자 경험을 개인화한다. 메타버스 내에서의 디지털 자산 거래와 가상 경제시스템 구축을 가능하게 하는 블록체인 기술도 중요한 역할을 한다. 블록체인은 거래의 투명성을 보장하고 사용자의 소유권을 확실히 해 준다. 또한, 고속 네트워크 기술인 5G는 데이터 전송 속도를 대폭 향상시켜 클라우드 및 에지 컴퓨팅을 통해 대규모 사용자가 동시에 메타버스를 경험할 수 있게 한다. 메타버스의 서비스 사례로는 Second Life, VRChat, Fortnite의 가상 콘서트, Google Expeditions의 가상 현장 학습 등이 있다. 이러한 플랫폼들은 사용자가 가상 공간에서 다른 사용자와 만나, 소통하고, 공동 작업을 할 수 있게 하며, 창의적이고 몰입감 높은 경험을 제공한다. 특히, 가상 이벤트는 전 세계 사용자들이 동시에 참여하여 공연을 즐길 수 있게 함으로써, 실제 이벤트를 뛰어넘는 새로운 경험을 가능하게 한다.

 메타버스의 미래 전망은 매우 밝다. 이는 전통적인 직업 개념을 변화시키고, 가상 공간에서 새로운 업무 형태와 직업을 창출할 것으로 기대된다. 예를 들어, 가상 이벤트 기획자, 가상 부동산 개발자, 메타버스 콘텐츠 크리에이터 등이 새롭게 등장할 수 있다. 또한, 메타버스는 교육과 훈련 분야에서도 혁신적인 변화를 가져올 것이며, 실제와 유사한 시뮬레이션을 통해 학습자들에게 더욱 효과적이고 실질적인 경험을 제공할 것이다. 기술 교육뿐만 아니라 일반 교육 과정에서도 폭넓게 활용될 수 있는 가능성을 가지고 있다. 메타버스의 발전은 또한 예술과 문화의 영역에서 창작자들에게 전에는 불가능했던 새로운 형태의 표현과 창작 활동을 가능하게 한다. 예술가들은 메타버스를 통해 물리적 공간의 제약을 넘어선 창의적인 작품을 창작하고, 전 세계의 관객과 공유할 수 있게 된다. 이는 예술과 문화의 경계를 확장하며 새로운 창작물을 생성하는데 기여할 것이다. 메타버스가 현실 세계와 가상 세계의 경계를 허무는 것은 단순히 엔터테인먼트와 교육에만 그치지 않는다. 업무 환경에서도 큰 변화를 가져올 것으로 예상된다. 가상 공간에서의 새로운 업무 형태는 전통적인 사무실 환경을 넘어서는 새로운 협업과 커뮤니케이션 방식을 가능하게 할 것이다. 이는 업무의 유연성을 증가시키고, 전 세계 어디에서나 업무를 수행할 수 있는 글로벌 워크플레이스를 형성할 수 있을 것이다.

 물론, 메타버스의 발전과 확산은 개인정보 보호, 데이터 보안, 디지털 격차와 같은 문제들을 수반한다. 이러한 문제들을 해결하기 위해서는 기술 개발자, 사용자, 정책 입안자들이 함께 노력하고 협력해야 한다. 메타버스가 긍정적인 영향을 미치고 지속 가능하며 포용적인 사회를 구축하기 위해서는 이러한 도전 과제에 대한 적극적인 대응이 필요하다. 결국, 메타버스는 물리적 공간의 제약을 넘어서는 새로운 차원의 경험과 기회를 제공하며, 우리의 생활 방식, 교육, 업무, 예술 등 다양한 분야에 혁신적인 변화를 가져올 것이다. 메타버스의 미래는 우리가 어떻게 이 새로운 기회를 활용하고, 도전 과제에 대응하는지에 달려있다.

3.1.2. 메타버스로 구현하는 원격진료

메타버스를 활용한 원격진료는 현대 의료 서비스의 패러다임을 변화시키고 있다. 이 혁신적 접근 방식은 특히 의료 접근성이 제한된 지역의 환자들에게 큰 혜택을 제공하며, 의료 서비스의 질을 향상시키는 데 중요한 역할을 한다. 가상 병원을 통해 환자는 VR 헤드셋을 착용하고 메타버스에 접속하여, 3D 가상 공간에서 의사와 직접 상담하거나 진단을 받을 수 있다. 이 과정에서 환자의 의료 데이터는 실시간으로 의사에게 전달되며, 의사는 이를 바탕으로 진료를 진행한다.

메타버스는 수술 전략 계획과 훈련에도 활용될 수 있다. 의사는 가상 환자를 대상으로 수술 시뮬레이션을 실행하여, 다양한 시나리오를 테스트하고 최적의 수술 방법을 결정할 수 있다. 이러한 시뮬레이션은 의료 교육과 훈련에도 효과적으로 활용되어, 의대생이나 경험이 부족한 의사들이 수술 기술을 안전한 환경에서 연습할 수 있게 한다. 또한 메타버스는 정신건강이나 심리 치료를 위한 가상 공간을 제공한다. 환자는 가상 현실에서 익명성을 유지하면서 자신의 문제를 편안하게 공유할 수 있는 안전한 공간에서 치료를 받을 수 있다. 가상현실치료(VRT)는 이미 PTSD, 불안 장애, 공포증 등을 치료하는 데 사용되고 있으며, 메타버스의 확장 가능성은 이 분야에서 더욱 다양한 치료 방법과 기회를 제공할 것이다.

최근 인천시에서 개발하여 상용서비스를 앞두고 있는 'XR 메타버스를 활용한 AI 멘탈케어서비스'는 AI와 메타버스를 활용한 정신건강 케어의 좋은 예이다. 이 프로젝트는 필자가 직접 개발에 참여한 프로젝트로 의료진, AI 연구진, 메타버스 콘텐트 개발진이 협업하여 완성한 프로젝트로 향후 많은 활용이 기대되고 있다. [그림1]은 이 프로젝트의 주요 시스템 구성도이며, [그림2]는 AI 멘탈케어 통합 시스템 구성도이다.

한편 메타버스를 통한 원격진료 구현은 가상현실(VR)과 증강현실(AR) 기술을 핵심으로 사용하며, 이들은 사용자에게 고화질 그래픽과 실시간 인터랙션을 제공하여 실제와 유사한 경험을 가능하게 한다. 인공지능(AI)은 환자 데이터 분석, 진단 지원, 치료 계획 수립 등에 핵심적인 역할을 하며, 대량의 의료 데이터를 통해 질병 예측 및 개인화된 치료 방안을 제시한다. 메타버스 원격진료의 효과적인 구현을 위해서는 대용량 데이터 전송과 낮은 지연 시간이 요구되며, 이를 위해 5G 통신 기술이 중요한 역할을 한다.

IoT 기술은 환자의 건강 상태를 지속적으로 모니터링하고, 스마트 웨어러블 기기를 통해 수집된 데이터를 실시간으로 의료진에게 전송한다. 데이터 보안과 프라이버시는 메타버스 원격진료에서 중요한 고려 사항이며, 최신 암호화 기술과 안전한 데이터 전송 프로토콜을 도입하여 환자 정보 보안을 강화해야 한다. 또한, 법적 및 윤리적 측면에서도 새로운 고려가 필요하며, 가상 공간에서의 진료 행위와 환자 정보 처리에 관한 명확한 법적 가이드라인 및 윤리적 원칙의 설정이 요구된다.

3.1.3. 메타버스와 인공지능 시대의 인간과 인간의 교류방식

메타버스 시대의 도래는 디지털 기술의 혁신적인 발전이 우리 삶과 인간 간 상호작용에 근본적인 변화를 가져오고 있다. 메타버스는 가상과 현실이 융합된 새로운 차원의 공간을 제공하며, 이 공간에서 사람들은 물리적 제약 없이 서로 소통하고 관계를 맺으며 다양한 활동을 할 수 있다.

  이러한 변화는 소통 방식, 관계 형성 방법, 교육과 업무 진행 방식에 광범위한 영향을 미치며 새로운 기회와 도전을 제시한다. 메타버스 내에서의 소통은 문자나 음성을 넘어서 3D 가상 환경에서의 실시간 상호작용을 포함한다. 이는 사용자가 아바타를 통해 가상 공간에서 만나 대화를 나누고 공동 활동을 함께할 수 있게 하며, 소통의 몰입감과 참여도를 대폭 향상시킨다. 가상 회의실에서 열리는 회의나 가상 콘서트, 전시회 등은 참여자들에게 새로운 경험과 교류 기회를 제공한다. 메타버스는

지리적 거리의 제약을 없애고 전 세계 사람들이 언제든지 서로 만날 수 있는 공간을 제공한다. 이는 글로벌 커뮤니티 형성을 촉진하며 다양한 문화와 배경을 가진 사람들 간의 교류를 활성화시킨다. 이러한 환경은 새로운 관점의 교환과 협업을 가능하게 하여 창의적이고 혁신적인 아이디어의 발전을 촉진한다. 메타버스에서 아바타는 사용자의 디지털 아이덴티티를 나타낸다. 아바타의 외모, 행동, 상호작용 방식은 사용자의 개성과 정체성을 반영하며 가상 공간에서의 사회적 상호작용과 관계 형성에 중요한 역할을 한다. 사람들은 자신만의 아바타를 통해 자유롭게 표현하고 가상 공간에서 독특한 자아를 구축할 수 있다.

메타버스는 전통적인 경험을 넘어서는 새로운 형태의 사회적 활동과 참여를 가능하게 한다. 가상 공간에서 열리는 다양한 이벤트, 워크숍, 교육 프로그램은 참여자들에게 새로운 학습과 경험의 기회를 제공하며 가상과 현실이 혼합된 새로운 문화적 사건을 창조한다. 이러한 경험은 참여자들에게 실제와 가상의 경계를 넘나드는 독특한 관계 형성과 커뮤니티 참여 기회를 제공한다. 메타버스의 확장은 새로운 디지털 문화의 형성을 가져오지만 사이버 윤리의 중요성을 간과해서는 안 된다. 가상 공간에서의 행동 규범, 상호 존중, 프라이버시 보호 등은 건전한 메타버스 생태계를 유지하는 데 필수적이다. 사용자, 개발자, 커뮤니티 운영자는 함께 협력하여 가상 공간에서의 건강한 상호작용과 문화를 조성하고 유지하기 위한 노력이 필요하다. 이러한 과정은 온라인 공간에서의 윤리적 기준을 재정립하고, 디지털 시민의식을 강화하는 데 기여한다.

메타버스는 교육과 직업 훈련 분야에 혁신적인 변화를 가져올 것이다. 가상 시뮬레이션, 인터랙티브 워크숍, 가상 현장 체험 등은 학습자들에게 실제와 유사한 경험을 제공하며, 다양한 배경과 지역의 사람들이 함께 학습하고 협력할 수 있는 기회를 제공한다. 이는 지식과 기술 습득의 효율성을 높이고, 평생 학습의 중요성을 강조하며, 미래 직업 시장에 필요한 역량을 개발하는 데 도움을 준다.

메타버스의 발전은 인간 관계와 정신 건강에도 영향을 미칠 것이다. 가상 공간에서 형성된 관계와 커뮤니티는 사회적 소속감과 연결감을 강화할 수 있지만, 과도한 디지털 몰입은 현실 세계와의 균형을 잃게 만들 수 있다. 따라서 가상과 현실 세계 사이의 건강한 균형을 찾고, 디지털 웰빙을 증진하기 위한 노력이 중요해진다. 또한 메타버스가 제공하는 새로운 형태의 교류와 경험이 인간의 삶에 미치는 장기적인 영향에 대한 연구와 이해가 필요하다.

사람들이 메타버스에서 경험하는 사회적 상호작용이 실제 삶의 질과 정신 건강에 어떤 긍정적 또는 부정적 영향을 미치는지, 디지털 아이덴티티와 실제 자아 사이의 관계가 어떻게 형성되는지에 대한 깊은 이해를 바탕으로, 사용자들이 메타버스를 건강하고 생산적으로 활용할 수 있도록 지원하는 방안을 모색하는 것도 필요하다.

메타버스 시대는 인간이 가상 공간에서 서로 어떻게 연결되고 상호작용하는지에 대한 이해가 필요하다. 가상과 현실이 융합된 이 새로운 형태의 교류와 소통은 사람들이 서로를 이해하고, 새로운 관계를 형성하며, 지식을 공유하는 방식에 근본적인 변화를 가져올 것이다. 따라서 메타버스가 가져올 무한한 가능성을 실현하기 위해서는 기술적 혁신뿐만 아니라, 이를 지원하는 사회적, 문화적, 교육적 노력이 필수적으로 요구된다.

3.2. 블록체인 기술

블록체인 기술은 2008년 사토시 나카모토에 의해 소개된 이후로, 금융 거래의 기본 구조를 근본적으로 변화시켰으며, 그 활용 범위를 넘어 다양한 산업 분야로 확장되었다. 이 기술은 중앙 집중형 기관 없이도 안전한 거래를 가능하게 하는 비트코인을 통해 처음 세상에 알려졌으며, 이더리움의 등장으로 '스마트 계약'이 도입되면서 블록체인의 가능성은 더욱 확대되었다.

블록체인 기술은 금융 서비스, NFT, 공급망 관리, 의료, 교육, 정부 행정 등 다양한 분야에서 새로운 혁신을 가져오고 있다. 디파이(DeFi)는 중앙 집중형 금융 기관 없이도 금융 서비스를 이용할 수 있게 하는 블록체인 기반의 금융 생태계를 의미하며, 사용자가 스마트 계약을 통해 대출, 예금, 거래 등을 자동으로 실행할 수 있게 함으로써 금융 서비스의 접근성을 높이고 거래 비용을 낮추었다. NFT는 고유한 디지털 자산을 표현하는 데 사용되며, 디지털 아트워크, 음악, 게임 아이템 등의 소유권과 진위를 명확히 할 수 있게 한다.

이는 디지털 콘텐츠 창작자가 자신의 작품을 유일무이한 자산으로 판매하고, 그 가치를 인정받을 수 있는 새로운 기회를 제공한다. 공급망 관리에서는 원재료의 출처부터 최종 제품의 소비자에 이르기까지 전 과정의 투명성을 보장하며, 의료 분야에서는 환자의 의료 기록을 안전하게 저장하고 관리할 수 있게 한다. 교육 분야에서는 학위, 자격증, 수료증 등의 학력 증명서를 디지털 형태로 발급하고 검증할 수 있으며, 정부 행정 분야에서는 투표 시스템에 적용하여 투표 과정의 투명성과 신뢰성을 높일 수 있다.

그러나 블록체인 기술의 도입과 확산은 기술적 복잡성, 규제 및 법적 문제, 대중의 인식 등 여러 도전 과제를 수반한다. 이를 극복하기 위해서는 사용자와 관리자에게 블록체인 기술에 대한 교육을 제공하고, 명확한 규제 프레임워크를 개발하는 것이 필요하다. 이와 더불어, 블록체인 기술은 디지털 신원 인증, 개인 데이터 보호, 가상 부동산 및 디지털 콜렉터블 등 새로운 산업을 창출하고 있으며, 이러한 변화는 디지털 소유권, 저작권, 개인정보 보호 등 다양한 윤리적 및 법적 이슈를 제기한다. 이에 대한 사회적 합의와 규제가 필요하며, 블록체인 기술과 관련된 법적, 규제적 문제를 해결하기 위해 명확한 규제 프레임워크를 개발하고, 기술 발전에 맞춰 지속적으로 업데이트해야 한다. 또한, 다양한 블록체인 시스템 간의 호환성을 보장하기 위해, 업계 표준을 개발하고 적용하는 것도 중요하다.

블록체인은 디지털 신원 인증과 개인 데이터의 보호에 혁신을 가져올 수 있으며, 사용자는 자신의 신원 정보를 안전하게 관리하고, 필요한 경우에만 선택적으로 공유할 수 있다. 이는 온라인에서의 프라이버시 보호와 신뢰성 있는 신원 확인 메커니즘을 제공한다. NFT와 같은 새로운 개념의 등장은 가상 부동산, 디지털 콜렉터블, 메타버스 경제 등 기존에 없던 새로운 산업을 탄생시키며, 창작자와 소비자 모두에게 새로운 기회를 제공한다. 블록체인 기술은 또한 환경 보호 및 관리 측면에서 중요한 역할을 할 수 있다.

예를 들어, 탄소 배출 권거래 시장에서 블록체인을 사용하면 탄소 배출량과 배출권 거래 기록을 투명하고 신뢰성 있게 관리할 수 있으며, 지속 가능한 환경 관리에 크게 기여할 수 있다. 이러한 기술적 발전과 함께 개인의 프라이버시와 데이터 보호에 대한 새로운 도전과 기회를 마주하게 되며, 기술의 발전과 함께 이러한 문제들을 해결하기 위한 법적, 윤리적 틀의 발전도 필수적이다. 사이버 보안은 이 디지털 시대에서 핵심적 이슈로 자리잡을 것이며, 안전한 통신 환경을 유지하기 위한 노력이 필수적이다.

블록체인 기술의 발전은 단순히 기술적 진보의 문제를 넘어서, 사회적, 문화적, 경제적 변화를 촉진하는 중요한 동력으로 작용하고 있다. 미래에는 현재 우리가 상상하기 어려운 새로운 형태의 소통 방식이 등장할 것이며, 이는 인류의 생활 방식, 교육, 업무, 심지어 인간 관계의 본질에까지 깊은 영향을 미칠 것으로 보인다. 디지털 트윈 기술과 결합된 AR과 VR은 건축, 의료, 교육 분야에서 실시간 시뮬레이션과 상호작용을 제공함으로써 학습과 연구, 치료 방법을 혁신적으로 개선할 수 있을 것이며, 블록체인 기술은 데이터의 보안과 투명성을 강화하며, 통신의 신뢰성을 높이는 새로운 방법을 제공할 것이다.

3.3. ChatGPT가 가져온 인공지능 혁명

최근 몇 년 사이, 인공지능(AI) 기술이 가져온 혁명은 일상생활부터 산업의 다양한 분야에 이르기까지 광범위한 변화를 몰고 왔다. 특히, ChatGPT와 같은 AI 기술의 발전은 이전에는 상상할 수 없었던 방식으로 인간의 언어를 이해하고 학습할 뿐만 아니라, 창의적인 작업까지 수행할 수 있는 능력을 보여준다. 이러한 AI 혁명의 핵심에는 자연어 처리(NLP), 머신러닝, 딥러닝 등의 첨단 기술이 자리 잡고 있다.

자연어 처리(NLP)는 컴퓨터가 인간의 언어를 이해하고 처리하는 기술로, ChatGPT와 같은 대화형 AI가 사용자의 질문이나 명령을 분석하고 그 의미를 파악하여 적절한 응답을 생성할 수 있게 하는 기반이다. 머신 러닝은 데이터로부터 패턴을 학습하여 예측하거나 결정을 내리는 기술이며, 딥러닝은 머신 러닝의 한 분야로, 인간의 뇌를 모방한 신경망을 통해 더욱 복잡한 문제를 해결하는 기술이다. 이러한 기술들이 결합하여, AI는 대규모 데이터를 분석하고 학습함으로써 사용자의 요구에 맞는 정교한 답변을 생성할 수 있는 능력을 갖추게 되었다.

현재 AI는 고객 서비스, 교육, 의료 지원 등 다양한 분야에서 활용되며, 뉴스 기사 작성, 코딩, 그래픽 디자인, 음악 작곡 등과 같은 창의적인 콘텐츠 생성 작업에도 사용된다. 이를 통해 생산성과 창의력이 크게 향상되며, AI 기술의 진보는 일부 전통적인 직업의 소멸을 가져올 수 있지만 새로운 직업 기회를 창출하는 양면성을 가진다. AI의 발전은 사용자 맞춤형 서비스 제공, 건강 관리, 교통 및 금융 관리, 스마트 시티 구축 등 다양한 분야에서 새로운 서비스와 솔루션 개발을 가능하게 한다. 이러한 AI 기반의 서비스는 사용자의 선호도와 행동 패턴을 학습하여 개인화된 경험을 제공한다. 또한 AI 기술은 스마트 홈, 자율 주행 자동차, 개인 비서 등의 형태로 우리 생활에 편리성을 더한다. 그러나 AI 기술의 발전과 적용은 프라이버시 보호, 데이터 보안, AI의 공정성 및 투명성과 같은 사회적, 윤리적 문제를 제기한다. AI 기반의 의사 결정 시스템이 편향 없이 공정한 결과를 도출하도록 보장하는 것은 중요한 과제이다. 따라서, 기술발전과 함께 이러한 이슈에 대한 사회적 합의와 규제가 필요하며, AI의 윤리적 활용을 위한 가이드 라인과 표준이 마련되어야 한다. AI 시스템이 처리하는 대량의 데이터 중에는 민감한 정보가 포함될 수 있으므로, 데이터 보호와 안전한 처리는 매우 중요하다.

최근 활용되고 있는 대규모 언어 모델(Large Language Models, LLM) AI는 방대한 양의 훈련 데이터를 기반으로 학습하기 때문에, 훈련 데이터에 존재하는 편향이 AI의 결정에 영향을 미칠 수 있으므로 알고리즘의 공정성 확보는 중요한 이슈가 되고 있다. AI 기술의 발전은 업무 프로세스의 자동화와 효율성 증가를 가져오지만, 동시에 일부 직업의 변화와 재교육의 필요성을 야기한다. 이러한 변화에 대비하기 위해, 정부와 기업은 기술 교육 및 재교육 프로그램을 지원하여 직원들이 변화하는 시장 요구에 맞춰 새로운 기술을 습득할 수 있도록 해야 한다.

AI 기술의 혁명적인 발전은 우리 사회와 생활 방식에 광범위한 변화를 가져오고 있으며, 이러한 변화는 미래에 더욱 가속화될 것이다. 그러나 이러한 기술적 진보가 인류에게 긍정적인 영향을 미치기 위해서는 기술 발전 속도뿐만 아니라, 그에 따른 사회적 대응과 윤리적 고려도 중요하다. AI 기술의 발전은 무한한 가능성을 내포하고 있지만, 그 가능성을 현실로 만들기 위해서는 기술 개발자, 사용자, 정책 입안자가 함께 노력하고 협력하는 것이 필수적이다.

※ **ChatGPT가 가져올 변화, 우리는 무엇을 준비해야 하나?**

ChatGPT와 같은 고급 인공지능(AI) 기술의 등장은 우리의 일상 생활과 다양한 산업 분야에서 혁명적인 변화를 가져올 잠재력을 가지고 있다. 이러한 변화를 맞이하기 위해 우리가 준비해야 할 것은 무엇일까?

ChatGPT와 같은 AI 기술이 다양한 분야에서 활용되면서 전통적인 교육 시스템과 직업 시장에 큰 변화가 예상된다. AI 기술의 발전으로 새로운 기술을 배우고 적응하는 능력이 더욱 중요해지고 있다. 따라서, 평생 학습을 통해 지속적으로 자신의 지식과 기술을 갱신하는 것이 필수적이다. AI와의 상호작용이 우리 일상의 일부가 되면서, 디지털 문해력을 강화하는 것도 중요하다. 이는 기술 사용법을 아는 것을 넘어, 데이터의 이해, 온라인 안전, 프라이버시 보호 등에 대한 지식을 포함한다. AI의 발전은 데이터 프라이버시, 알고리즘의 편향, 직업 시장의 변화 등 윤리적, 사회적 문제를 제기한다. 이러한 문제에 대한 해결책을 모색하기 위해서는 사회적 대화와 협력이 필요하며, 모든 사람이 이 대화에 참여할 수 있도록 준비하는 것이 중요하다. ChatGPT와 같은 AI 기술의 사용은 개인 데이터의 수집과 분석을 필요로 한다. 사용자로서 우리는 자신의 데이터가 어떻게 사용되는지를 이해하고, 적절한 보호 조치를 취해야 한다. 또한, 온라인에서의 안전을 위해 개인 정보 보호에 대한 인식을 높이는 것도 중요하다. ChatGPT와 같은 AI 기술의 발전은 우리 사회와 일상에 긍정적인 변화를 가져올 수 있다. 하지만 이러한 변화를 효과적으로 활용하고, 도전 과제에 대응하기 위해서는 평생 학습의 중요성 인식, 디지털 문해력 강화, 윤리적 고민과 사회적 대화 참여, 직업 변화 대비, 그리고 개인 데이터 보호와 안전에 대한 준비가 필요하다. 이를 통해 우리는 AI 시대를 긍정적으로 맞이할 수 있을 것이다.

※ **인공지능 시대의 몇 가지 이슈**

인공지능 시대 저작권문제 등 핵심 이슈와 최근 AI가 대세가 된 CES2024 내용을 관련 신문기사를 참고하여 간략히 요약한다.

▍동의 없이 기사 읽고 똑똑해진 AI… 韓 '저작권 전쟁' 시작됐다! …
AI 학습용 데이터의 저작권 논쟁은 콘텐츠 공급자들과 AI 개발사들 사이에서 점점 더 복잡해지고 있다. 한국신문협회는 네이버의 생성 AI 모델 '하이퍼클로바X'가 언론사의 동의 없이 뉴스 콘텐츠를 학습용으로 사용한 것을 문제 삼아 공정거래위원회에 제휴 약관 개선을 요구했다. 반면, AI 개발사들은 국내 AI 경쟁력 강화를 위해 저작권에 구애

받지 않는 데이터 학습을 주장하고 있다. 정부는 생성형 AI 저작권 안내서를 통해 저작권자에게 적절한 보상으로 합법적 이용 권한을 확보할 것을 권고했으나, 구체적인 기준은 제시하지 않았다. 갈등의 핵심은 '공정 이용' 조항이 AI 모델 학습에도 적용될 수 있는지 여부에 있다. 저작권법 전문가들은 AI 기사 학습을 공정 이용으로 보기 어렵다는 입장이다.

뉴욕타임스(NYT)는 오픈AI와 마이크로소프트(MS)를 저작권 침해 및 지식재산권 도용으로 소송한 반면, 악셀스프링거와 같은 언론사는 AI 개발사와의 데이터 공급 계약을 통해 새로운 수익 모델을 탐색하고 있다. 이러한 상황은 AI 시대에 뉴스의 가치를 재조명하고, 저작권 보호와 기술 개발 속도 사이의 균형을 찾아야 하는 필요성을 보여준다. /2024-01-02 중앙일보 https://news.nate.com/view/20240102n01478

■ AI시대 저작권 결전…챗GPT, '세기의 소송' 줄줄이 직면 …
유력 언론사와 유명 작가들이 생성형 인공지능(AI) 업체인 오픈AI와 마이크로소프트(MS)를 저작권 침해 문제로 고소했다. 이 소송은 AI 기반 제품의 미래에 중대한 영향을 미칠 것으로 예상된다. 미국 뉴욕 연방법원에는 챗GPT 챗봇이 기존 출판물을 학습에 사용한 것과 관련해 여러 건의 저작권 침해 소송이 제기되었다.

'왕좌의 게임'의 원작자 조지 R.R. 마틴과 존 그리샴을 포함한 베스트셀러 작가 17명은 MS와 오픈AI가 자신들의 창작물을 무단으로 사용했다며 집단 소송을 제기했다. 또한, 퓰리처상 수상자들과 '아메리칸 프로메테우스'의 공동 저자 등 논픽션 작가 11명도 소송에 참여했다. 뉴욕타임스(NYT)는 자사 기사가 챗봇 훈련에 무단으로 사용되어 수십억 달러의 손해를 입었다며 소송을 제기했다.

오픈AI와 MS는 자신들의 행위가 공정 이용에 해당한다고 주장하고 있으며, 이에 대한 법적 논쟁이 이어지고 있다. 그러나 지금까지 대부분의 법원은 기술 회사의 편을 들어왔으며, 샌프란시스코 연방판사는 AI 이미지 생성기에 대한 첫 번째 대규모 소송의 많은 부분을 기각했다. 또한, 캘리포니아의 한 판사는 메타가 AI 모델을 만들기 위해 코미디언 사라 실버만의 회고록을 무단 사용했다는 주장도 기각했다. 미국 대법원은 2016년 구글의 '온라인 도서관' 프로젝트가 저작권 침해라는 저자들의 주장을 기각한 하급 법원의 판결을 인정했다. 이러한 법적 배경은 생성형 AI와 저작권 문제에 대한 지속적인 논쟁을 예고하고 있다. /2024-01-10 매일경제 https://stock.mk.co.kr/news/view/335849

■ 생성AI, 돈 되네?…연 매출 2조 넘긴 오픈AI, GPT스토어로 진격 …
오픈AI가 챗GPT로 전 세계적인 주목을 받으며 2023년에 매출 2조원을 넘어서는 큰 성장을 이루었다. 이러한 성공은 챗GPT 유료 구독과 API 사용료, 마이크로소프트와의 파트너십을 통해 얻은 수익에서 비롯됐다. 오픈AI의 경영진은 2024년에는 연 매출이 50억 달러(약 6조 5000억원)에 이를 것으로 전망하고 있다. 오픈AI는 또한 신규 투자 유치를 통해 사업 확장을 목표로 하고 있으며, 기업가치를 1000억 달러(약 130조원)로 설정해 놓고 협상을 진행 중이다. 이와 함께 GPT 스토어를 출시할 계획으로, 이는 개발자들이 GPT 기술을 활용해 만든 서비스를 사고팔 수 있는 플랫폼이다.

이외에도 AI 하드웨어 분야에서도 영향력을 확대할 계획이며, 애플 최고디자인책임자 출신 조니 아이브가 설립한 '러브프롬'과 협력하여 AI 기기 개발을 진행하고 있다. 하지만, 저작권 침해 문제가 오픈AI의 발목을 잡을 수 있는 주요 위험 요소로 남아있다. /23-12-31 중앙일보 https://www.joongang.co.kr/article/25218770#home

▪ AI가 일자리 삼킨다, 구글 광고직 3만 명 구조조정설 …
구글의 AI 기술 도입으로 인한 광고 조직의 대규모 구조조정 가능성이 드러나면서, 광고 판매 부문의 3만여 명 근로자들이 영향을 받을 수 있다는 우려가 커지고 있다. 이는 구글이 AI 기반 광고 제작 도구 '퍼포먼스 맥스'에 생성 AI를 추가하여 광고 제작 효율성을 향상시킨 결과다. 이로 인해 광고주들은 퍼포먼스 맥스를 선호하게 되었고, 이는 광고 조직 내 인력 수요 감소로 이어졌다. 전 세계적으로 AI에 의한 일자리 대체 문제에 대한 우려가 점차 증가하고 있다. OECD보고서와 미국 구인·구직 플랫폼 레주메빌더의 조사에 따르면, 전 세계 일자리의 상당 부분이 AI에 의해 대체될 가능성이 높으며, 기업인들 사이에서도 이러한 우려가 공유되고 있다.

한국에서도 AI 도입으로 인한 실업 문제가 이미 발생한 바 있다. 이러한 상황 속에서 노동계와 전문가들은 AI의 영향에 대해 다양한 의견을 제시하고 있다. 일부는 AI 개발이 새로운 일자리 창출을 촉진할 수 있다고 보는 반면, 다른 이들은 AI에 의한 일자리 대체의 위험을 경고하며 대비책 마련의 필요성을 강조한다. 이와 관련해 마이크로소프트는 미국 노동총연맹과 AI 파트너십을 체결하여 AI 기술이 일자리에 미치는 영향을 함께 논의하기로 했다. 이는 AI에 의한 일자리 위협에 대응하기 위한 선제적 조치로, 노사 간 해법 모색의 중요성을 강조한다. /23-12-27 중앙일보 https://www.joongang.co.kr/article/25217749#home

▪ 오픈AI 몸값, 130조까지 올랐다…AI '쩐의 전쟁' 뒤 짙어진 그늘 …
거대언어모델(LLM) 개발사들 사이의 경쟁이 치열해지고 있다. 이들은 생성형 인공지능(AI) 연구 및 개발을 위해 막대한 투자금을 모으며 주도권 경쟁을 벌이고 있다. 오픈AI는 투자 유치를 통해 기업가치를 1000억 달러(약 130조원)로 끌어올렸으며, 앤트로픽도 큰 규모의 자금 조달을 추진 중이다. 이러한 투자 유치는 LLM 개발 및 운영에 드는 천문학적인 비용을 감당하기 위한 것으로, 오픈AI의 하루 운영비는 70만 달러(약 9억원) 이상으로 추정된다. 이와 같은 투자 쏠림 현상은 후발 주자들에게 큰 장벽이 되고 있으며, 빅테크와 비교할 만한 새로운 오픈AI를 찾기 어려운 상황이다. 이러한 상황 속에서 오픈AI와 앤트로픽 같은 선두주자들은 계속해서 자금을 모으며 기술 개발에 박차를 가하고 있다. 오픈소스 AI 진영도 이러한 '쩐의 전쟁'에 대응하기 위해 노력 중이다. 오픈소스 모델의 성장은 오픈AI에 대한 대안을 제시할 가능성을 열어두고 있다. 국내에서는 네이버가 AI 연구 및 개발에 약 1조원을 투자하며 실속 있는 개발을 추구하고 있으며, 카카오도 비용 절감에 집중하고 있다. /23-12-25 중앙일보 https://www.joongang.co.kr/article/25217355#home

■ AI노믹스 시대의 새로운 패러다임 …

2019년 영국에서 열린 투표에서 50파운드 지폐의 새 초상 인물로 인공지능(AI)의 아버지라 불리는 앨런 튜링이 선택되었다. 이는 앨런 튜링이 개념적 기반을 마련한 AI가 글로벌 경제 성장을 촉발할 것으로 기대되는 새 시대를 상징한다. AI는 비즈니스 영역에 깊숙이 스며들어 직원들에게 인사이트를 제공하고, 고객에게 실시간 서비스를 제공하는 등 다양한 경험과 기회를 창출하고 있다. 조직들은 AI 도입을 통해 높은 생산성, 고객 만족도, 시장 점유율을 실현하고 있다. 시장조사업체 IDC에 따르면, 조직들은 AI에 투자한 1달러당 평균 3.5달러의 수익을 얻고 있으며, 이는 향후 10년 동안 전 세계 GDP를 10조 달러 늘릴 것으로 예측된다. 이러한 비즈니스의 AI 활용이 증가하고 있으나, 이 혁신이 모든 산업, 지역사회, 국가에 걸쳐 힘을 실어줄 수 있는지에 대한 물음은 여전히 중요하다.

마이크로소프트는 이러한 패러다임을 반영하여 자사의 생성 AI 기술인 코파일럿을 다양한 업무와 역할에 적용하고자 하며, 맞춤형 코파일럿을 만들 수 있는 '코파일럿 스튜디오'를 공개했다. 이는 AI가 이끄는 새로운 산업 혁명의 물결에 우리가 무사히 올라탈 수 있음을 의미한다. AI노믹스 시대가 안정적으로 발전해 나가며 새로운 차원의 풍요를 안겨줄 것으로 기대된다. /23-12-13 중앙일보 https://www.joongang.co.kr/article/25214313#home

■ 애플이 불붙인 '얼굴에 쓰는 컴퓨터' XR기기 경쟁…'CES 2024'에서 활활 …

2024년 CES에서는 애플의 MR 헤드셋 '비전프로' 출시로 시작된 '얼굴에 쓰는 컴퓨터' 경쟁이 주목받았다. 이 행사에는 VR, AR, XR 관련 기업 366개사가 참여하며, 다양한 신제품을 선보였다. 애플의 비전 프로는 컴퓨터 기능을 헤드셋에서 구현하는 새로운 콘셉트로, 사용자는 눈동자, 손의 움직임, 음성으로 기능을 제어할 수 있다.

지멘스와 소니가 공동 개발한 XR헤드마운트와 중국 엑스리얼의 AR 스마트안경 '에어2 울트라' 같은 제품들도 주목을 받았다. 이러한 제품들은 XR 기술의 발전과 사용자 경험 혁신을 목표로 한다. 프로세서 칩과 디스플레이 기술의 발전도 XR 헤드셋의 성능에 중요한 영향을 미친다. 애플 비전프로에는 M2와 R1 칩이 탑재되어 있으며, 소니와 LG디스플레이가 주요 디스플레이 공급업체로 알려져 있다. 시장조사업체 IDC에 따르면, 세계 XR 헤드셋 시장은 2022년 1800만 대에서 2030년 10억 대까지 증가할 전망이다. CES 2024는 XR 기술이 이미 우리 생활에 깊숙이 자리 잡기 시작했으며, 그 영향력이 더 확대될 것임을 보여준다. /24-01-10 중앙일보 https://www.joongang.co.kr/article/25221057#home

▎법무법인 세종, 'AI·데이터 정책센터' 발족 …
법무법인 세종이 2024년 1월 8일에 'AI·데이터 정책 센터'를 설립한다고 발표했다. 이 센터는 AI와 데이터 비즈니스 시대에 맞춰 전문적인 컨설팅을 제공하며, 미래 법률 서비스 시장에서의 선점을 목표로 한다. 생성형 AI 등장 이후 AI는 데이터 경제의 중심 주제로 부상했으며, 맥킨지와 이코노미스트는 AI의 비즈니스 영향력이 계속 커질 것으로 전망했다. 세종의 AI·데이터 정책 센터는 AI 및 데이터 관련 시장과 법제에 대한 전문성을 갖춘 전문가들로 구성되어 있으며, AI·데이터 기반 제품 및 서비스를 계획하거나 운영하는 기업에 법적, 정책적 자문을 제공할 계획이다. 특히, 제품·서비스 출시 단계에서는 AI·데이터 컴플라이언스 전략 및 정책 수립 자문을, 운영 단계에서는 ICT 관련 법·정책 위반 리스크 식별 및 관리 자문을 수행할 예정이다.

이 센터는 윤종인 전 개인정보보호위원회 위원장을 초대 센터장으로, 최재유 전 미래창조과학부 제2차관을 공동 센터장으로 영입했다. 윤종인 고문은 데이터의 안전한 활용 기반 조성을 위한 정책을 구상 및 발전시킨 경험을 바탕으로, AI·데이터 정책 분야의 권위자로 평가된다. 세종은 AI·데이터 컴플라이언스 내재화를 통해 기업이 신뢰성과 안정성을 갖춘 혁신적 AI·데이터 기업으로 성장할 수 있도록 지원할 계획임을 밝혔다. /24-01-10 중앙일보 https://www.joongang.co.kr/article/25221021#home

▎AI가 7월부터 GOP 지킨다, 군사데이터 200만 건 학습 [AI 미래철책 최초르포] …
경기 연천의 전방 사단에 새로 설립된 AI 경계센터에서는 '인공지능(AI) 활용 경계작전 혁신체계' 시범사업이 진행될 예정이다. 이 시스템은 군사 작전에 미치는 영향을 최소화하면서, AI를 통한 유·무인 시스템 도입을 목표로 한다. 영상서버는 감시초소와 GOP 카메라가 촬영한 모든 영상 정보를 수집하며, 영상분석서버는 이 중 이상징후를 식별해 비디오 월에 표시한다. AI 도입으로 인한 변화는 크다. 현재 장병들이 수행하는 감시, 탐지, 추적 작업을 AI가 담당하게 되어 '미래 철책'이 현실화할 전망이다. AI 경계센터의 핵심은 영상분석서버의 학습 능력에 있으며, 군은 180만 건의 군사 데이터와 20만 건의 실지형 데이터를 학습시킬 계획이다. 이를 통해 AI는 다양한 전방 시나리오를 인식하고, 사계절 기상 등 외부 요소를 고려하여 사람과 동물, 아군과 적군을 구분할 수 있다.

이 시스템의 도입으로 경계 작전에 있어서 인력의 필요성이 줄고, 보다 효율적인 감시가 가능해질 것으로 기대된다. /24-01-10 중앙일보
https://www.joongang.co.kr/article/25220883#home

■ AI 프로듀서·AI 카피라이터…'전문가 영역'까지 파고든다 …
CES 2024에서는 AI가 단순 반복 업무를 넘어 전문적이고 창의적인 영역까지 확장하는 기술과 제품이 대거 선보였다. 이는 AI가 조력자이자 일자리를 위협하는 대체자로서의 역할을 동시에 수행하고 있음을 보여준다. 경제협력개발기구(OECD)의 보고서에 따르면 IDC는 2027년까지 마케팅 업무의 30%가 생성 AI에 의해 수행될 것으로 전망했다. 웹툰 제작, 디자인, 마케팅 콘텐트 창작 등의 분야에서 AI 기술의 활용이 늘어나며, 이전에는 사람이 수행하던 창의적인 업무들이 AI에 의해 대체되는 사례가 증가하고 있다.

예를 들어, 웹툰 분야에서는 AI가 맞춤형 보조작가 역할을 하고, 마케팅 콘텐트 창작에서는 제품 사진만 업로드하면 자동으로 상세 페이지를 생성하는 서비스가 등장했다. 이러한 변화는 전문성과 창의성의 개념 자체를 변화시킬 수 있으며, AI 서비스를 잘 알고 활용하는 능력

이 새로운 경쟁력으로 부상할 것으로 예상된다. AI의 발전이 가져올 미래에 대비하여, 인간의 역할과 AI의 활용 방안에 대한 새로운 접근이 필요하다는 지적이 나온다. /24-01-10 중앙일보 https://www.joongang.co.kr/article/25220818#home

▎CES 2024 'All Together, All On' …
CES 2024에서는 "All Together, All On"이라는 주제 아래, AI를 포함한 다양한 첨단기술이 전 지구적 과제 해결을 위해 소개되었다. 이번 전시회는 모든 기술 분야를 아우르며, 특히 AI 활용이 두드러졌다. CES는 기술적 변화와 함께 자동차, 드론, 핀테크, 푸드테크, 우주산업, 디지털 헬스케어 등 다양한 분야로 확장되었으며, UN과 인간안보(HS4A) 분야도 포함하며 지속 가능성과 환경 보호를 강조하고 있다.

　CES 2024는 팬데믹 이후 가장 많은 기업과 참관 인원이 참가한 해로 기록되었으며, 특히 한국 기업의 전시 면적이 가장 넓었다. 올해 CES에서는 'On Device AI'에 대한 주목을 받았으며, 삼성전자는 인터넷 연결 없이도 실시간 통번역이 가능한 '갤S 24'를 발표하는 등, 기기 내 AI 기술의 발전을 선보였다. 이러한 기술 발전은 퀄컴, 인텔, 엔비디아와 같은 업체들이 CPU와 GPU 칩을 고도화하고 연산 속도를 높임으로써 가능해졌다.

　모빌리티 분야에서는 현대자동차가 차세대 항공 모빌리티(AAM)를 상용화할 계획을 발표했으며, 이는 자동차 제조에서 하늘을 나는 모빌리티 개발로 영역을 확장하는 것을 의미한다. 이외에도, 소니와 혼다의 협력으로 전기차 아필라를 선보이고, 기아가 목적 기반 차량(PBV) 모델 PV5를 공개하는 등, 자동차 산업이 플랫폼 비즈니스로 진화하는 추세를 보여준다. /2024 CES(국제전자제품박람회).혁신, AI, 온디바이스AI, 모빌리티앙코언니

4. 맺음말

- 인공지능 시대, 술 문화의 미래 전망 -

인류 역사에서 술은 문화, 사회, 경제적 측면에서 주용한 역할을 수행해 왔다. 술은 축제, 결혼식, 장례식 등 다양한 사회적 행사에서 소통의 매개체로 작용해왔으며, 사람들 사이의 유대감을 강화하고 기쁨과 슬픔을 공유하는 수단이 되었다.

각 지역의 문화와 전통에 따라 다양한 형태로 발전한 술은 와인, 맥주, 사케, 소주 등으로 해당 지역의 문화와 역사를 반영한다. 술을 둘러싼 예술과 문학은 인간의 창의력과 감성을 풍부하게 한다.

하지만 과도한 음주는 알코올 중독, 간 질환, 심장 질환, 암 등 건강 문제를 유발하고, 가정 폭력, 범죄, 교통사고의 원인이 되기도 하며 사회적 비용을 증가시킨다. 그러면, 메타버스와 인공지능 기술의 발전은 술이 인류에게 미치는 영향과 술문화는 어떻게 형성될 것인가?

메타버스에서는 '술'을 물리적인 효과 없이 마시는 경험을 제공할 수 있다. 가상 술집이나 와인 시음회는 사용자들에게 다양한 문화적 배경을 가진 술을 경험하게 하면서도 실제 알코올 섭취 없이 건강상의 위험을 줄일 수 있다. 이렇게 가상현실 속에서의 술 문화는 실제 음주의 부정적 영향 없이 사회적, 문화적 경험을 제공할 수 있다.

가상 공간에서의 술자리는 사람들이 소통하고 교류하는 새로운 경험을 제공하며, 다양한 문화적 배경을 가진 술을 경험할 수 있는 기회를 마련한다. 이러한 가상 술 문화는 실제와 같은 유대감과 문화적 경험을 제공하며 술의 소비 방식과 사회적 의미에 변화를 가져올 것이다.

인공지능을 이용한 개인화된 술 문화 형성도 가능하다. AI 기술은 사용자의 개인적인 취향이나 건강 상태, 기호 등을 분석하여 맞춤형 술을 추천하게 될 것이며, 심지어 사용자를 위한 독특한 술을 제조할 수도 있다.

이러한 개인화된 술 문화는 사용자에게 더욱 만족스러운 음주 경험을 제공하며, 술과 관련된 건강 위험과 부작용을 최소화하는 데 기여할 수 있다.

그러나 가상현실 속에서 물리적 음주 없이 사람들이 술을 통해 추구하는 사회적 상호작용이나 문화적 탐색과 만족감을 주는 부분은 개인적 취향에 따라 다르겠지만 아주 제한적일 수밖에 없을 것으로 보인다.

다만 인공지능 기술을 활용한 개인화된 술 제공은 사용자의 취향과 건강을 고려하여 최적의 술을 추천하거나 제조할 수 있게 해줄 수 있어, 사용자가 자신에게 적합한 술을 발견하고, 과음으로 인한 건강 문제를 예방하는 데 도움을 줄 것이다.

또한 AI는 술과 관련된 정보를 제공하고, 사용자의 음주 습관을 관리하는 데에도 활용될 수 있어, 건강하고 책임감 있는 음주문화 형성에 도움이 될 것이다. 메타버스와 인공지능 시대의 도래는 우리에게 새로운 기회와 도전을 제공하며, 이를 어떻게 대비하고 활용할 것인가는 이제 우리 모두에게 중요한 과제가 되었다.

이 글에서는 인류의 통신수단 발전 과정부터 시작하여, 인터넷의 발전과 미래 전망, 메타버스의 발전, 원격진료의 구현, 블록체인 기술, ChatGPT가 가져온 인공지능 혁명, 그리고 메타버스 시대에서의 인간 교류 방식과 '술' 문화의 변화 전망에 이르기까지 다양한 분야에서의 변화와 전망을 살펴보았다.

메타버스와 인공지능 기술의 급속한 발전은 우리의 일상과 문화에 혁명적인 변화를 가져오고 있으며, 술 문화 역시 이 변화의 영향권 안에 있다. 이러한 기술이 제공하는 새로운 경험과 개인화된 소비 방식은 술 문화의 전통적인 틀을 넘어서는 새로운 가능성을 열어주고 있다.

가상 현실에서의 술자리와 인공지능을 통한 맞춤형 술 추천은 술을 즐기는 방식에 새로운 차원을 추가하게 될 것이며, 과도한 음주로 인한 사회적, 건강상의 문제를 줄이는 길을 제시할 수 있을 것으로 보인다.

메타버스와 인공지능 시대는 이미 우리 앞에 와있다. 이러한 변화에 적응하려면, 혁신적 기술 변화를 받아들이는 것뿐 아니라, 이에 따른 직업의 변화, 인간과 인간의 교류방식의 변화에 대한 이해도 필요하다.

이러한 기술 변화가 궁극적으로 인간의 존엄성과 사회적 정의를 보호하는 방향으로 진행되고 예비될 것인지 두려운 마음에 인공지능의 발전의 위험성을 경고하며, 일정부분 규제가 필요하다는 주장도 많다.

앞으로 어떤 세상이 전개될지, 과거 SF 영화에서 보여주었던 내용이 하나씩 하나씩 우리 눈앞에 펼쳐지는 세상이 기대도 되지만 기계가 인간을 지배하는 세상이 올지도 모른다는 두려움도 떨쳐버리기 어렵다. ◆

[그림1]

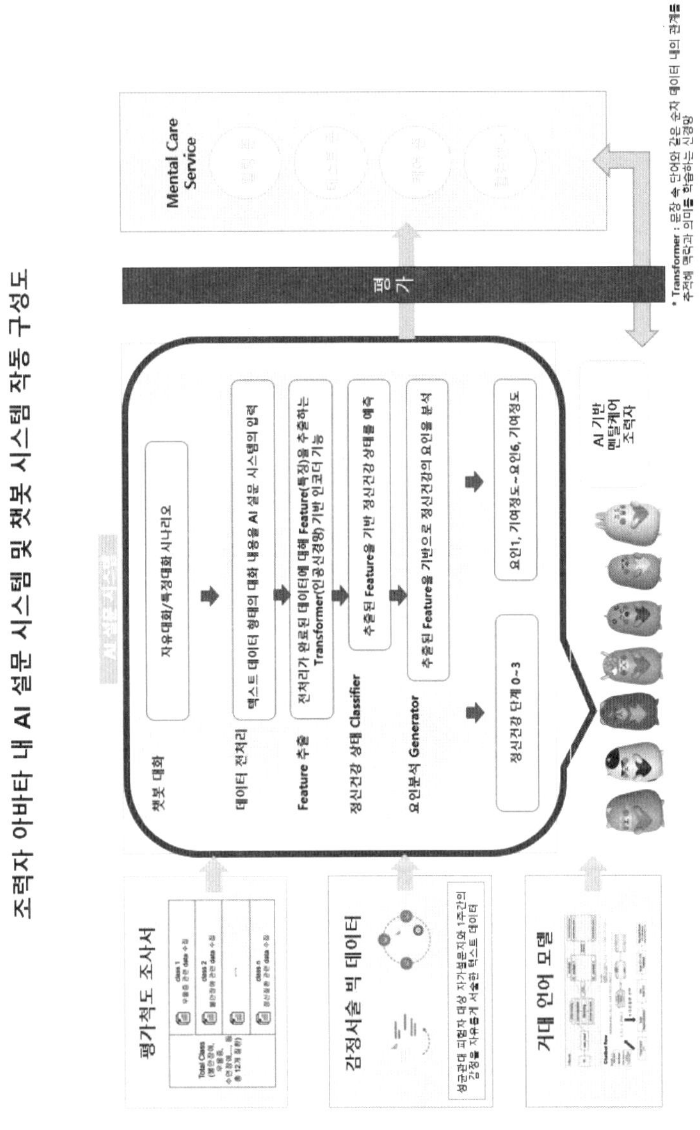
조력자 아바타 내 AI 설문 시스템 및 챗봇 시스템 작동 구성도
평가척도 조사서
감정서술 빅 데이터
성균관대 피험자 대상 자가설문지와 1주간의 감정을 자유롭게 서술한 텍스트 데이터
거대 언어 모델
챗봇 대화
자유대화/특정대화 시나리오
데이터 전처리
텍스트 데이터 형태의 대화 내용을 AI 설문 시스템의 입력
Feature 추출
전처리가 완료된 데이터에 대해 Feature(특징)을 추출하는 Transformer(인공신경망) 기반 인코더 기능
정신건강 상태 Classifier
추출된 Feature을 기반 정신건강 상태를 예측
요인분석 Generator
추출된 Feature을 기반으로 정신건강의 요인을 분석
정신건강 단계 0~3
요인1, 기여정도~요인6, 기여정도
AI 기반 멘탈케어 조력자
평가
Mental Care Service
* Transformer : 문장 속 단어와 같은 순차 데이터 내의 관계를 추적해 맥락과 의미를 학습하는 신경망

[그림2]

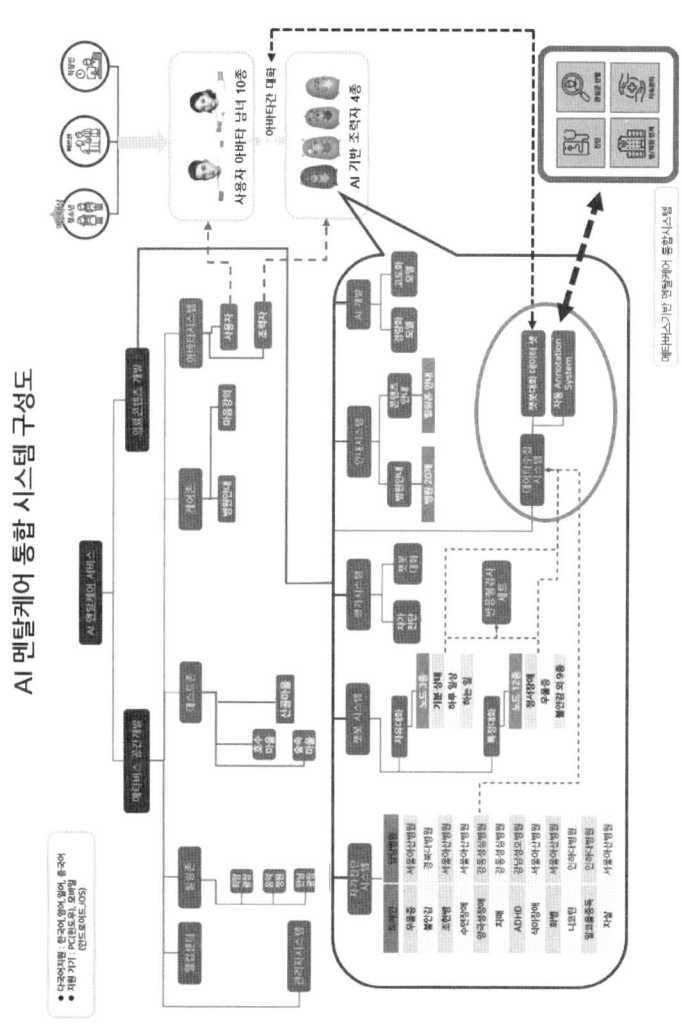

출처: XR메타버스를 활용한 AI멘탈케어, ㈜크렌진, ㈜뷰카마인드 컨소시엄

제5장 인공지능 시대의 기술과 술 247

[그림3]

AI로 생태계 확대 전망

- CES 2024에서 일상생활에서 어떠한 기기와 기능들이 고객의 편의성에 따라 수요가 창출될 것인지 집중하는 것이 필요하다고 판단
- 생성형 AI 기능이 보급되며 데이터에 대해 미처리 역할 확대, 회사 업무 향상에 개인 비서 진행됐고 On device AI가 탑재된 노트북, 스마트폰의 출시가 가속화되면서 엄무 효율성 극대화와 제품 편익성이 높아지는 제품을 주목해야함
- 백색 가전과 더불어 AI 도입이 스마트홈 가전의 영역을 확대시킬 것으로 기대
- 또한, AI 기반 로봇들의 등장으로 물류 자동화 로봇과 개맹용 가패형 재주하는 서비스용 로봇이 향후 도입이 빠를 것으로 판단. 최근 Nvidia, Qualcomm 등 칩 메이커 업체들의 고성능 로봇 AI 칩 개발과 5G 인프라 개선으로 산업 성장 기대
- Mobility 영역에서는 전기차의 스펙 성장이 지속, 수소 생태계도 강조. ADAS를 위한 AI 기반 고도화된 센서도 확대. 배터리는 반고체 배터리도 소개되었음
- CES 2024에서 IT 트렌드는 5가지 세그먼트를 주목해야 보다고 판단

1. 스마트홈: 다양한 측정 데이터를 AI로 분석하여 고객의 맞춤형 솔루션 제공. AI 로봇 도입이 출시와 AI 점목된 가전들의 출시 기대
2. 로봇: AI 기반 스마트 팩토리화 자동화 공정을 위한 산업용 로봇과 개인 맞춤식 서비스용 로봇이 확대 기대
3. AI: 데이터 처리 역량 확대로 업무 처리 회사 업무 기반 생성형 AI 도입이 배르게 진행 온디바이스 AI로 제품 변화화 강화
4. Mobility: 전기차의 스펙 성장 지속, 수소 생태계도 향후 기대, ADAS 반도체 성능 향상. 전고체 전 단계인 반고체 기대
5. 인프라: 전기차 충전소, Net Zero에 대한 방향성 제시

미국 라스베가스 1월 8-12일에 진행된 CES 2024의 슬로건 All On

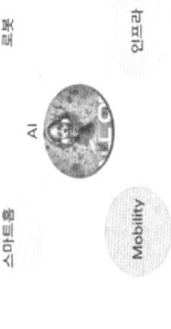

AI와의 융합으로 성장하는 산업 주목

자료: CES 2024, 미래에셋증권 리서치센터

출처: CES2024, 미래에셋증권

[그림4]

AI는 이제 필수불가결

- Statista에 따르면, AI 시장은 2021년부터 연평균 34% 성장해서 2030년에 1조 8475억 달러 규모의 시장이 될 것으로 추정.
- 생성형 AI 기반으로 효율적인 업무 국대화에 초점. 매신저 및 다양한 애플리케이션의 전반이 확대되고 있는 추세
- AI 기술이 보급화에 대하여 처리 역량 확대, 회사 업무 기반 생성형 AI 도입이 빠르게 진행. On device AI가 탑재된 노트북 스마트폰의 출시가 가속화 전망.
- 구글: 생성형 AI 기반 이미지 변환 'Magic Editor', 생산성 강화 협업 'Duet AI in Google Workplace', 매신저 서비스 'Magic Compose' 공개
- 삼성SDS: 생성형 AI 기반의 협업 솔루션인 'Brity Copilot'을 공개. 한국어 기반 업무 효율성 국대화를 위한 솔루션
- 아는 회의 등 음성을 자동으로 회의록 작성, 내부 양식에 맞춰 보고서, 메일 자동 생성 등 회사 업무 국대화에 맞춤식 생성형 AI 서비스 제공 기대

AI 시장 전망
(십억 US$)

21~30F CA
GR +34%

자료: Statista, 미래에셋증권 리서치센터

구글: 자동 이미지 변환, 업무 보조, 매신저 서비스 소개

Duet AI for
Google Workspace

자료: 언론 자료 CES 2024, 미래에셋증권 리서치센터

삼성SDS: 'Brity Copilot'

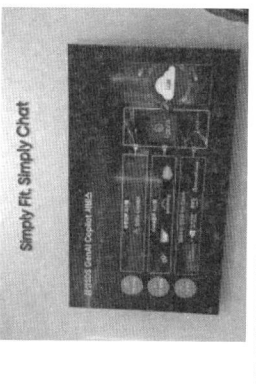

Simply Fit, Simply Chat

자료: 언론 자료 미래에셋증권 리서치센터

출처: CES2024, 미래에셋증권

진화 | 디자인예술과 술

술과 디자인예술, 그 진화의 힘과 사회책임

박선욱

1. 머리말
2. 술에 담긴 디자인예술
3. 술의 사회책임과 브랜드의 힘
    3.1. 브랜드, 브랜딩의 힘
    3.2. 술 브랜딩
    3.3. 술의 사회책임
4. 맺음말
    - 우리술과 디자인예술이 함께 빚어낼 미래

1. 머리말

디자인과 예술은 전통적으로 그 개념을 구분해 왔다. 즉 디자인(Design) 또는 디자이너(Designer)는 객관적이고 외적인 동력과 의뢰자의 취향 및 상업적인 요구에 초점을 둔 것에 반해 예술(Art) 또는 예술가(Artist)는 주관적이고 내적인 동인을 외부로 표출하는 일련의 행위를 수반한다는 데에 대부분 동의해왔다. 그러나 상징과 표현, 소재, 소통, 영감, 창조적 행위 등 일련의 요소들은 이 둘의 경계선을 모호하게 만든다. 이의 연장에서 훌륭한 브랜딩(Branding)을 거친 제품 디자인 가운데는 전설로 불리는 작품들이 많다. 이들은 '디자인작품' 또는 '디자인예술'이라 불린다. 자연히 디자인의 관점에서 예술을 할 수도 있고 예술적 관점에서 디자인을 할 수도 있다.

이 글에서는 위의 두 개념을 융합한 '디자인예술'이라는 용어를 사용한다. 이는 창조성과 진화하는 힘, 사회적 영향력, 그리고 지속가능성을 기초로 한 개념이다. '디자인예술'이라는 말은 이 글에서 처음 사용하는 것은 아니고 이미 문화·예술계 전반에서 일반화되고 있다. 이에는 제품의 외형적 디자인뿐만 아니라 그 안에 담긴 상징성 그리고 소비자와의 정서적 교감을 고려한 창조적 과정이라는 공통분모가 내재하기 때문이다.

술도 단순한 소비재가 아니라 공동체의 문화적, 사회적 가치를 표현하는 매개체로서 디자인예술을 통해 그 가치를 극대화할 수 있다. 이 글의 목적이 여기에 있다. 즉 디자인예술이라는 관점에서 한국술의 미래 전망을 담아보려는 시도가 이 글의 중심이다. 디자인예술과 한국술(K-Suul)의 결합이 어떻게 한국술의 미래를 밝혀줄 수 있을지를 알 수 있는 예로 주병의 형태와 라벨 디자인 및 패키징이 있다. 이들을 통해 술의 역사적 배경과 현대적 감각을 효과적으로 전달할 수 있다. 또한 한국술은 단순히 용기나 라벨 디자인에서 보는 표면적인 요소뿐만 아니라 술을 빚는 과정과 그에 담긴 마음가짐 그리고 오랫동안 전승되어온 음주예절 등 풍부한 문화 콘텐츠를 지니고 있다. 이러한 전통과 문화는 한국술의 우수성을 두드러지게 하며 글로벌 시장에서 더욱 큰 매력을 갖게 한다. 이때 디자인예술이 담당할 중요한 역할은 이 같은 문화적 가치를 시각적으로 표현하고 소비자에게 감각적이고 심미적인 경험을 제공하는 것이다.

흔히 술을 이야기할 때 술에 담긴 인문향(人文香)보다는 시장과 소비자의 평가를 우선시한다. 글로벌 시대에 술이 갖는 평판(Reputation)은 그 성공을 좌우하는 요소이다. 또한 술의 정체성(Brand Identity)과 브랜드 파워(Brand Power)는 국내 시장을 넘어 글로벌 시장 진출의 토대가 된다. K-Pop, K-Drama 등 한국문화가 세계적으로 큰 반향을 일으키는 가운데 한국의 술 역시 세계 시장에서 성공적으로 자리잡을 수 있다. 다만 술이 글로벌 시장에서 성공적인 평가를 받기 위해서는 내가 전달하고 싶은 메시지보다는 상대가 듣고 싶어 하고 알고 싶어 하는 메시지를 전달하는 것이 중요하다. 더하여 그 메시지에는 세계인이 서로 공유하고 공감할 수 있게 인류가 추구해온 보편적인 가치가 드러나야 한다. 디자인예술에서 가장 중요한 전략 가운데 하나가 바로 이 메시지 전달이다. 이를 다음 "3.1. 브랜드, 브랜딩의 힘"과 "3.2. 술 브랜딩"에서 설명하고자 한다.

세계적인 명주들을 살펴보면 인류문화의 보편성과 다양성이라는 메시지를 동시에 담고 있다. 술의 본질적인 가치를 강조하면서도 현대적인 디자인예술과 메타버스, 인공지능 등 새로운 기술과 결합하는 전략은 글로벌 소비자들을 사로잡는 강력한 힘이 될 것이다. 또한 술의 역사적 배경과 이야기를 재해석하여 새로운 콘텐츠를 창출하는 방식은 술에 대한 인식을 새롭게 바꾸는 강력한 도구가 될 것이다. 예를 들어 술을 소재로 한 설치미술, 공연예술, 시각디자인 등을 통해 전에는 없던 예술적 체험을 만들어 내는 것이다. 이는 술의 가치를 한층 더 높일 뿐만 아니라 새로운 문화의 흐름을 만들어 낼 수 있다.

이처럼 한국술이 갖는 고유한 맛과 발효과정 등을 시각적으로 표현하고 풍부한 스토리와 결합시킨다면 와인, 사케, 바이주 등과 함께 한국의 술도 세계적인 명주로 자리잡을 것이다. 우리가 마시는 술에는 그 시대의 문화예술과 시대정신이 담겨 있다. 따라서 우리의 술은 우리의 술은 단순히 소비하는 것에 그치지 않고, 그에 상응하는 사회적 책임도 지녀야 한다. 이를 이글의 "3.3. 술의 사회책임"에서 담고자 한다.

정리하면 인류 기원 이후 유구한 시간을 거치며 변화와 혁신 속에서 오늘에 이른 우리는 술을 통해 새로운 문화를 창출시킬 수 있으며 또 다른 진화의 동력을 만들어갈 것이라고 본다.

2. 술에 담긴 디자인예술

술에는 신성성이 담겨 있다. 고대인들에게 술은 신성한 의식을 치르기 위한 필수 요소로서 신과 인간을 연결해주는 중요한 상징물이었다. 산짐승을 잡아 제물로 올리거나 때로는 인신공희(人身供犧)의 의식을 치르면서도 빠뜨리지 않고 술을 바쳤다. 곡식이 귀한 시대에 술은 더욱 특별하고 귀했다. 술을 마시는 일은 신분을 나타내었고 위계질서를 형성했다. 시대가 흐르면서 사람들과 술의 관계는 신성시까지는 아니지만 기본적인 의식주 속에서 여전히 귀한 음료로 자리했다. 이를 담는 술잔이라든가 술병은 기능을 넘어 예술품 그 이상이었다. 집에 들이는 가구나 입는 옷보다도 술을 잘 즐기기 위해서 인간은 지대한 관심과 노력을 기울였다. 이는 동·서가 다르지 않다.

동양에서 소 '우(牛)'를 부수로 하는 한자 '犧'는 주로 희생을 의미하지만 때로는 술그릇을 뜻하기도 한다. 이는 술이 단순한 기호 음료가 아닌 신성한 희생의 상징이었음을 보여준다. 선사 유적 가운데 중국 황하 유역에 자리한 지아후 유적((賈湖遺蹟, Jiahu site, 7000~5800 BCE)이 있다. 이 유적에서 출토된 동물 뼈로 만든 악기는 당시 술을 마시는데 악기가 함께 연주되었음을 보여준다. 새의 뼈로 만든 피리에는 구멍이 여러 개 뚫려 있는데 다양한 음조를 내려는 필요에서 고안되었을 것이다. 피리 구멍의 간격으로 음을 조절할 정도로 높은 예술 수준을 지닌 선사인들은 과일이나 꿀, 곡물로 술을 빚어 마시고 이를 토기에 남겼다. 토기 외에도 고대 사회의 청동제 유물 가운데 '작(爵, jue)'이 있다. 술을 데워서 따르는 기구로 '작'의 뜻은 '참새'이다. 모양이 참새를 닮은 것에서 이름하는데 당시의 기술이 집약된 매우 아름다운 조형물이다.

　우리나라의 경우 술문화에 예술성이 부여된 사례로 신라시대의 포석정(鮑石亭)이 있다. 포석정의 기능에 대해 여러 이설이 있기는 하나 포석정은 그 자체로 술과 예술 그리고 자연과의 결합을 엿볼 수 있는 걸작이다. 술잔을 물길에 띄워 보내고 돌아오는 술잔을 들며 시를 읊었을 것으로 추정되는 유상곡수(流觴曲水)의 연회문화는 신라 귀족들의 예술적 감각을 상징한다.

　서양에서도 술은 신성한 의식의 중심에 서 있었다. 그리스신화에 등장하는 술의 신인 디오니소스가 새겨진 고대 도자기가 있다. 사람의 상상력이 한껏 돋보이는 이러한 도자기 외에도 물과 와인을 섞을 때 쓰는 크레이터(Crater)가 있다. 이 주구(酒具)에는 승리의 여신인 나이키(Nike)가 새겨져 있는데 당시의 풍요로운 술문화를 엿볼 수 있는 유물이다.

　이 외에도 화려한 보석을 박아 넣은 금동제 술잔, 사슴을 매끈하게 조각한 서양의 각배(Rhyton) 등은 모두 술을 즐기기 위한 용도였다. 그러나 놀라울 정도로 멋진 예술적 감각과 조형미를 지니고 있다. 무엇보다 우리나라 신라 고분에서 출토된 목이 긴 술병인 암포라(Amphora)는 전형적인 로만-글라스로 밝혀진 바 있어 동·서 문화예술 교류사의 일단을 짐작하게 한다. 귀족들을 위해 만들어진 이 도자기 또는 유리 제품들은 문화를 향유하고 즐거움을 배가시키려는 목적으로 제작되었다. 도자기나 유리는 매우 진귀한 물건이었다. 다양한 문양과 디자인을 가미한 고대의 술병, 술잔 등을 보면서 '술을 위한 디자인예술'의 절정이 무엇인지를 확인할 수 있다.

특히 고대 조지아의 크베브리(Qvevri)는 술을 저장하고 발효시키는 용도로 제작된 항아리에 불과하지만 그조차도 구조적 형태는 당시의 미적 감각을 잘 반영하고 있다. 한편 고대 조지아와 중국의 지아후 유적에서 보듯 유라시아 대륙의 동서를 횡단하며 예술과 술이 어우러졌듯이 중남미 대륙에서도 높은 예술적 가치와 수준을 지닌 술 문명이 출현한다. 멕시코의 카파차 유적(Capacha site, 800 BCE)이 그것이다. 이 유적에서 출토된 유물 가운데 토기로 된 증류기가 있다. 복제품을 통해 지금도 증류할 수 있으며 한국의 소줏고리와 같은 방식을 지니고 있다. 더욱이 새겨진 문양과 세 개로 늘어뜨린 발굽과 몸체는 예술적인 가치마저 느끼게 한다. 또 세밀한 디자인을 보면 단순히 기능만을 추구했던 것은 아닌 것으로 보인다. 이처럼 고대로부터 술은 디자인예술과 떼려야 뗄 수 없는 관계 놓여 있었다.

18세기에 들어 서양은 술잔의 본새가 바뀌기 시작한다. 와인-글라스의 받침이 매우 얇아진 것이다. 유리를 덩어리째 조각해서 화려함을 더했을 정도로 예술성에 치중했던 이전 시대와는 양상이 전혀 달라진 것이다. 이는 유리 제품에 세금을 매길 때 무게를 기준으로 한 때문이다. 과거 부와 명예를 자랑하며 예술성을 지향했던 술잔은 이제 상업적인 쪽으로 그 디자인 트렌드가 바뀌게 된 것이다. 그러나 예술성을 유지하려는 노력은 여전했다. 하지만 이 또한 서서히 대중화되고 있는 시장 친화적인 동기에서 전적으로 비롯한 것이다. 현대에 들어와 건축 분야에서 술과 자연 그리고 예술을 조화롭게 결합한 건축물들이 눈에 띄기 시작한다. 술이 건축과 또 건축과 술이 결합한 것이다.

포르투갈에는 '아데가메이 와이너리(Adega Mae Winery)'가 있다. 이 와이너리는 자연 채광을 활용하고 있고 와인 생산과정에서 발생하는 부산물을 재활용하는 시스템을 도입한다 게다가 포도밭과 건축물이 특별한 조화를 이루며 방문객들에게 편안하고 자연 친화적인 느낌을 선사한다.

또 다른 건축 사례로 이탈리아의 '안티노리 와이너리(Antinori Winery)'가 있다. 이곳은 지하에 와이너리 시설을 두고 있어 외부에서는 잘 보이지 않는다. 또한 건축 재료는 거의 자연에서 구한 것을 사용하고 있다. 이들 와이너리는 술을 생산하는 시설물이 환경을 훼손하지 않고 자연과 잘 어우러질 수 있음을 보여주는 사례로 삼을만하다.

미술에서도 술은 예술가들에게 창조적인 영감을 제공했다. 예술가들의 욕망을 적시며 그들의 몸과 마음을 불태우는데 술이 등장한 것이다. 대표적인 예술가로 고흐(Vincent van Gogh, 1853-1890)가 있다. 그의 작품, '압상트(absinthe)를 마시는 사람'을 보면 자신의 정신적인 고통을 잊게 해주는 흡사 마취제 같은 역할이 그림을 통해 느껴진다. 고통을 참아가면서까지 무엇인가를 만들어내야 하는 사명감 또는 욕망, 즉 정신과 몸을 불사르는 일, 고흐에게 그만한 대가를 기꺼이 치르게 한 것이 술이었다.

마네(Edouard Manet, 1832-1883)가 그린 '폴리 베르제르의 술집'에는 온갖 종류의 술이 나온다. 그중에는 지금도 팔리고 있는 술이 있다. 영국의 에일 맥주인 '바스(Bass)'이다. 라벨에 그려진 빨간색 삼각형이 예술가들의 영감을 자극했는지 피카소의 그림에도 등장한다. 마네의 그림을 보면 파는 사람 따로 마시는 사람 따로 만들고 사는 사람이 따로인 술 소비문화를 읽을 수 있다. 여러 관점이 있겠으나 술을 사는 사람들은 즐거우나 파는 사람들은 피로한 현대사회의 단면을 보는 듯하다.

  현대 화가 중 잭슨 폴락(Jackson Pollock, 1916-1956)이 있다. 추상적이고 독창적인 화법의 드립-페인팅(Drip painting)으로 유명하다. 평소 술에 많이 의존했던 그는 불과 40세 나이에 음주 사고로 사망한다. 그가 작품에서 보인 강렬한 표현은 아마도 그가 마신 술에 내재한 창조와 파괴가 공존하는 야누스적 모습 때문일 수 있다. 마치 힌두문화에서 선한 브라만 신과 악한 시바 신이 함께 따라다닌 것처럼 그는 자신이 겪는 고통과 분노를 예술로 승화시켰다. 단언할 수는 없지만 그에게 술은 예술혼을 불태우는 에너지이자 연료였을 것이다. 술로 인해 그의 작품이 더 훌륭해졌으리라고 말할 수는 없다. 그러나 최소한 작가가 겪는 혼란한 감정을 더욱 극대화하고 자극했던 기제로 작용했을 것임은 분명하다.

  이 밖에도 헨리 루트렉, 존 미첼, 마크 루드비코, 폴 고갱, 뭉크 등 내로라하는 예술가들 모두 그 명성만큼이나 술로 유명했다. 아마도 이들은 예술을 하기 위해 술을 마셨을지 모른다. 술과 디자인 예술의 결합은 미술뿐 아니라 문학과 공연예술에서도 중요한 역할을 한다.

문학에서는 술과 창작의 깊은 연관성이 자주 나타난다. 20세기 노벨 문학상을 수상한 미국 작가 5명 가운데 4명이 알코올 중독자였다는 사실은 술이 예술적 영감과 창조적 행위에 얼마나 깊은 영향을 미쳤는지를 보여준다.

어니스트 헤밍웨이(Ernest Hemingway), 윌리엄 포크너(William Faulkner), 존 스타인벡(John Steinbeck), 유진 오닐(Eugene O'Neill) 같은 작가들은 술과 밀접한 관계를 맺으며 그들의 작품에 영감을 더했다. 이들 작가에게 술은 내면의 고통을 잠시 잊게 해주는 도피처였을 뿐 아니라 그 감정적 에너지를 작품으로 승화시키는데 중요한 역할을 했던 것으로 생각된다. 이들은 술에 대해서는 무척이나 자유로운 영혼을 지닌 작가들이었다. 이 외에도 무라카미 하루키는 위스키 성지 여행이라는 책을 집필할 정도로 술을 매우 좋아했다.

공연예술에서는 샤를 보들레르(Charles Baudelaire)가 "술은 예술가를 새로운 감각의 세계로 이끌어주는 도구"라고 한 말이 있다. 아마도 그는 술이 배우들의 감정 몰입을 도와주는 중요한 역할을 한다고 본듯하다.

그렇다면 더 높은 경지의 예술 행위를 하기 위해 예술가에게 술이 꼭 필요한 것일까? 예술가들에게 술이란 무엇인가? 술이 그들의 예술 행위를 어떻게 도와주는가? 평소에 느끼지 못한 '나'라는 존재를 술로 인해 느끼는 것인지 아니면 자신이 넘지 못한 경계를 경험할 수 있게 해주는 때문인지 단순히 기분을 좋게 또는 나쁘게 하는 것을 넘어서 예술가에게 술은 별다른 능력을 선사했던 것으로 생각된다.

현대에는 이 책 제5장의 논고에서 보듯 AI가 술과 예술의 결합을 새로운 차원으로 확장시키고 있다. 인쇄나 라디오, TV가 과거 개인의 감정과 감성을 빠르게 전달하는 도구였던 것처럼 AI는 그 역할을 더 세밀하게 확장시킨 또 다른 도구로 볼 수 있다. AI는 예술가들이 술과 관련된 예술 창작을 위한 기술적 도구로 활용할 수 있으며 메타버스는 가상 공간에서 술과 예술을 경험할 수 있는 몰입형 플랫폼을 제공한다. 다만 AI와 메타버스가 기존의 매체들과 차별화되는 점은 상호작용과 개인화의 수준이다.

예술가는 AI를 통해 실시간으로 감정과 창의성을 증폭시키고 메타버스는 사용자에게 개인화된 예술 경험을 제공함으로써 감정 교류를 더욱 심화시킬 수 있다. 가상 와이너리 투어나 가상 미술 전시회 등을 통해 사람들은 술과 예술을 새로운 방식으로 접할 수 있으며 AI 기술은 실시간으로 술병 디자인을 생성하고 예술 작품을 창출할 수 있는 길을 열어준다. 이로 인해 예술가들은 전통적인 매체로는 불가능했던 방식으로 감정과 메시지를 더욱 세밀하게 표현할 수 있게 된 셈이다.

술은 예술가들에게 창조적 영감을 제공하며, 미술, 음악, 문학, 공연, 건축, 디자인 등 다양한 예술 분야에서 중요한 역할을 해왔다. 술을 담는 용기와 디자인은 예술적 의미를 지녔으며 술과 예술은 서로 떼려야 뗄 수 없는 관계를 유지해 왔다. 앞으로도 술과 예술의 결합은 AI와 메타버스 같은 첨단 기술을 통해 새로운 문화적 흐름과 예술적 경험을 창출할 것이다.

머지않아 인간은 술을 대체할 만한 어떤 물질을 만들 수도 있다. 마치 '멋진 신세계(Brave new world)'라는 영화에 등장하는 소마(soma)처럼 인간에게 물리적인 행복감을 가져다줄 수도 있다. 그러나 그것은 이 논고에서 말하는 술의 본질과는 아주 다르다. 앞으로 우리 사회는 사람과 사람의 관계를 바탕으로 자연과의 조화 속에서 좋은 술 한잔을 빚는 일이 중요한 일이 될 것이다.

3. 술의 사회책임과 브랜드의 힘

3.1. 브랜드, 브랜딩의 힘

브랜드(Brand)는 유형 또는 무형의 지적 자산으로 재화와 용역을 포괄한다. 브랜딩(Branding)은 이러한 브랜드를 만드는 일련의 작업을 의미하며 브랜딩의 맨 처음 작업은 브랜드를 정의하는 일로부터 시작한다. 이어 브랜드의 '위치설정' 소위 '포지셔닝(positioning)'이 있다. 즉 브랜딩은 브랜드의 이름과 심볼, 그리고 다른 여러 시각적인 요소들의 예에서 보듯 브랜드의 정체성(identity)을 알아채는데 필요한 모든 커뮤니케이션 요소들을 창조하는 작업이다.

한국의 술이 글로벌 시장에서 제대로 자리 잡으려면 여러 사회의 문화적 양상들과 다양한 측면들을 탐구할 필요가 크다. 이 절에서는 인류문화의 보편성과 다양성은 물론 한국 문화를 포함한 개별 문화들의 특수성을 살펴보기 위하여 디자인예술에서 말하는 브랜딩 요소를 대입하였다.

  브랜드의 이름과 심볼 등 여러 시각적인 요소들은 고객과 브랜드 스토리를 연결할뿐더러 모종의 기억을 불러일으킬 수 있게 설계되어 있다. 더 나아가 브랜드 시스템이란 브랜드가 사회적, 문화적으로 함축된 의미를 지닐 수 있게 하는 브랜드의 전략적이고 계층적인 조직체계를 말한다.

  간혹 브랜딩을 두고 로고 또는 기타 시각적인 요소들을 만드는 행위 정도로 이해하는 경우가 있다. 물론 시각적인 요소들은 브랜드를 구성하는 중요한 요소이다. 그러나 이들이 가장 중요한 것은 아니다. 실제 브랜드에 있어서 스토리 또는 철학과 같은 무형의 요소들이야말로 브랜드의 핵심적인 부분이다. 시각적인 요소는 물론이고 소리와 향기, 질감, 맛과 같은 기타 감각적인 요소들은 브랜드의 고유하고 독자적이며, 다른 것과 구별되는 특질과 덕성을 형성한다.

  오늘날 디자인의 결정적인 요소로 인식하고 있는 브랜딩의 기원은 실로 고대에 두고 있다. 브랜딩의 시작은 고대 이집트인들이 가축을 식별하기 위하여 뜨겁게 달군 쇠로 낙인을 찍은 데서 비롯한다. 이의 연장선에서 브랜딩은 경쟁사의 제품과 구별하기 위하여 개발된 일련의 마케팅 및 커뮤니케이션 방법을 실현하는 작업 또는 행위로 설명함이 타당하다.

  브랜딩의 작업 과정은 대개 제품의 특성과 주변의 환경 그리고 다른 기타 자산들을 관찰하는 것으로 시작한다. 이렇게 관찰된 자료들은 브랜드의 이름과 심볼, 로고타입을 비롯하여 이외에도 여러 시각적이고 개념적인 요소들을 개발하는 데 쓰이게 된다. 이들 작업은 고객에게 표현되고 전달될 수 있는 가장 적절한 메시지를 찾으려는 노력이다. 다시 말해 이러한 작업 위에서 고객들이 쉽게 이해할 수 있도록 정교하게 다듬어낸 시각적이거나 언어적인 요소들을 구성하는 일은 고도의 전문적인 지식과 기술이 필요하다.

커뮤니케이션에는 서로 이해할 수 있는 어떤 언어적 형식(a form of language)이 필요하다. 즉 커뮤니케이션을 위해서는 서로의 가치에 대한 인식 또는 개념이 선행한다. 서로의 생각을 이해하지 못한다면 일반적인 대화는 할 수 있겠으나 커뮤니케이션이 형성되지는 못한다. 대화를 통해서 어느 한 당사자는 다른 편의 메시지를 단순한 수준에서 알아들을 수는 있다. 그러나 문화적 차이나 신념에 바탕을 둔 메시지를 받아들이기는 쉽지 않다.

동·서양 문화 인식의 차이를 보여주는 사례로 양리우(刘洋, Yang Liu)의 시리즈물(East Meets West infographic series)이 있다. 양리우는 아티스트이자 비주얼 디자이너이다.

그림에서 두 쪽으로 나눈 것 중 왼편은 서양을, 오른편은 동양을 나타낸다. 이를 보면 한 개인에 대한 서사가 서양은 독자적이고 독립적인 관계 양상을 갖는 것에 대해 동양은 어느 일정한 범주에 속한 구성원으로서 한 개인을 나타내고 있다. 이는 대화에서도 나타나는데 "This is my wife."와 "우리 집사람이다."라는 문장이 그것이다. 자연히 사회적 연결망이 서양은 단선적인 것에 대해 동양은 복잡다단해 보인다. 즉 어떠한 문제를 해결하고 다루는 방식이 서양은 직접적인 것에 대해 동양은 우회적이고 여러 경로와 이면을 생각하는 경향이 있다. 그러나 양리우가 작품 속에서 말하려는 동서양의 문화차이는 이 시점에서 보면 집단의 속성이라기보다는 개체 특성으로 보는 것이 더 적합하다. 문화 인식의 차이를 이해하고 해석하는 일은 단선적이지 않으며 다각도의 조망이 필요한 작업이다.

성공한 다국적 브랜드는 서로 다른 다양한 문화 배경에도 불구하고 보편적인 공감대를 형성한 까닭으로 세계적인 명성을 얻을 수 있었다. 예를 들면 '애플'의 로고는 과학자 뉴튼과 인류의 지식을 연상하게 한다. 또 승리의 여신을 상징하는 '나이키'의 로고도 좋은 예이다. 고급 생수의 대명사인 프랑스의 '에비앙'은 신비스러움과 불멸이라는 이미지를 재치 있는 메시지로 녹여낸 브랜드이다. 인어가 마시는 물, 하늘에서 날개 달린 천사가 내려주는 물, 마시면 아기처럼 어려지는 물, 에비앙에는 이런 메시지를 담고 있다. 에비앙은 전 세계에 생수병 뚜껑의 색깔조차 분홍색으로 바꾸게 할 정도로 대성공을 거둔다.

브랜딩은 '소통'이며 가장 큰 목표는 고객으로부터 명성을 얻는 것에 있다. 또한 브랜드는 '기억'이다. 이제 우리가 어떤 브랜드를 하나 만들었다고 가정해보자. 이 브랜드는 대중들이 알아챘을 수도 있지만 알아차리지 못했을 수도 있다. 대중들이 혹시 알아차렸다 하더라도 아마도 그것은 그저 모호한 상태로 어떤 한 단편적인 조각을 기억할 뿐이다. 그러나 지속적인 메시지를 통해 만남이 반복되다 보면 결국에 가서는 대중들은 기억을 증대시켜 나갈 것이고 브랜드에 관한 고유의 여론을 형성해 갈 것이다. 이것이 '브랜드 명성', 즉 브랜드 평판(reputation)이다.

성공적인 브랜딩은 일련의 단계를 따른다. 그것은 첫째 '알고(Knowing)', 둘째 '좋아하며(Liking)', 셋째 '사랑에 이르는(Loving)' 과정이다. 브랜드가 마지막 '사랑에 이르는' 과정에 도달하려면 브랜드의 스토리가 견고하면서도 감각적이어야 한다. 브랜드 스토리는 사실이 아닐 수도 있다. 그러나 사실이라고 믿을 수 있는 것이어야 한다. 브랜드의 스토리는 진실이 아닐 수도 있다. 그러나 진정성과 함께 이해할 만한 것이어야 한다.

정리하면 브랜드는 고객의 신뢰 속에서 기꺼운 마음으로 형성된 기억을 통해 만들어진 용인할만한 진실이다. 브랜드를 성공적으로 인식하는 단계는 '알고', '좋아하고', '사랑하게 되는' 일련의 과정을 거치는 것이라고 앞서 언급했다. 이후 이것이 더욱 견고해지기 위해서는 '믿고', 아예 브랜드에 동질감 내지 '소속감'을 갖게 되는 단계로까지 승화되어야 한다. 이는 브랜드에 대한 철저한 '신뢰'를 바탕으로 한다. 또한 브랜드는 관계이다. 내가 안전하고, 보호받고 있다고 느낄 수 있어야 하며 나와는 다소 불협하더라도 인내할만한 수준의 애정이 깃들어야 한다. 더하여 자긍심을 주는 소속감과 뭔지 모를 끌림이 있어야 한다. 무엇보다 중요한 것은 굳은 약속이며 따뜻한 인간 본성을 자극하는 것이어야 한다. 이러한 까닭으로 한국의 술을 성공적인 브랜드를 만드는 일은 신뢰에 기초한 관계 형성을 핵심으로 한다.

3.2. 술 브랜딩

술은 단순한 음료가 아니라 역사적·문화적 상징을 담은 매개체이다. 특히 술 브랜드는 제품의 본질적인 가치와 더불어 그 속에 담긴 스토리와 철학을 통해 소비자에게 진정성이 전달된다. 성공적인 술 브랜딩은 이 스토리와 감성을 시각적, 감각적으로 전달하여 소비자에게 깊은 인상을 남기는 일련의 과정이다.

서양에서 와인 브랜딩(Wine Branding)을 말할 때 빼놓지 않는 사례로 프랑스의 '샤토 무통 로쉴드(Chateau Mouton Rothschild)'가 있다. 이 와인의 라벨은 라벨 그 자체로 예술과 술의 결합을 상징한다. 앤디 워홀(Andy Warhol), 파블로 피카소(Pablo Picasso), 살바도르 달리(Salvador Dalí)와 같은 세계적인 예술가들의 작품이 이 와인 라벨에 사용된 것이다. 1945년부터 시작된 작업으로 지금까지 이어지고 있다. 이 라벨들은 예술과 상업적 브랜딩의 결합을 통해 와인의 가치를 한층 더 높였으며 와인병 자체를 하나의 작품으로 승화시켰다.

비슷한 예로 '생-제르맹(St-Germain)' 리큐르가 있다. 이 술의 병 디자인은 아르데코(Art Deco) 스타일에서 영감을 가져왔다. 병의 외형은 프랑스의 아르데코 건축물에서 보이는 섬세하고 우아한 곡선과 기하학적 패턴을 적용해 고급스러움과 예술성을 강조했다. 술병에 드러난 미적 감각은 제품의 브랜드 가치를 한층 강화시켰다. 생-제르맹은 술병에 디자인예술이 결합되었을 때 소비자에게 얼마나 강렬한 인상을 남길 수 있는지를 보여준 좋은 사례이다.

또 다른 예로 스페인의 '마테우스 와인(Mateus Wine)'이 있다. 이 와인은 그 유려하면서도 풍만해 보이는 독특한 병 모양과 학을 연상시키는 기다란 병목, 기타 포장 디자인으로 세계적인 명성을 얻은 술이다. 마테우스 와인은 브랜딩 작업을 통해 단순한 음료를 넘어 시장에서 특별한 아이콘으로 자리를 잡는다. 게다가 1980년대 포르투갈 와인 판매량의 40%를 차지할 정도로 큰 성공을 거둔다. 디자인이 제품의 상업적 성공에 얼마나 중요한 역할을 하는지를 보여주는 사례 가운데 하나이다.

맥주 중에는 '스텔라 아르투아(Stella Artois)'가 있다. 벨기에서 탄생한 이 맥주는 특별한 에디션 술잔을 제작하기 위해 예술가들과 협업했다. 결과는 대성공이었다. 맥주 애호가들에게 스텔라 아르투아를 마실 때 아르투아의 잔을 빼놓고 맥주를 마실 수 없게 만들었으니 말이다.

보드카 가운데 '앱솔루트 보드카(Absolut Vodka)'가 있다. 처음 출시할 당시 앱솔루트 보드카 병은 주변에서 흔히 사용하던 약병을 기초로 제작한 것이다. 그러나 병 자체의 디자인보다는 광고 캠페인이 브랜드의 성공에 중요한 역할을 했다. 그것은 앤디 워홀을 포함한 여러 예술가들이 앱솔루트 광고에 참여한 것을 말한다. 예술가들은 그들만의 독창적인 표현을 통해 보드카 병을 예술적인 상징물로 비치게 했다. 이 광고 캠페인은 보드카 병을 하나의 독특한 아이콘으로 자리매김하게 했다. 결국 앱솔루트 보드카의 브랜드 가치가 예술적 수준으로 끌어올려졌다. 또 다른 보드카로 벨베디어 보드카(Belvedere Vodka)는 이러한 브랜딩의 전형적인 성공 사례다. 폴란드의 역사적 건축물인 벨베디어 궁전을 브랜드명과 라벨 디자인에 사용하여 제품의 고급스러움과 유서 깊은 전통을 소비자에게 전달하는데 성공한 브랜드이다. 이러한 스토리텔링은 단순한 고급 보드카의 이미지를 넘어 브랜드에 대한 소비자들의 감정적 연결고리를 강화시켜 준다.

또한 세계적인 유명 브랜드로 '조니 워커(Johnnie Walker)'가 있다. 조니 워커를 상징하는 '걷는 사람' 로고와 병 디자인은 자신만이 갖는 브랜드의 고유한 정체성을 유지하게 했다. 그러면서도 시대에 맞는 다양한 리미티드 에디션과 패키지 디자인을 선보여왔다. 고급스러운 이미지와 현대적 감각이 결합된 견고한 브랜딩 작업은 세계 위스키 시장에서 조니 워커를 부동의 아이콘으로 만들어 냈다.

테킬라 가운데 카사미고스(Casamigos)는 프리미엄 테킬라 브랜드이다. 이 술은 친구들과 함께 즐길 수 있는 '친밀한 경험'을 브랜드의 핵심 메시지로 삼고 있다. 이는 전통적으로 추구해왔던 고급스러운 이미지를 내세우기보다는 소비자와의 정서적 교감을 강조하는 전략에 따른 것이다. 이러한 접근으로 카사미고스는 세계 시장에서 확고한 자리를 잡게 된다.

  한국술 또한 이러한 성공적인 브랜딩 전략을 통해 글로벌 시장에서 확장될 가능성이 크다. 한국의 전통 술은 고유한 발효 기술을 기반으로 빚어지며 이는 자연 친화적이고 지속 가능한 생산 방식을 추구하는 현대 소비자들로부터 큰 호응을 얻을 수 있다. 브랜딩에서 또 다른 성공 요소는 디자인이다.

  브랜드의 심볼, 로고, 그리고 제품의 패키징 디자인은 소비자들에게 시각적 기억을 남기며 브랜드 스토리와의 연결을 강화하는 역할을 한다. 한국술은 기술적, 전통적 가치를 브랜드 스토리로 전달하면서 동시에 현대적 감각의 디자인을 결합하는 방식으로 브랜딩을 강화할 수 있다. 더불어 한국술은 K-Pop, K-Drama 등 K-Culture를 통해 세계 시장에서 더욱 강력한 마케팅 전략을 펼칠 수 있다. K-Drama에서 한국 전통 술이 등장하는 장면이라든가 K-Pop 스타들이 즐겨 마시는 술은 자연스럽게 한국술을 알리는 기회를 만들 수 있다. 이러한 K-Culture와 술의 결합은 한국술을 단순한 알코올음료에서 문화적 상징으로 끌어올리는 강력한 힘을 발휘할 것이다.

3.3. 술의 사회책임

최근 몇 년 동안 브랜딩의 개념은 상업적 목적을 넘어 사회적 사명을 포괄하는 데까지 발전해왔다. 또한 민간 및 공공 영역에서도 사회변화를 주도하는데 브랜드의 강력한 힘을 인지하고 있다. 자연히 오늘날 술 브랜드는 단순히 상업적인 목적만을 추구하는 것이 아니라 사회적 책임을 다하는 것이 중요해졌다. 술도 환경보호, 건전한 음주문화 조성, 지역사회와 협력을 통해 소비자에게 더 높은 신뢰를 얻는 것에 성공의 가치를 두어야 한다.

일례로 헤네시 코냑(Hennessy Cognac)은 사회책임을 강조하는 대표적인 주류회사이다. 헤네시는 친환경 포도 재배와 지속가능한 생산방식을 도입하여 환경 보호에 기여하고 있다. 이는 단순한 마케팅이 아니라 지속가능한 미래를 추구한다는 메시지가 담겨있다. 이러한 친환경적인 노력은 결과적으로 브랜드의 신뢰도를 높이고 소비자에게 더욱 긍정적인 이미지를 심어주게되었다. 또 다른 사례로 '킴 크로포드(Kim Crawford) 와이너리'가 있다. 이곳은 뉴질랜드의 자연과 환경을 보호하는 포도재배 방식을 채택했다. 이 와이너리는 자연 친화적인 생산방식을 통해 지역사회와 환경보호에 기여하는 것을 사명으로 하며 이들은 소비자들에게 강력한 공감을 얻고 있다.

일본의 '하쿠레이(Hakurei Sake Brewery)'도 자연과의 조화를 중요시하는 사케 양조장으로 지속가능을 모토로 한 양조방식을 도입했다. 이 브랜드는 자연의 순환을 중시하며 물과 쌀의 사용을 최적화하고 폐기물을 최소화하는 양조방식을 통해 환경보호와 전통문화 계승을 강조하고 있다. 이러한 사례들은 한국의 술도 지속가능한 생산방식을 도입해 글로벌 시장에서 더 큰 신뢰를 얻어야 함을 시사한다.

또한 저알코올 또는 무알코올 음료 시장에도 집중해야 한다. 임산부, 청소년 보호라는 이슈 외에도 기본적으로 술문화를 바꾸는데 알코올을 대체할 음료로서 무알코올 음료 개발에 앞장설 필요가 있다. 고령화와 건강을 염려하는 이때 앞으로는 술을 많이 마시게 하는 것보다 덜 마시게 하는 문화를 조성하여 책임감 있는 음주문화를 정립해야 한다.

이의 연장에서 알코올 중독 예방 프로그램과 공익 캠페인을 통해 건전한 음주문화를 장려하고 소비자들이 더 안전하고 건강하게 술을 즐길 수 있도록 도울 방법을 적극적으로 제시해야 한다. 이러한 메시지를 진정으로 잘 표현하는 기업과 제품 브랜드만이 향후 광범위한 소비자 참여를 이끌 수 있으며 긍정적인 사회변화 또한 가져올 것이다.

한국의 전통 발효기술은 이미 자연 친화적이며 이는 지속가능성과도 상통한다. 또한 고유한 음주예절은 한국술이 세계 시장에서 차별화될 수 있는 요소이다. 이러한 전통 발효기술과 음주문화는 한국술이 지닌 큰 잠재력이며 오늘날 요청되는 사회책임의 근간을 만들어 나갈 수 있는 자원이다. 앞으로는 술을 단순히 수출제품, 문화상품으로만 파악하는 데서 더 나아가 술의 역사적 배경과 이야기를 재해석하여 새로운 콘텐츠를 창출해야 한다. 이러한 방식은 술에 대한 인식을 새롭게 바꿀 수 있는 강력한 도구가 될 것이다. 정리하면 우리가 마시는 술에는 그 시대의 문화예술과 시대정신이 담겨 있다. 우리술은 소비하는 것으로 그치지 않고 그에 상응하는 사회책임도 질 수 있어야 한다.

4. 맺음말

- 우리술과 디자인예술이 함께 빚어낼 미래 -

한국의 술은 오랜 역사를 거치며 끊임없이 변화해왔다. 농경의 역사와 함께 시작된 우리술은 그저 단순히 먹고 마시는 역할에 그치지 않고 한국인의 삶과 문화에 깊이 스며든 중요한 존재였다. 술은 단순한 알코올음료를 넘어 사람과 사람을 이어주는 가교였으며 한국인의 홍익인간 정신, 즉 '널리 인간을 이롭게 한다'는 철학을 담고 있다. 그러나 지금 한국의 술문화는 이러한 가치와 예술적 의미를 잃어버린 채 상업적인 소비문화에 묻혀버린 감이 있다. 자연히 우리술이 글로벌 시장에서 진정한 성공을 거두기 위해서는 술 본연의 가치를 깨닫는 일이 필요하다.

　우리술은 그 자체로 예술적이고 문화적인 유산이다. 우리의 전통술 제조과정은 품격 높은 정신과 자연과의 조화로 이루어져 있으며 이는 예술적으로 충분히 조명할 수 있는 요소이다. 자연히 술병과 포장 디자인은 단순한 저장 도구가 아니라 술의 이야기를 담아내는 예술 작품으로 승화시킬 수 있다. 이를 통해 우리술은 소비자들에게 더 깊은 문화적 의미를 전달할 수 있고 단순히 술을 마시는 행위를 넘어서 예술적 경험을 제공할 수 있다. 우리술의 진화와 새로운 가능성은 이에 담겨 있다고 본다.

　더욱이 기술과 예술의 융합을 통한 우리술의 부흥은 필연과도 같다. 21세기는 인공지능과 같은 기술 혁신이 일어나고 있는 시대이다. 이러한 기술들은 우리술의 제조 및 유통 과정뿐만 아니라 소비자들이 술을 경험하는 방식에도 큰 변화를 가져올 수 있다.

예를 들어 AI를 이용하여 최적화된 양조 과정을 개발하고 메타버스를 통해 우리술을 가상으로 체험하는 방식 등은 우리술이 글로벌시장으로 확산되는데 크게 기여할 수 있다. 이러한 기술 발전과 결합하여 우리술은 더 효율적인 방식으로 전 세계에 소개될 수 있다. 우리술의 진화는 단순히 기술 혁신에만 그치지 않는다. 우리술의 미래를 그려가기 위해 중요한 일은 우리술이 단순한 기호 음료가 아니라 한국의 역사와 문화 그리고 예술적 유산의 일부라는 점을 잊지 않는 것이다.

미래의 우리술은 단순히 과거의 유산을 답습하는 것이 아니라 새로운 시대의 요구에 맞추어 변화하고 혁신해야 할 것이다. 예술과 결합한 술이 한국과 세계에 새로운 영감을 주고 다양한 문화의 가교가 될 때 우리술은 다시금 그 본래의 위상을 되찾고 더 큰 가치를 창출할 수 있다.

정리하면 우리술은 그 고유한 역사적, 문화적 가치와 더불어 새로운 시대를 품을 가능성을 동시에 지니고 있다. 이제 우리술이 무엇인지를 제대로 정립하여 다시금 한국 문화와 예술의 중심에 세워야 할 때이다. 우리술은 과거로부터 물려받은 단순한 유산이 아니다. 우리술에는 디자인예술과 기술 그리고 혁신을 통해 미래를 향한 상상과 꿈으로 진화하는 힘이 담겨 있다. 이를 위해서는 전통문화유산의 본질을 지키면서도 현대의 변화와 혁신을 적극 수용해야 한다. 이에 우리술이 갖는 사회책임이 있다.

우리술의 미래는 그 자체로 한국 문화예술의 미래이다. 우리는 머지않아 디자인예술과 기술이 빚어낸 반짝이는 술잔을 마주하게 될 것이다. ◆

SUUL

부록

'술'을 키워드로 하는 국내 논문 목록

'술'을 키워드로 하는 국내 주요 논문 목록
(2014-2024)

강재헌(2016). 우리말 권주가(勸酒歌)의 계통적(系統的) 연구 Systematic study of Korean liquor recommending songs. 한국시가문화연구 The Studies in Korean Poetry and Culture 38. 한국시가문화학회 The Society of Korean Poetry and Culture. pp.5~35

강성복(2016). 전북 장수진안지역 팥죽제의 전승양상과 의미 Transmission aspects and meaning of 'Red bean porridge festival' in Jangsu Jinan area, Jeonbuk. 남도민속연구 32. 남도민속학회. pp.7~33

강필임(2019). 大曆十才子와 장안 시회 - 당대 시회문화의 확대에 미친 영향을 중심으로 Ten Dali Talents and Chang'an Poetry Party. 중국학보 THE CHUNG KUK HAK PO 88. 한국중국학회. pp.81~104

고남식(2016). 동아시아 고대 유교문헌과 강증산 전승의 술 문화 Role and meaning of liquor shown in Confucius books and the story of Kang Jeung-san. 동아시아고대학 DONG ASIA KODAEHAK(The East Asian Ancient Studies) 44. 동아시아고대학회 The Association Of East Asian Ancient Studies. pp.67~94

고영희(2015). <시경>과 <서경>을 통해 본 음주문화 Understanding the drinking culture through The Book of Odes and The Classic of Documents 원불교사상과 종교문화 Won-Buddhist Thought & Religious Culture 63 원불교사상연구원 The Research Institute of Won-buddhist Thought pp.257~275

권성안(2019). 한국 전통술 제조장치 및 기술 특허 Korean traditional alcoholic beverage manufacturing device and tchnology patent. 제6회 우리술문화원 학술대회 The 6th KSI Suul Conference

김갑동(2016). 고려시대 무속신앙의 개념과 무격의 역할 The Concept of Shamanism and the Role of Shaman. 역사문화연구 59. 역사문화연구소 HUFS Institute of History and Culture. pp.3~36

김경동(2014). 白居易 「勸酒十四首」의 한국적 수용과 변용 A Study on the Reception and Transformation of Bai Juyi's Fourteen "Urge to Drink" Poems in Korea. 중어중문학 Korea Journal of Chinese Language and Literature 59. 한국중어중문학회. pp.27~54

김동건(2015). 음주문화를 통한 <翰林別曲>의 일고찰 A study on the <Hanrim Byeolgok> through drinking culture in the Goryeo dynasty. 한국문화 Korean Studies 69. 규장각한국학연구원 Kyujanggak Institute for Korean Studies. pp.3~37

김미숙(2016). 동아시아 불교의 음식 특징 비교 - 한국˙중국0일본, 3국을 중심으로 Comparative Study on Buddhist Cuisine in East Asia:Korea, China and Japan. 동아시아불교문화 Journal of eastern-asia buddhism and culture 28. 동아시아불교문화학회 The Association of Eastern-Asia Buddhism and Culture. pp. 415~440

김미숙(2013). 불교 문헌에 나오는 음료용(飮料用) 장류(漿類) 음식 분석 An Analysis of the Beverages of Buddhist Food in Buddhist Cannon of a Chinese Version. 인도철학 Korean Journal of Indian Philosophy 39. 인도철학회 Korea Society for Indian Philosophy. pp.297~318

김미영(2020). 유교이념의 실천도구로서 음식 Food as an Action Tool of Confucian Ideology. 영남학 Youngnam Studies 72. 영남문화연구원 Institute of Youngnam Culture. pp.207~230

김영덕(2014). 송강 정철의 장진주사 연구 -이백의 장진주사와 비교를 중심으로 A Study on Jang Jin Ju Sa of Song Gang Jeong Cheol - Focusing on the Comparison with Jang Jin Ju Sa of Li Po. 온지논총 Onji Studies 39. 온지학회 The Society Of Onji Studies. pp.41~70

김영미(2022). 조선총독부의 자가용주 통제와 밀조주의 문제화 과정 Control of Home-brewed Wine and Problematization for Illicitly Brewed Liquor by the Japanese Government-General of Korea. 한일관계사연구 The Korea-Japan Historical Review 75. 한일관계사학회 The Korea-Japan Historical Society. pp.221~262

김영미(2020). 일제강점기 풍속통제와 음주문화의 재편 : 음주를 둘러싼 사회적 통념에 대한 고찰 Moral Control and Reorganization of Drinking Culture. 역사민속학 The Journal of Korean Historical-folklife 59. 한국역사민속학회 The Society For Korean Historical-Folklife Studies. pp.7~34

김영미(2019). 일제 식민지기 '음주 취미'의 통제와 양면성―오락 부재(不在)와 음주의 문제화에 대한 일고찰 Control and Duplicity of 'Hobby Drinking' in Colonial Korea―A Study on the Absence of Entertainment and Drinking Issues in Colonial Korea. 역사민속학 The Journal of Korean Historical-Folklife 56. 한국역사민속학회 The Society For Korean Historical-Folklife Studies.pp.193~228

김우준(2022) 연암(燕巖)의 산문 저작 속 음주 콘텐츠 Drinking Content in prose works Written by Yeon-am 인문사회과학

연구 30(2) 인문사회과학연구소 Semyung University Institute for Humanities and Social Sciencespp.161~185

김우준(2022). 작품을 통해 고찰한 술과 음주에 대한 박지원(朴趾源)의 관념 Park Ji-won's Conception of Alcohol and Drinking Considered through His Works. 한국중독범죄학회보 Korean Association of Addiction Crime Review 12(1). 한국중독범죄학회 Korean Association of Addiction Crime. pp.1~23

김우준(2021). 술과 음주에 대한 초정(楚亭) 박제가(朴齊家)의 시선 A Study on Alcohol and Drinking Based on the Chojeong Park jae-ga`s View. 한국중독범죄학회보 Korean Association of Addiction Crime Review 11(2). 한국중독범죄학회 Korean Association of Addiction Crime. pp.1~19

김우준(2018). 다산(茶山) 사상 측면에서의 음주 문제 고찰 A Study on Alcohol Problem based on the Tasan's View. 한국중독범죄학회보 Korean Association of Addiction Crime Review 8(1). 한국중독범죄학회 Korean Association of Addiction Crime. pp.1~17

김의정(2016). 杜甫 詩의 정서표현 분석 - 飮酒詩를 중심으로 The Analysis on the Emotion of Dufu`s Poem : Focused on Wine Drinking Poetry. 중국어문학논집 The Journal of Chinese Languaue and Literature 100. 중국어문학연구회 The Society For Research Of Chinese Language And Literature. pp.321~346

김의정(2016). 좌표를 통해서 본 杜甫 飮酒詩의 정서 표현 분석 A Study about Dufu(杜甫)'s wine drinking poem(飮酒詩) through the Plane Coordinates. 동아시아고대학 DONG ASIA KODAEHAK(The East Asian Ancient Studies) 44. 동아시아

고대학회 The Association Of East Asian Ancient Studies. pp.39~65

김정완(2018). 飮酒가 十二原穴의 체표전위에 미치는 영향 : 교차대조연구 The Effect of Drinking Alcohol on Bio-electrical Potential at Twelve Source Points : A Cross-over Study. 대한한의학회지 Journal of Korean Medicine 39(1). 대한한의학회 The Society of Korean Medicine. pp.44~54

김정희(2020). 李白의 ＜閑適＞詩 譯解 A Translation and Annotation of Li Bai's 'Xianshi Poem(Leisure Poems, 閑適詩). 중국학논총 JOURNAL OF CHINESE STUDIES 69. 중국학연구소 CHINESE STUDIES INSTITUTE. pp.317~336

김성곤(2015). 杜甫草堂時期閑適詩硏究 A Study on DuFu`s Tranquil Poetry(閑適詩) in Chengdu Caotang. 중국문학 CHINESE LITERATURE 82. 한국중국어문학회 The Society For Chinese Language And Literature. pp.49~74

김준혁(2014). 조선시대 선비들의 탁주(濁酒) 이해와 음주문화 Understanding of Takju Liquor & drinking culture of the classical scholars during the Lee Dynasty. 역사민속학 The Journal of Korean Historical-folklife 46. 한국역사민속학회 The Society For Korean Historical-Folklife Studies. pp.131~158

김한상(2015). 빨리 조문 불음주계에 대한 재고: 그 어원학적 분석과 계의 두 가지 측면들을 중심으로 가지 측면들을 중심으로 Rethinking on the Fifth Precept in Pali: Through Its Etymological Analysis and Two Aspects of Sila. 불교학연구 Korea Journal of Buddhist Studies 43. 불교학연구회 Korean Association of Buddhist Studies. pp.245~268

김희만(2015). 신라의 관등명 '(迊干(湌))'에 대한 검토 A Study on 'Jabkhan(chan)' '(迊干(湌))', Official Rank Name of Silla Dynasty. 한국고대사탐구 Society for the Study of Early Korean History 19. 한국고대사탐구학회 society for the study of early korean history. pp.209~234

남윤덕(2019). [瑣編]에 나타난 술[酒]에 대한 인식과 조선 중후기 양반들의 飮酒文化 A Study on the Awareness of Alcoholic Beverage of 『Soaepyeon』 and Drinking culture of in the mid and late Joseon Dynasty. 藏書閣 JANGSEOGAK 41. 한국학중앙연구원 The Academy of Korean Studies. pp.178~203

노우정(2022). 江州 詩人 陶淵明의 철리적 경향과 창작 정신 -[飮酒]의 인생 철리와 자발적 공유 Philosophical poetry writing and Creative consciousness of Tao Yuanming in the Jiangzhou(江州) Focusing on the philosophy of life in 'Yinjiu' and its spontaneous sharing. 동양고전연구 86. 동양고전학회 The Society Of The Eastern Classic. pp.43~85

문관규(2022). 음식 공유 장면에 재현된 동아시아 영화의 에피스테메 : 홍상수와 지아장커의 작품을 중심으로. Reading the Episteme of East Asian Cinema Reproduced in the Food Sharing Scene : Focusing on the works of Hong Sang-soo and Jia Zhang-ke. 아시아영화연구 ASIAN CINEMA STUDIES 15(1). 영화연구소 PNU Film Institute. pp.147~176

민성희(2016) 중국정사 외국열전에 나타난 한국춤과 외국춤 비교 A Comparison of Korean Dance and Foreign Dance Shown in the Biographies of Foreign Countries of Official Chinese History. 한국무용학회지 Korean Journal of Dance 16(2). 한국무용학회 THE KOREAN SOCIETY OF DANCE

STUDIES. pp.23~33

박동욱(2022). 산운 이양연 한시에 나타난 허무 의식 연구 Temporary transformation of the folk sentiments that appeared in a poem by San Woon Lee Yang-yeon. 한문학논집(漢文學論集) HANMUNHAKRONCHIP: Journal of Korean Literature in Chinese 61. 근역한문학회 The Association Of Korean Literature In Chinese. pp.143~168

박상영(2015). 사설시조에 나타난 풍류의 한 양상 A Study on aspects of Pung-ryu(風流) in Saseolsijo. 한국시가연구 Korean Classical Poetry Studies 38. 한국시가학회 Korean Classical Poetry Association. pp.101~139

박상철(2021). 제1차 세계대전 시기 러시아 도시의 음주문화 Drinking Culture in Russian Cities during World War I. 서양사연구 The Journal of Western History 64. 한국서양사연구회 The Western History Society of Korea. pp.223~262

박상철(2018). 제1차 세계대전과 러시아 금주법의 도입 World War I and the Introduction of the 'Dry' Laws in the Russian Empire. 역사학연구 Chonnam Historical Review 72. 호남사학회 Honam Historical Association. pp.311~341

박선욱(2022). 글로벌 시대, 한국 술 브랜딩 The Branding of Korean Alcoholic Beverage, 'Suul': Its meaning and outlook. 술과 문화 1 The Journal of Suul Studies and Culture Vol.1. 우리술학술원 The Society of Suul Studies. pp.5-32.

박우훈(2016). 韓國 狂歌의 考察 A Study on Korean Frantic Verses Kwang-Ga. 동아인문학 DONGAINMUNHAK 37. 동아인문학회 The Scociety For Humanities Studies In East Asia. pp.125~156

박유미(2020). 술 제조법과 사회적 기능을 통해 본 고구려의 술 문화 A Study on the Liquor Culture of Goguryeo through the Manufacturing and Social Function of Alcohol. 지방사와 지방문화 Journal of Local History and Culture 23(1). 역사문화학회 Korean Society For Local History And Culture. pp.273~303

박 진(2017). 朝鮮時代 禁酒令과 減膳의 정치적 활용 The Political application of the Prohibition law and the Temperance on King's table. 역사민속학 The Journal of Korean Historical-folklife 53. 한국역사민속학회 The Society For Korean Historical-Folklife Studies. pp.93~128

배소영(2019). 19세기 말 러시아의 음주문화와 '알코올리즘' The drinking Culture and "Alcoholism" of Russia in the late 19th Century. 연세의사학 Yonsei Journal of Medical History 22(2). 의학사연구소 Institute for History of Medicine. pp.129~149

백도수(2015). 한암의 계율인식 고찰 A Study of Hanam's adherence to Discipline. 대각사상 Maha Bodhi Thought 23. 대각사상연구원 Institute of Maha Bodhi Thought. pp.233~262

백승호(2019). 晩圃 沈煥之 漢詩 硏究— 魏晉 淸談의 詩的 形象化와 老論 僻派의 文學的 象徵 構築 On the Sino-Korean Poetry ofManpo Shim Hwan-ji- The Poetic Formation of the WeiJin Cheongdam and the Literary Symbolism of Nolon Byeogpa. 대동문화연구 DAEDONG MUNHWA YEON'GU 105. 대동문화연구원 Daedong Institute for Korean Studies. pp.69~96

서현주(2021). 렘브란트의 <사스키아와 함께 있는 자화상>(1635년경): 탕아로서의 자화상 Rembrandt's Self-portrait with Saskia :

Self-portrait as a Prodigal son. 바로크연구 Baroque Studies 41. 한국바로크학회 The Korean Association of Baroque Studies. pp.57~80

성범중(2018). <공무도하가(公無渡河歌)> 전승 일고－설화의 의미와 시가의 결구를 중심으로 A Study on Tradition of Gongmudohaga. 한국한시연구 Journal of Cino-Korean Poetry 26. 한국한시학회 Association Of Cino-Korean Poetry. pp.5~51

손석주(2020). 고대 인도와 식민지 인도의 술 History of Alcohol Consumption in Mythical and Colonial India. 술과문화 1 The Journal of Suul Studies and Culture Vol.1. 우리술학술원 The Society of Suul Studies. pp.33-46.

손흥철(2020). 陶淵明의 歸去來와 出處觀 考察 A study on Tao Yuanming's the meaning of returning to the nature and The View of Taking up and Retirement in public service. 남명학연구 南冥學硏究 65. 경남문화연구원 Institute of Gyeongnam Culture. pp.191~220

송선기(2015). 로살리아 데 카스트로의 『바다의 딸』에 나타난 갈리시아의 자연과 인간 Galician Nature and People as Seen through La hija del mar by Rosala de Castro. 비교문화연구 Cross-Cultural Studies 41. 비교문화연구소 Center for Cross Culture Studies. pp.177~197

안동준(2021). 요동반도 영성자 고분벽화의 신선신앙 Yingchengzi(營城子) Tomb Murals in Liaodong Peninsula and Immortal Belief. 고조선단군학 The Journal of Gojoseon & Dangun Studies 46(46). 고조선단군학회 Gojoseon & Dangun Studies Association. pp.163~204

안영훈(2019). 한국 고전작가와 술 -이규보와 정철을 중심으로 Korean classic writer and alcohol -Focused on Lee Kyu-bo and Jeong-cheol. 동아시아고대학 DONG ASIA KODAEHAK(The East Asian Ancient Studies 55. 동아시아고대학회 The Association Of East Asian Ancient Studies. pp.9~22

오명진(2019). 『다경(茶經)』 「육지음(六之飮)」에 나타난 의례양식 The Form of Ceremony Appeared in the Sixth Chapter for Drinking in The Classic of Tea book Cha Ching. 한국차학회지 Journal of the Korean Tea Society 25(1). 한국차학회 Journal Of The Korea Tea. pp.29~38

오태헌(2020). 일본 맥주의 한국 유입에 관한 연구 A study on the recent influx of Japanese beer into Korea. 일본연구 34. 글로벌일본연구원 Global Institute for Japanese Studies. pp.295~318

유상희(2022). 영화 [세자매]에 나타난 중독과 치유 : 자해, 종교, 술 Addiction and Healing in the Movie [Three Sisters]: Self-harm, Religion, Alcohol. 신학과 실천 Theology and Praxis 82. 한국실천신학회 The Korean Society for Practical Theology. pp.411~442

유철인(2020). 인류무형문화유산으로서 술과 음식 Food and Suul as Intangible Cultural Heritage 술과문화 1 The Journal of Suul Studies and Culture Vol.1. 우리술학술원 The Society of Suul Studies. pp.47-58.

윤재민(2022). 폭음하는 신체의 침묵과 해방 -『만세전』 다시 읽기- Silence and Liberation of the Binge-Drinking Body – Revisiting Mansejeon. 현대소설연구 The Journal of Korean Fiction Research 85. 한국현대소설학회 The Society Of Korean Fiction. pp.405~443

이경돈(2018). 유흥, 악취미의 모더니티와 쾌락의 임계 Yuheung(遊興), The Modernity of Bad Taste and The Limit of Pleasure. 민족문학사연구 Journal of Korean Literary History 66. 민족문학사연구소 Institute of Korean Literary History. pp.153~184

이규대(2015). 15세기 강릉 金蘭半月會의 契會圖로 본 茶 文化 The Cha culture in the Gyehwedo of the Gangnung Kumranbanwolhwe in 15th century. 역사민속학 The Journal of Korean Historical-folklife 49. 한국역사민속학회 The Society For Korean Historical-Folklife Studies. pp.212~234

어강석(2022). 우리나라 酒令의 歷史와 特性 A Study on the History and Characteristics of Korean Drinking Game. 영주어문 The Journal of Yeongju Language & Literature 50. 영주어문학회 The Association of Yeongju Language & Literature. pp.235~267

이기범(2014). 論書詩의 概念과 發展 Concept and development of Nonseo poem. 동서미술문화학회 미술문화연구 The Journal of Art and Culture Studies 5(5). 동서미술문화학회 East-West Art and Culture Studies Association. pp.129~160

이남종(2014). 조선(朝鮮) 만성(晩醒) 박치복(朴致馥, 1824~1893)의 〈陶靖節述酒詩解〉 Research on Manseong晩醒 Pak-ChiBok朴致馥(Chosun朝鮮, 1824~1893) TaoJingjie 'Shujiu' Jie 陶靖節述酒詩解. 중국문학 CHINESE LITERATURE 80. 한국중국어문학회 The Society For Chinese Language And Literature. pp.149~198

이도학(2016). 한국 고대사회에서 술의 기능 Alcohol in Korean Ancient Society and Its Function. 동아시아고대학 DONG

ASIA KODAEHAK (The East Asian Ancient Studies) 44. 동아시아고대학회 The Association Of East Asian Ancient Studies. pp.9~37

이동아(2017). 『주역』에서 배우는 處世術 ?飮食宴樂, 飮酒濡首의 괘사를 중심으로 The Art of Living (處世術) learned from of The Book of Changes(周易) - with A focus on drinking, eating, feasting and rejoicing(飮食宴樂) and drinking enough of the head(飮酒濡首). 동양철학연구 Journal of Eastern Philosophy 92. 동양철학연구회 The Society Of Eastern Philosophy. pp.135~164

이민규(2017). 계몽 가사의 약성가 권주가 담배노래 변용 양상 Enlightenment gasa transformed Yaksungga Kwonjooga Tobacco song. 국제어문 Korean Language and Literature in International Context 73. 국제어문학회 International Association Of Language And Literature. pp.415~443

이병희(2013). 高麗時期 寺院의 술 生産과 消費 Production and Consumption of Alcohol in Temples of Goryeo Dynasty. 역사와 세계 History & the World 44. 효원사학회 Hyowon Historical Society. pp.227~269

이인영(2019). 『해동죽지(海東竹枝)』에 나타난 한국 음식문화와 사료적 가치 A Study of Korean Food Culture and Historical Value in Haedongjukji(海東竹枝). 민속학연구 Korean Journal of Folk Studies 44. 국립민속박물관 National Folk Museum of Korea. pp.171~218

이상원(2014). 종가(宗家)의 고조리서를 통해 본 전통주 연구 Recipe of Traditional Korean Liquor in Old Cookbooks of Jong-Ga (Head & Noble Family). 동아시아식생활학회지 The East Asian Society of Dietary Life 24(6). 동아시아식생활학회 The

East Asian Society Of Dietary Life. pp.700~709

이상훈(2020). 조선시대 누룩과 양조법의 변화-누룩 제조법의 변화를 통해 본 양조법의 변천 The Change of Nuruk and Brewage in the Joseon Dynasty -The Evolution of Brewage through the Change of the Method of Nurukmaking. 불교문예연구 161 불교문예연구소 Buddhist Culture and Art Laboratory. pp.375~404

이성혜(2016). 흙속에 묻힌 진주,시인 현기玄錡의 방랑과 자학적 시 Wandering and Self-torturing Poems by Hyeon Ki, the Pearl Hidden in the Earth. 국학연구 Korean Studies 29. 한국국학진흥원 The Korean Studies Institute. pp.333~362

이시찬(2019). 미식가로서 蘇軾의 삶과 문학의 관계 고찰 The life and literature of SuShi as a gourmet. 중국문학연구 74. 한국중문학회 The Society Chinese Literature. pp.27~48

이자랑(2021). 동아시아 불교에서 계율의 수용과 발전- 범계 판단의 기준 변화를 중심으로 Acceptance and Development of Buddhist Precepts in East Asian Buddhism - Focusing on the change in the judgment standard for whether or not to break the precept. 남도문화연구 Namdo Munhwa Yongu 44. 남도문화연구소 Sunchon National University Namdo Cultural Research Center. pp.73~101

이제이(2016). 문헌을 통해 본 조선후기 꽃놀이 명소의 경관 특성 A Study on Landscape Characteristics of Flower - viewing Sites through Historical Literatures in the Late Joseon Dynasty. 한국전통조경학회지 Journal of Korean Institute of Traditional Landscape Architecture 34(2). 한국전통조경학회 Korean Institute Of Traditional Landscape Architecture. pp.35~44

이현우(2021). 陶淵明의 시문에 나타난 슬픔의 표현에 관한 고찰 A Study on the Expressions of Grief Appeared in Tao Yuanming's Poems and Proses. 중국어문학지 中國語文學誌 77. 중국어문학회 The Journal of Chinese Language & Literature. pp.61~87

이화선(2018). 한국 대중가요에 나타난 술의 양태 - 일제강점기와 한국전쟁 전후, 1960년대까지 중요 대중가요를 중심으로 The Aspect of Alcoholic Beverage in Korean Popular Song- Focusing on Important Popular Songs until the 1960s, Before and After the Japanese Colonial Period and the Korean War. 문화와융합 Culture and Convergence 40(4). 한국문화융합학회 The Society of Korean Culture and Convergence. pp.721~752

이화선(2017). 일제 강점기 주세령(酒稅令)의 실체와 문화적 함의 A study on truth and cultural implication of the liquor tax order in Japapnese colonial era. 한민족문화연구 The Review of Korean Cultural Studies 57(57). 한민족문화학회 The Association for Korean Cultural Studies. pp.181~218

이화선(2016). 蘇軾의 시에 나타난 釀酒 기술의 문화적 함의 -<蜜酒歌>의 蜂蜜酒와 <東坡酒經>의 東坡酒를 중심으로 A study on the cultural implications of brewing technology in the poetry of Su Shi - Focusing on mead of <Song of mead> and Tungpojiu of <Tungpo Jiujing>. 동양문화연구 Youngsan Journal of East Asian Cultural Studies 25. 동양문화연구원 Institute of Oriental Culture. pp.133~163

이화선(2016). 동아시아 증류주의 발생과 문화교류 - 한국 호남의 꽃주[花酒]와 일본 오키나와의 화주(花酒)를 중심으로 Outbreak of Distilled Liquor in East Asia and Cultural Exchange -

Centering on Ggotju from Honam,Korea and Hanashu from Okinawa, Japan. 열상고전연구 Yeol-sang Journal of Classical Studies 53. 열상고전연구회 Society Of Yol-Sang Academy. pp.131~166

임도현(2014). 기호론적 공간 분석을 통한 李白 시에 대한 새로운 접근 New approach to LiBai's poetry by Semiotic space analysis. 중국문학 CHINESE LITERATURE 79. 한국중국어문학회 The Society For Chinese Language And Literature. pp.1~26

임병필(2014). 코란과 순나에 의해 제정된 금주법에 대한 법학자들의 해석과 적용 Jurists' interpretation and application of the prohibition law made of Koran and Sunnah. 한국이슬람학회논총 Annals of Korean Association of the Islamic Studies 24(2). 한국이슬람학회 Korean Association Of The Islamic Studies. pp.1~34

전병술(2016). 유교 음식문화에 나타난 조화의 태도 The Attitude Toward Harmony in Confucius Culture of Food. 환경철학 Environmental Philosophy 21. 한국환경철학회 The Korean Society For The Study Of Environmental Philosophy. pp.145~169

전영선(2022). 북한의 식생활 전통 인식과 보호정책 The Evaluation and Protection Policy for North Korea's Dietary Culture. 통일인문학 89. 인문학연구원 Konkuk University Humanities Reseach Institute. pp.195~226류호철(2016). 무형문화재로서 전통술[傳統酒]의 가치와 보전·활용 방향 Preserving and Utilizing Traditional Liquor as an Intangible Cultural Heritage. 동아시아고대학 The East Asian Ancient Studies 44. 아시아고대학회 The Association Of East Asian Ancient

Studies. pp.95~121

전재강(2014). 새로 발견한 규방가사에 나타난 이념과 풍류의 상관 맥락 A study on the context between ideology and appreciation in The Female Gasa(閨房歌詞). 우리문학연구 The Studies of Korean Literature 41. 우리문학회 The Studies Of Korean Literature. pp.267~297

전상모(2018). 성당의 음주문화와 광초, 그 서예문화적 의의 The Drinking culture and Wild Cursive Script in the High Tang, the Calligraphy Cultural Significance. 서예학연구 THE STUDY OF CALLIGRAPHY 33. 한국서예학회. pp.187~209정승호(2021). 음식이 조선왕들의 질병과 사망에 미친 영향에 관한 연구(조선중기: 조선 제10대 연산군~조선 제18대 현종) A Study on the Effects of Foods on Diseases and Death of Kings in the Joseon Dynasty(Mid-Joseon Period: From Yeonsangun, the 10th King to Hyeonjong, the 18th King in the Joseon Dynasty). 한국외식산업학회지 FoodService Industry Journal 17(2). 한국외식산업학회 The Korean Foodservice Association. pp.179~200

진희권(2014). 불교 오계의 규범적 의미 A study on the five Buddhist precepts. 법철학연구 Korean Journal of Legal Philosophy 17(2). 한국법철학회 Korean Association Of Legal Philosophy. pp.183~204

정연학(2021). 한국 추석과 중국 중추절 풍속 비교 고찰 A Comparative Study of the Customs ofKorea and China on Chuseok. 韓國史學報 The Journal for the Studies of Korean History 84. 고려사학회 The Society for the Studies of Korean History. pp.125~174

정원호(2016). 조선시대 풍속과 관련된 『詩經』 활용례 고찰 - 『朝鮮

王朝實錄』을 중심으로 Study on Cases of Utilizing Shijing in Association with Customs of Joseon Dynasty. 중국학 Chinese Studies 57. 대한중국학회 Korean Association For Chinese Studies. pp.193~209

정조륭(2020). 중국 송대(宋代) 송휘종(宋徽宗) 문회도「文會?」를 기반으로한 음주공간 융합연구 Research on the fusion of drinking space based on the "Wenhui Tu" of Song Huizong in Song Dynasty of China. 한국과학예술융합학회 The Korean Society of Science & Art 38(4). 한국전시산업융합연구원 Korea institute of exhibition industry convergence. pp.355~370

정환규(2022). 포도주와 성 암브로시우스의 성경 주해서 Wine and Exegetical works of St. Ambrose. 서양중세사연구 Journal of Western Medieval History 49. 한국서양중세사학회 The Korean Society For Western Medieval History. pp.1~36

정환규(2021). 성 암브로시우스의 창세기 주해서에 나타난 포도주 Wine as Featured in the Exegesis of Genesis by St. Ambrose. 인간연구 Journal of Human Studies 45. 인간학연구소 Institute of Anthropology. pp.169~202

정환규(2021). 포도주를 통해 바라본 암브로시우스의 음주론: 사회교리 저서를 중심으로 Drinking Theory of Ambrose via Wine: Focusing on Writings of Social Doctrine. 서양중세사연구 Journal of Western Medieval History 47. 한국서양중세사학회 The Korean Society For Western Medieval History. pp.1~38

조도현(2015). <慵夫傳>에 나타난 조선전기 사대부의 규범 일탈과 문학성 Standard and deviation of the early Joseon Dynasty Nobleman in <Yong Boo Jeon>. 인문학연구 THE

JOURNAL OF HUMANITIES STUDIES 53(3). 인문과학연구소 Humanities Research Institute Chungnam National University. pp.359~382

조지형(2015). 18세기 時調史의 흐름과 浣巖 鄭來僑의 위상 Tendency of Sijo History in 18th Century and Jeong Rae-gyo's Literary Status. 민족문화연구 Korean Cultural Studies 66. 민족문화연구원 Research Institute of Korean Studies. pp.423~452

지세화(2019). 契丹族 作家 寺公大師 「醉義歌」 飜譯 및 分析 The Interpretation & Analysis of Sigong Dashi(寺公大師)'s 「醉義歌」. 국학연구 90. 중국학연구회 The Society Of Chinese Studies. pp.71~97

진성수(2014). 유교경전에서 술[酒]의 상징체계 연구 The Symbol of Alcohol in Confucian Scriptures. 양명학 YANG-MING STUDIES 37. 한국양명학회 The Korean Society Of Yang-Ming Studies. pp.271~302

진성수(2020). 『시경』의 음주시(飮酒詩) 연구 Study of Drinking Poems From The Book of Poetry. 유교사상문화연구 THE STUDY OF CONFUCIAN PHILOSOPHY AND CULTURE 81. 한국유교학회. pp.185~207

채미하(2020). 삼한의 '祭天'과 동예 舞天의 포용성 The capacity of Jechon in Samhan and Moocheon in Dongye. 백제문화 The Journal of Paekche Culture 62. 백제문화연구소 The Institute of Paekche Culture, Kongju National University. pp.49~67

하계상(2019). 노아의 만취와 그 관련사건(창 9:20-27)에 대한 재고 Reconsidering Noah's Drunkenness and Its Relevant

Event (Gen 9:20-27). 구약논단 Korean Journal of Old Testament Studies 25(4). 한국구약학회 Korean Society of Old Testament Studies. pp.136~159

한복려(2021). 「음식절조(飮食節造)」를 통해 본 조선시대 후기의 음식문화에 대한 고찰 A Study of the Food Culture in the Late Joseon Dynasty through Eumsikjeoljo (飮食節造). 한국식생활문화학회지 Journal of The Korean Society of Food Culture 36(1). 한국식생활문화학회 The Korean Society Of Food Culture. pp.1~27

한수진(2022). 『大芚寺成造所日記』를 통해 본 조선후기 사찰의식생활과 음식문화 Eating and Food Culture of Late Chosun Buddhism Based on The Diary of Sungjoso at Daedun Temple(大芚寺成造所日記). 동아시아불교문화 Journal of eastern-asia buddhism and culture 52. 동아시아불교문화학회 The Association of Eastern-Asia Buddhism and Culture. pp.217~260

허유회(2021). 이탈리아 청년층의 음주와 가족주의 Youth Drinking in Italy and Familism. 이탈리아어문학 Lettere Italiane 64. 한국이탈리아어문학회 Associazione Coreana Di Letteratura E Linguistica Italiana. pp.159~178

홍병혜(2019). 손광헌(孫光憲)의 화간사(花間詞) 고찰 Study on Huajian's Ci of Sun Guang-xian. 문화와융합 Culture and Convergence 41(2). 한국문화융합학회 The Society of Korean Culture and Convergence. pp.1287~1326

홍순희(2018.) 정몽주와 하피즈의 '음주' 시 분석-실크로드 와인루트 위에서 A Comparative Study on Hafiz' and Poeun's 'Wine' Poetry on the Wine Route along the Silk Road. 한국학논집 73. 한국학연구원 Academia Koreana. pp.193~225

홍혜진(2017). 계보에서 취향으로- 袁枚의 「不飲酒二十首」를 중심으로 A Study on Changing from the Genealogy to the Taste - Focusing on Yuanmei's 「不飲酒二十首」. 중국문화연구 The Journal of Chinese Cultural Studies 38. 중국문화연구학회 The Society For Chinese Cultural Studies. pp.289~318

황병익(2016). 고전시가에 나타난 술의 문학적 의미 고찰 Study about the literary meaning of alcohol in Korean classical poetry. 한국시가문화연구 The Studies in Korean Poetry and Culture 37. 한국시가문화학회 The Society of Korean Poetry and Culture. pp.285~323

황영희(2016). 方回의 「和陶詩」 小考 A Study on Fang Hui(方回)'s Poetic Responses to Tao Yuanming(和陶詩). 한중언어문화연구 The Journal of Study on Language and Culture of Korea and China41. 한국중국언어문화연구회 Korean Society of Study on Chinese Languge and Culture. pp.121~158

HONG THI DIEM PHUONG(2023). 한국과 베트남의 음주문화 비교 A Rituals in Drinking Culture of Korean and Vietnam 술과문화 1 The Journal of Suul Studies and Culture Vol.1. 우리술학술원 The Society of Suul Studies. pp.92-107

IDA BAGUS WAYAN GUNAM & 3(2018). 인도네시아의 벼농사와 전통술 제조사 Rice Farming and History of Making Traditional Indonesian Alcoholic Beverage. 2018 서울 국제 술 학술대회 2018 Seoul Int'l Suul Conference

PHUONG BUI L.A. & BUI KIM LUAN(2023). 와인관광산업개발 연구 A Riview of Wine Tourism Development. 술과문화 1 The Journal of Suul Studies and Culture Vol.1. 우리술학술원 The Society of Suul Studies. pp.5-36

TONG SHUO(2021). 중국 시대별 술잔과 찻잔의 조형 특성 비교 융합연구 Comparative Fusion Study on the Modeling Characteristics of Drinking Vessels and Tea Vessels in Different Chinese Dynasties. 한국과학예술융합학회 The Korean Society of Science & Art 39(1). 한국전시산업융합연구원 Korea institute of exhibition industry convergence. pp.89~101

TRAN VAN HOA(2023). 베트남 꼬뜨족의 술과 술문화. An Alcoholic Beverage and Culture of the Co-Tu Community. 술과문화 1 The Journal of Suul Studies and Culture Vol.1. 우리술학술원 The Society of Suul Studies. pp.37-53.

VAN VIET MAN LE(2018). 베트남의 쌀술과 개발 잠재성 Vietnamese Alcoholic Rice Beverage and Its Pontential Development. 2018 서울 국제 술 학술대회 2018 Seoul Int'l Suul Conference

WEN CHING KO(2018). 대만의 쌀술 현황과 전망 Introduction to taiwanese Alcoholic Rice Beverage and the Perspective on its Future Development. 2018 서울 국제 술 학술대회 2018 Seoul Int'l Suul Conference

※ 저자는 가나다순, 주저자만 표기함.

우리술문화원총서 02 과학기술 편

인간과 술 - 유산·혁신·진화

지은이   박선욱 박영신 김호 진성수 박창범 이화선
펴낸이   우리술학술원
펴낸곳   실반트리
출판사   등록번호 제25100-2017-000034호
주소지   43162 대구시 군위군 부계면 치산효령로 1280
연락처   friendseoul@gmail.com

제1판 제1쇄 인쇄 2024년 10월 31일

정가18,000원
ISBN 979-11-969991-2-4 94590
ISBN 979-11-969991-0-0 세트